U0146276

圣祖成吉思汗

那仁敖其尔 哈达奇·刚 额尔敦扎布（著）

哈达奇·刚（译）

内蒙古出版集团

内蒙古人民出版社

图书在版编目（ＣＩＰ）数据

圣祖成吉思汗/那仁敖其尔，哈达奇·刚，额尔敦扎布著；

哈达奇·刚译.—呼和浩特：内蒙古人民出版社，2015.11

ISBN 978-7-204-13779-4

Ⅰ.①圣… Ⅱ.①那…②哈…③额… Ⅲ.①成吉思汗

（1162～1227）—生平事迹 Ⅳ.① K827=47

中国版本图书馆 CIP 数据核字 (2015) 第 297024 号

圣祖成吉思汗

作　　者	那仁敖其尔　哈达奇·刚　额尔敦扎布	
译　　者	哈达奇·刚	
责任编辑	朱莽烈　高　彬	
封面设计	那日苏	
出版发行	内蒙古人民出版社	
地　　址	呼和浩特市新城区中山东路 8 号波士名人国际 B 座 5 楼	
印　　刷	内蒙古爱信达教育印务有限责任公司	
开　　本	710×1000　1/16	
印　　张	19	
字　　数	300 千	
版　　次	2016 年 1 月第 1 版	
印　　次	2016 年 3 月第 1 次印刷	
印　　数	1—4000 册	
书　　号	ISBN 978-7-204-13779-4/I·2660	
定　　价	36.00 元	

图书营销部联系电话：(0471) 3946298 3946267

如发现印装质量问题，请与我社联系，联系电话：(0471) 3946120

"也可额耶"——成吉思汗思想核心,蕴含着人与人、人与自然万物的和谐统一,在传统、诚信、团结、感恩、力量的基石下,一切皆以大是大非来做决断,在大是大非问题上,绝不做任何妥协和让步。

作者简介

那仁敖其尔

1936 年 9 月生,蒙古族,内蒙古兴安盟科右中旗坤都冷人,中共党员,教授。1979 年在内蒙古党校任教研室副主任、主任;1990 年调至内蒙古林学院,先后任党委副书记兼纪委书记、党委书记;1998 年被内蒙古自治区政府聘为参事、内蒙古高级人民法院特级咨询员;现任中国领导科学研究会常务理事、中国管理科学研究院学术委员会特约研究员、内蒙古科学社会主义研究会副会长。出版专著有《蒙古族传统家教》(蒙古文)、《奇颜精神》(蒙古文)等。主编出版《中国领导科学文库》(少数民族卷)、《社会主义民主论》《中国社会主义领导学》等著作,发表《关于实现领导问题》《领导科学的主要范畴及范畴圈》《论领导性质、领导本质及其规律》《学习邓小平核心论思想》等数十篇论文,参与组织领导召开了全国第一次毛泽东领导思想研讨会、全国高校系统第二次领导科学研讨会和全国第七次领导科学研讨会。主持完成 1996 年度社会科学国家基金资助项目《邓小平核心辩证法》(最终成果)和 2005 年度社会科学国家基金资助项目《成吉思汗与蒙古文化》。现主持 2007 年度社会科学国家基金资助项目《成吉思汗言论考》,研究的方向或重点是成吉思汗思想和古代蒙古文化。曾荣获内蒙古哲学社会科学优秀成果一等奖 1 次、二等奖 2 次,在全国第二次领导科学优秀成果评奖中获二等奖 2 次。1993 年被推选为有突出贡献的专家学者,享受政府特殊津贴。

哈达奇·刚

1949 年生,原名那顺,蒙古族,内蒙古鄂尔多斯市乌审旗人,国家一级作家,译审。内蒙古文联原副主席,现为中国作家协会会员、中国民间文艺家协会理事、中国蒙古学学会理事、中国蒙古文学学会副理事长、内蒙古民间文艺家协会名誉主席、内蒙古民俗学会名誉会长。全国德艺双馨民间文艺工作者，内蒙古自治区有突出贡献中青年专家，享受国务院特殊津贴专家，内蒙古自治区文学艺术突出贡献奖金质奖章和乌兰夫蒙古语言文字奖获得者。用蒙古语和汉语创作并发表各类体裁文学作品130多篇(部、首)，120多万字，结集出版《哈达奇·刚短篇小说选》《哈达奇·刚儿童文学选》、评论集《苏叶、哈达奇·刚评论集》《新时期蒙古文学有关问题》、长篇纪实文学《欧罗巴蒙古奇人》等多部。荣获国家社科重点课题和艺术学科重大课题一等奖、全国少数民族文学创作"骏马奖"、内蒙古社会科学优秀成果政府奖、内蒙古精神文明建设"五个一工程"奖、内蒙古文学创作"索龙嘎"奖、内蒙古艺术创作"萨日纳"奖等各类奖项36次。

额尔敦扎布

1939年9月生，达斡尔族，内蒙古呼伦贝尔市人，1963年毕业于内蒙古大学蒙古语言文学系。曾任《内蒙古日报》记者，《黑龙江日报》记者，内蒙古大学蒙古语言文学系中外文学史教研室主任，内蒙古自治区第7届人民代表大会常务委员会民族委员会副主任(副厅级)，内蒙古自治区第8届、第9届人民代表大会代表，常务委员会常委(组成人员)，民族、侨务、外事委员会主任(正厅级)等职务。1991年4月加入中国作家协会，前后发表的蒙汉文作品有《伊敏河静静地流》《霜秋》《凌升》《阿阑·豁阿》《圣主成吉思汗》等5部长篇小说，《烛光莹莹》《吉祥的婚礼》《水汪汪的眼睛》等五部中篇小说，《牛老汉》《小白鸽》《纳敏夫》等20部短篇小说。其中《伊敏河静静地流》《牛老汉》在20世纪90年代初获得过"索龙嘎"文学奖，长篇小说《伊敏河静静地流》在特·赛音巴雅尔主编的《中国当代文学史》中获得了好评。退休后撰写并出版了回忆录《悠悠岁月》，合著的作品有《千年风云第一人》《外国人眼中的成吉思汗》《世界政要论成吉思汗》《成吉思汗世界之最》等蒙古学专著。

代序
揭开成吉思汗走向成功的深层秘密

成吉思汗,一个谜一样的存在,不论你站在什么立场上看,成吉思汗所建立的人类历史上空前强大的帝国,以及对世界所产生的巨大影响都会让你无法忽视,你可以看到——

成吉思汗幼年遭巨变,他的一家就此沦落为穷困潦倒的孤儿寡母,无所依靠,生存都成为问题,几乎要靠捉土拨鼠、挖野菜来生活,同时还要躲避对手的不断追杀。就是以这样的起点,他一步一步地走向强大,战胜了所有的对手,最终统一了蒙古草原,为草原带来了和平。

成吉思汗建立了完善的国家治理体系,第一次彻底打破了延续千百年来以部落为单位的古老传统,在全国三级建制,以千户、百户、十户来划分,原有的部落首领不再有任何权力,成吉思汗的政令,全国一通到底,不再有任何阻隔。

成吉思汗建成了庞大的道路交通网络。随着蒙古帝国的扩张,他不仅战胜了一个又一个强大对手,还使他控制的版图变得空前广阔。通过设立驿站,将上千万平方公里之内的各部分彼此联系起来,各地区、各部分的交流日益密切,各文明中心连在了一起,打破了横亘在欧亚之间的壁垒,从老死不相往来变成了一个相互交流的整体。这对于欧亚的文化、经济、政治、宗教等各个方面都产生了不可估量的巨大影响,直接促进了历史的进步。

不但如此,成吉思汗还把一些先进理念传入他所到达的地区。如对于宗教信仰,他并未对其他宗教予以排斥,而是以一种开放的心态接受、包容,允许各种宗教合法存在,允许各民族(包括本民族)有信教自由,并对宗教职业者进行优待,豁免其赋役；又如他打破血统论,不会根据血统任命将领,而是考察他们的实际能力。他要求把各个部落的勇士分配到不同的集体中；任用官员时,不问出身,不记前仇,考虑的只是他们的能力和忠诚与否。这些直到我们今天都认为是相当文明的观念,就这样传到欧亚大陆各地。

甚至,由于蒙古帝国的存在,促使了欧洲的觉醒,使欧洲从此走进了世界发展的前列。

因此,韩国前总统金大中说："有人认为,由于有了蒙古人,人类才第一次拥有了世界史……我也赞成一些人的评价,网络还未出现的七百年以前的蒙古人却打通了世界各国的关系,建立了国际往来关系。"

12世纪的蒙古草原人口稀少,即便是军牧合一,能形成的军队数量也很少。而成吉思汗所率领的部众,并不是草原各部中最强大的,正相反,大多数时候他是处于弱势状态,就是在蒙古帝国扩张时期几乎也是这样。

那么,到底是什么原因使得成吉思汗取得如此的成功,一直以来人们站在不同的立场上进行着各种各样的解读。如蒙古人具有强烈的征服意识、极端的服从精神、严明的纪律、勇士的善战、先进的战术、精良的作战装备、军牧合一的社会组织形态,甚至是蒙古马的耐力等等。这些说法从一定角度上看,也可以说是正确的。但是,如果仅仅依靠这些就能取得如此成就,显然是不可能的,一定还有深层次上的原因。

多年来,人们在探索成吉思汗成功之谜时,往往只注重他的实践和业绩,而忽视其思想,结果就出现了没什么深刻思想的"野蛮人",却成为世界公认的伟大军事家和政治家的"怪事"。

事实上,早在蒙古草原统一之前,古代蒙古人已经形成明确的"额卜额耶"思想体系,而成吉思汗在继承先辈政治家们"额卜额耶"思想衣钵的过程中,对其内容加以改进和发展,并在实践中不断完善,最终提炼出成吉思汗治国治军思想的核心"也可额耶"。

正是因为成吉思汗有了"也可额耶"思想的指导,使他能从容应对错综复杂的尖锐矛盾,准确把握稍纵即逝的宝贵时机。成吉思汗就是靠这个思想,来统一、凝聚和号令他的百姓及军队的思想、意志和行动,从而创造了一个又一个神话。

可以说，"也可额耶"思想是成吉思汗治国实践的出发点和落脚点，促成了蒙古民族发展的历史性飞跃，而且在时代精神和民族精神的统一上，开创了既坚持传统，又面向其他民族先进文化、面向世界民族文化发展的新道路，这对今天的世界仍具有重要意义。

在本书中，虽然仅呈现了波澜壮阔的草原统一过程，但窥斑见豹，可以从中体会出成吉思汗"也可额耶"思想的内涵，了解成吉思汗是如何在先辈政治家的思想基础上，在实践中探索、创新，逐步形成并完善出这一思想体系，并因此最终成为强大的世界征服者。

编者　莽烈
2016 年 1 月

$co\ ntents$

成吉思汗

目录

成吉思汗

目录

下部

目录

成吉思汗

目录

尾声

序篇

一

参加婚礼的人们,不管男女老少,有的随着音乐放开嗓子唱起来,有的在可汗斡耳朵门前的开阔地上跳起欢快的舞蹈。

今年的雨季刚刚过去,第一场秋霜还没有降下,斡难河两岸依然翠绿一片。西北方的远处,巍巍布儿汗·合勒敦山被一层岚气覆盖着,似乎比平时低矮了些许。

再有一个月就到年关了。

今年雨水丰沛,草木旺盛,牧人们牧放的畜群膘肥体壮。放眼望去,斡难河两岸遍地都是马、驼、牛、绵羊、山羊,那些吃饱了牧草的牲畜,有的就地卧下反刍,有的欲饮水而向河边缓缓移动。

这里是合穆黑蒙古国俺巴孩可汗的秋营地。

昨天刚下过一场雨,空气异常清爽。

俺巴孩可汗的斡耳朵坐落在斡难河北边一片开阔的台地上。

斡耳朵正前方竖立着苏力德,斡耳朵两翼及侧后是星罗棋布、望不到边的白色毡房群。

俺巴孩可汗的小女儿娜米楠要嫁给塔塔儿部首领铁木真兀格的儿子札里不花,明天是送亲婚宴的第一天。

在草原上,俺巴孩可汗女儿的婚礼,那是件大事。所以,为了参加可汗家女儿的婚礼,分散在草原上的蒙古各部头领和俺巴孩可汗所属孛儿只斤血脉及其家丁与哈刺楚庶民们,驱赶着畜群举家搬迁,聚集在可汗秋营地周边的草场上,已经好几天了。

合穆黑蒙古国刚开始建国的时候叫作蒙古国,由孛端察儿的第五代孙或孛儿帖·赤那第十七代孙海都建立。到了海都的重孙子合不勒可汗时,又有不少蒙古人汇集到他的麾下,于是就叫作合穆黑蒙古国(全体蒙古国)了。

孛端察儿·蒙合黑

古时候的蒙古人，自孛儿帖·赤那起，他们的每一代子孙都独自繁衍发展，有的子孙部属渐众，遂壮大成为一个单独的部。于是从约十世纪初孛端察儿算起，已经繁衍为数十个部落，其中从孛儿帖·赤那第十二代子孙朵奔·篾儿干和妻子阿阑·豁阿圣母这条线上分出来的支脉叫作"尼伦蒙古人"，约为二十七个部；朵奔·篾儿干之前分出去的其他蒙古人叫作"迭儿列勤蒙古人"，约为十三个部。而他们又都是同一个大姓乞颜氏的后裔。

在尼伦蒙古人中，从孛端察儿至海都可汗长子伯升豁儿·多黑申至合不勒可汗这一系叫作孛儿只斤部，从孛端察儿至海都可汗次子察剌孩领忽至俺巴孩可汗这一系叫作泰赤兀惕部。

关于海都的记载，见于《元史·太祖本纪》："海都稍长，纳真率八剌忽怯谷诸民，共立为君。海都即立，以兵攻押剌伊而，臣属之，形势寖大。……由是四傍部族归之者渐众。"这里说的"君"就是可汗。因此续记："海都殁，子拜姓忽儿嗣。拜姓忽儿殁，子敦必乃嗣。敦必乃殁，子葛不律寒嗣。葛不律寒殁，子八哩丹嗣。八哩丹殁，子也速该嗣，并吞诸部落，势欲盛大。"尽管众所周知《元史》编得不好，这里竟将泰赤兀惕部的俺巴孩可汗漏记了，但孛儿只斤部世系关系还是比较清楚，所以有着一定的可信度。那么海都被立是哪一年呢？目前能够查到的记载是《辽史·道宗本纪四》：(大康十年)"二月庚午朔，萌古国遣使来聘。三月戊申，远萌古国遣使来聘。"这里的萌古国即蒙古国，同音不同字。《辽史》中的这类称谓大都用于当时的夏国、宋国、高丽国、回鹘国、日本国、铁不得国(吐蕃)等。从字面上看，当时辽朝对这个蒙古国并不十分了解，来了两拨儿蒙古国人，一个记载为"萌古国"，另一个记载为"远萌古国"，可见相当陌生。由此可以断定，这个蒙古国当时一定是刚建立不久，尚无多大影响。大康元年是1075年，大康十年就是1084。因此，我们能够断定蒙古之建国最晚在1084年之前(拉施特《史集》甚至说孛端察儿也曾是可汗)。海都初立时，只是部族的可汗，后来"四傍部族归之者渐众"以后，才叫作"蒙古国"(国，蒙古语为兀鲁思)，并遣使到近邻辽朝通报。大概又过半个世纪到了他的重孙子合不勒可汗(葛不律寒)时期，蒙古国得到了一次新的扩张，叫作合穆黑蒙古国了(《蒙古秘史》第52节："合穆黑蒙古国由合不勒可汗掌管")。有学者说，早期的蒙古国只是国之雏形，不得称其为国。这是现代人的看法。当时的国(兀鲁思)，可能不大，只是国之雏形，这不假，但那是指其规模而已。当时的蒙古国国土一直在扩大，从无丧失；其汗统一直在延续，并未中断；其治国方略始终在延续，没有改弦。所变化的只是名称而已，如蒙古兀鲁思(蒙古国)、合穆黑蒙古兀鲁思(合穆黑蒙古国)、也可蒙古国(大蒙古国)。因此可以这样假设：蒙古国政权经历了由小到大的两个不同时期。最初的时候，即十一世纪八十年代之前，海都被立为蒙古部可汗（君），若干年后势力渐大，四傍部族来投奔，开始叫作蒙古国（兀鲁思）。这个蒙古国经过四代可汗，到了合不勒可汗一代，又联合了其他很多蒙古部，遂叫作合穆黑蒙古国（全体蒙古国）。1189 年，铁木真被推举为可汗，当的就是这个合穆黑蒙古国的可汗，而后来于 1206 年当的是也可蒙古国（大蒙古国）的可汗。

有人说，汗和可汗概念有别，海都或合不勒，包括铁木真当的合穆黑蒙古国可汗，均为汗，只有 1206 年建立的也可蒙古国的可汗才可以叫作可汗。这是当今学者们的主观划分。其实汗和可汗只有在蒙古语书面文字中才能够加以区别，而在蒙古语口语中区别不大，只是可汗的发音略长而已。但在古代蒙古人中，文字不是很普及，不可能根据别人发音的长短来区分到底是汗还是可汗，事实上，那时的草原上可汗林立，稍有一定的势力范围，其首领便可叫作可汗。那么怎样区别那些可汗的大小呢？他们的办法就是在可汗前面冠以其他定语，如"太阳可汗"（意思是全世界的可汗）、"古尔可汗"（意思是全体百姓的可汗）、"达赖可汗"（意思是广大的可汗）。成吉思汗，其全称应该是成吉思可汗，意思是海洋般的可汗。所以，我们这部小说，将恢复草原上素有的古老称谓，凡是兀鲁思，都写作国，凡是汗，都写作可汗，而在可汗与可汗之间则以名字或定语区分。

那时的蒙古草原上，除了合穆黑蒙古国以外，还有很多操蒙古语的部落，譬如驻牧在肯特山与杭爱山一带的客列亦惕，驻牧在阿尔泰山与杭爱山一带的乃蛮，驻牧在色楞格河一带的篾儿乞惕，驻牧在阴山以北的汪古等，均自称兀鲁思（国），并各有自己的可汗。此外，驻牧在呼伦湖与喀儿喀河一带的塔塔儿，虽有户七万，箭丁不下十万，但因其内部分为察哈安塔塔儿、阿勒赤塔塔儿、都塔兀惕塔塔儿、阿鲁孩塔塔儿等若干小部落，加上多年臣属女真人的金国，受到他们的约束，长期被分散治理，所以未能统一起来，故而也就没有自己的可汗。

合穆黑蒙古国，实际上只指蒙古各部中分布在斡难河、克鲁伦河、土剌河三河流域的乞颜一支。其中包括驻牧在布儿汗·合勒敦山一带的孛儿只斤，驻牧在斡难河中游北岸的泰赤兀惕，驻牧在呼伦湖北边的札答阑，以及驻牧于其

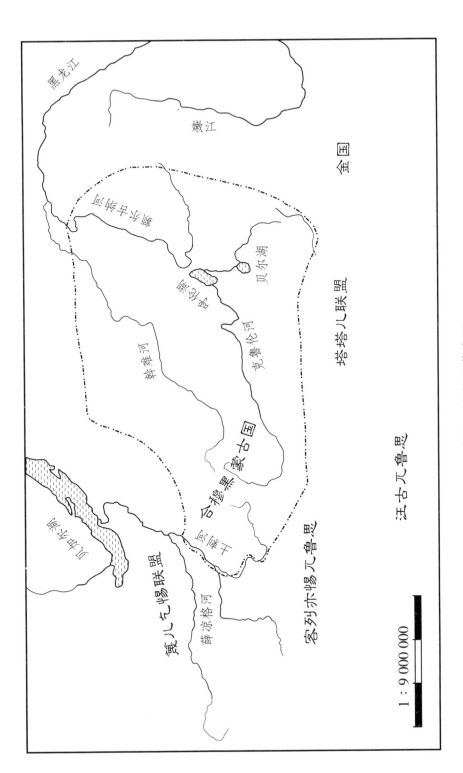

示意图1　合穆黑蒙古国

1 : 9 000 000

他各地的撒勒只兀惕、合答斤、八邻、巴鲁剌思、赤那思、那牙勤、忙忽惕、布答阿惕、合达儿罕、兀鲁忽惕、别速惕、希西古惕、朵儿边、图忽鲁惕、主儿乞、晃忽坛等部。

俺巴孩是合穆黑蒙古国第五位可汗。

第四位可汗合不勒可汗有七个儿子,长子巴儿合黑,因长得英俊,故有"斡勤"(女人般)之号。次子把儿坛,三子忽秃黑秃,四子忽图剌,五子忽阑,六子合答安,七子脱朵延·斡惕赤斤。脱朵延·斡惕赤斤的斡惕赤斤,是老么(最小的儿子)的意思。以后将不断出现带有斡惕赤斤的人名,意思都一样,为老小。斡勤·巴儿合黑有一个儿子,叫作忽秃黑秃·主儿乞。把儿坛有四个儿子,分别叫作忙格秃·乞颜、捏坤、也速该、塔里台·斡惕赤斤。三子忽秃黑秃,号蒙古儿,只有一个儿子,叫布里孛阔。合不勒可汗子孙多数称为孛儿只斤部,只有斡勤·巴儿合黑之子忽秃黑秃·主儿乞与忽秃黑秃·蒙古儿之子布里孛阔,另外组成一个部,称主儿乞部。

把阿秃儿,如今写作巴特尔,曾是个官位名称,仅次于可汗,是付诸实施可汗决定的角色。合不勒可汗时期应该由其长子斡勤·巴儿合黑做把阿秃儿,斡勤·巴儿合黑天生是个帅才,有勇有谋,在哥儿几个当中非常突出,是合不勒可汗的当然继承人。可是这个情况被蒙古国的敌人塔塔儿人知道了。他们担心将来一旦由斡勤·巴儿合黑继承可汗位,必将对他们形成威胁,便寻机将他逮起来交给了女真人的金国,被女真人钉在"木驴"上杀害了。于是这个把阿秃儿的职位就轮到了次子把儿坛身上,蒙古国军国大事便由合不勒可汗和把儿坛把阿秃儿来定夺。本来可汗的位子一般都由把阿秃儿来继承,然而合不勒可汗临终的时候,没有将可汗之位传给已经做了多年把阿秃儿的自己的次子把儿坛,而是传给了泰赤兀惕部首领想昆必勒格的儿子俺巴孩。他考虑到,当时泰赤兀惕部势力强大,已成为蒙古国第一大部,他怕把儿坛把阿秃儿做了可汗后驾驭不了泰赤兀惕部而发生内讧,从而使自海都可汗以来历经半个多世纪的合穆黑蒙古国葬送在自己儿子手里,所以他没有把可汗之位传给自己的儿子把儿坛把阿秃儿,甚至没有传给孛儿只斤部的人,而是传给了同样是海都可汗重孙子的泰赤兀惕部的俺巴孩。在合不勒可汗驾崩后召开的蒙古国各部头领参加的呼剌勒台会议上,大家同意了他的提议,就让俺巴孩当了可汗。

通过呼剌勒台会议来决定重大议题,是蒙古国的古老传统,当年,在孛端察儿时期开始形成并逐步壮大起来的乞颜部联合体基础上建立蒙古国时,也是在乞颜部各分支首领参加的呼剌勒台会议上推举海都为蒙古国可汗的。

合不勒可汗之所以把可汗之位传给俺巴孩,还有一个重要原因,就是他意识到了合穆黑蒙古国内部团结一致的必要性和与邻里之间和睦相处的重要性。

合不勒可汗在建立合穆黑蒙古国之初,采取了一系列富国强民的措施,使合穆黑蒙古国的国力在较短的时期内得到了很大的提升。对于蒙古国的崛起,金国统治者极为恐慌。为了安抚蒙古国,他们主动示好,金熙宗派使臣请合不勒可汗来朝相见。合不勒可汗动身前去,在酒席宴上假装醉酒,抓了金熙宗的胡须,当面羞辱了金熙宗。金熙宗慑于合不勒可汗的势力,强压怒火,赐合不勒可汗金玉、衣服以还。合不勒可汗离开后,金国臣僚建议除掉这个合不勒可汗,金熙宗便派使臣追拿,却被合不勒可汗杀死。加之当年合不勒可汗的妻兄弟、弘吉剌惕部赛因的斤患病,请塔塔儿部萨满施巫术治疗,可是赛因的斤却死了,于是弘吉剌惕部人就把塔塔儿部萨满杀了。

蒙古国由此种下了仇恨的种子,并付出了沉重的代价。

那是在合不勒可汗主政时期,由于与塔塔儿人和金国结了仇,致使金国或不断派兵征讨,或"以夷制夷",利用塔塔儿人制造事端,造成战事不断,兵马无法休整,合穆黑蒙古国的国力长期得不到补充和提升。所以,当塔塔儿人把斡勤·巴儿合黑交给金国杀害后,六弟合答安九次出兵塔塔儿,未能取得任何战果。为此,合不勒可汗开始灌输"额卜额耶"思想,在口传秘密族谱《蒙古秘史》时,特意加了一段阿阑·豁阿圣母"五箭训子"的故事,以求达到蒙古各部的团结一致。应该肯定,是合不勒可汗总结了自己搞僵与塔塔儿和金国关系的深刻教训,开始倡导"额卜额耶"思想,并开始从内部治理的。("额卜额耶",由"额卜""额耶"两个词构成。"额卜"有和睦、和谐、合力之意,"额耶"有和睦、合力、商议之意。"额卜额耶"合起来,便有了团结友爱、协商一致、相互忍让的意思,其潜台词是反对各行其是和各自为政)

现在有些史学著作认为,最先倡导并实施"额卜额耶"思想的人是俺巴

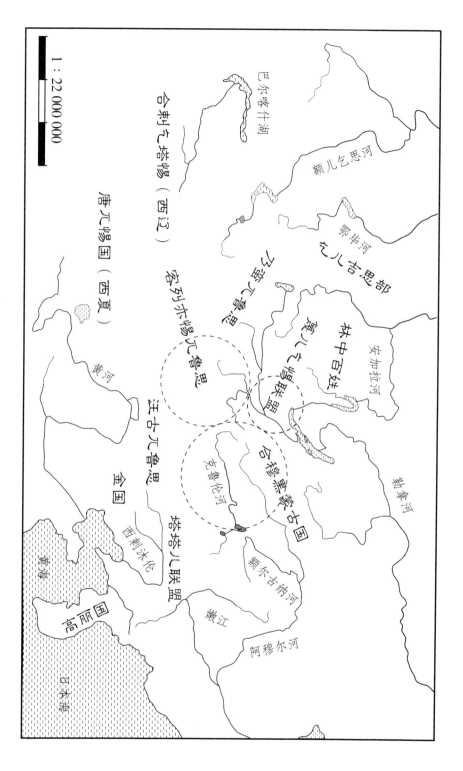

示意图2　12世纪下半叶的蒙古草原

孩可汗。但我们从合不勒可汗将可汗之位传给泰赤乌惕部的俺巴孩而未传给孛儿只斤部自己的儿子可以看出，他在晚年的时候已经觉察到对于一个国家来说，内部的稳定和外部的和睦是何等的重要。如果这个推断有道理，那么正是合不勒可汗的觉悟，为后来蒙古国的崛起奠定了重要的思想基础。

俺巴孩可汗执掌国柄这些年，已经是一位富有经验的国君了。

俺巴孩可汗，属猪，四十九岁，今年是他的本命年。他肥胖健壮，天庭饱满，眉目俊朗，满面红光，浓浓的黑髯衬托着已经泛白的两鬓，额头和眼角镂刻着深深的皱纹。

这些年来，为了让合穆黑蒙古国强大起来，并立于不败之地，俺巴孩可汗继承合不勒可汗"额卜额耶"思想衣钵，将其发展为对内"与人为善"、对外"与邻为善"，并果断采取了他认为有必要的一系列措施。譬如，作为合不勒可汗让大位给自己的回报，同时也为了加强乞颜内部的团结，改善已经出现隔阂的泰赤乌惕部与孛儿只斤部之间的关系，他新设了一个太师之职，让把儿坛把阿秃儿做太师，将把儿坛卸下来的把阿秃儿一职封给自己的儿子合答安，又增设一个薛禅之职，并由长辈阔岱出任，以委托他专门负责召开呼剌勒台会议的事宜。

安定了内部，他又主动与合穆黑蒙古国之外的其他蒙古部如客列亦惕部、乃蛮部、篾儿乞惕部、塔塔儿部搞好关系。俺巴孩可汗告诉他们，草原是蒙古人的草原，而不是女真人的草原，东部女真人建立的金国对蒙古草原已经形成了威胁，金国灭辽、灭北宋以后，正在向中原推进。假如他们哪天腾出手突然回过头来打我们，我们很难抵挡得住。俗话说，扎好了"古列延"，豺狼就进不来（古列延，亦作"库伦"，意为"圈子"或"营"。古代蒙古人的一种由同族成员组成的集体游牧组织。牧民们驻屯时，那些称作"阿寅勒"的各个家庭的毡帐和车辆排列成环形，首领的毡帐居中，以防狼群侵袭。规模大者由数百阿寅勒组成。古列延，同时也是一种军事组织，用于结营防御或伺机进攻。成吉思汗时期，其规模越来越大，一个古列延曾由数千阿寅勒组成）。我们蒙古部一定要凝成一股劲儿，不能跟敌人同流合污，蒙古人不要跟蒙古人作对。

塔塔儿部在合穆黑蒙古国的东部，他们占据着从喀儿喀河到呼伦贝尔草原的广大地区,与金国相连,东南边与弘吉剌惕部和兀鲁忽讷惕部相邻,是合穆黑蒙古国低头不见抬头见的近邻。合穆黑蒙古国要与弘吉剌惕部和兀鲁忽讷惕部往来,必须路经塔塔儿人的牧场,与世仇金国交手,也必须借道塔塔儿人的领地。因此,俺巴孩可汗非常看重与塔塔儿部的友好往来,他想,尽管此前塔塔儿人做过很多危害合穆黑蒙古国的事情,但只要我俺巴孩不计前嫌,主动示好,他塔塔儿人也得掂量掂量。

果然,塔塔儿人很配合,大赞俺巴孩可汗的度量,并发誓为了蒙古草原的振兴,愿与俺巴孩可汗联起手来,共同抵制金人的渗透。

俺巴孩可汗非常高兴,觉得自己所倡导的"额卜额耶"思想完全正确。于是,他进一步提出与塔塔儿联姻,将自己最小的女儿娜米楠嫁给塔塔儿首领铁木真兀格的儿子札里不花。塔塔儿方面也很高兴,及时派人送来了聘礼,商定了娶亲日子,还举行了"阿门呼朱宴"(古代蒙古人的定亲仪式,指双方亲家特意聚到一起煮吃绵羊寰椎部位肉),并隆重邀请俺巴孩可汗亲自送女儿过去,以便商讨防范金国的安邦大计。

俺巴孩可汗未加思索,一一应允。

俺巴孩有十个儿子、三个女儿,明天出嫁的是最小的女儿娜米楠。

俺巴孩可汗对这门亲事非常满意,因为女儿要嫁的不是别人,正是经过他的努力修补而言归于好的另一个兄弟部落——塔塔儿部首领的儿子。他为自己主张的"额卜额耶"思想能够取得如此显著的成效而感到高兴。在他的脑海里甚至开始呈现一个百姓安居乐业、到处人欢马叫的未来祥和景象。

翌日。

俺巴孩可汗习惯于清早起来骑马绕营地转一下,今天也不例外。他骑马转了一圈回来,从因疾跑而翕动鼻孔的大青马背上跳下,把缰绳交给随从去遛马,自己径直来到立在可汗斡耳朵正前方的苏力德前。

苏力德,是从先祖孛端察儿传到现在的旗纛,原为乞颜人的族徽,自海都可汗建立蒙古国以后就成了蒙古国的国纛。苏力德状如一把巨大的长矛,顶部为一把锋利的双刃剑,剑刃寒气逼人,剑柄固定在一块直径九寸的圆形托盘上,托盘下沿是叫作古呼勒的,用不同毛色公马顶鬃拼成的穗缨,用叫达斯玛的牛皮筋将穗缨加箍固定,再用十三尺长的红杉做旗杆。

此时,祭祀人员早已准备好一应供品,见俺巴孩可汗走来,立即吹响螺号,端来牛粪火置于祭台上。

俺巴孩可汗从随从手里接过一个皮囊,从里面取出些许柏叶和香料撒在火上,又解下腰带置于颈上,脱下帽子捧在左手上,右手放于胸前,屈双膝跪下来。

于是,在场的所有人随之解带脱帽下跪,由祝颂人大声吟诵祭词,曰:

"啊 阿剌鲁 啊 阿剌鲁 啊 阿剌鲁

忽亥 者圭依 阿剌儿鲁亥

者圭朱 主罕朱 者剌 主亥

阿剌儿剌亥 海术朱 者圭依

兀 兀归因

啊 阿剌儿鲁亥

厄勒利 伊利牙 伊利力 主唤

兀亥 阿忽鲁 札亦里 主亥

兀鲁儿赖 辛周 者里 主亥

兀鲁儿剌亥 辛周 者里 主亥

兀鲁儿鲁亥 辛周 者圭依周

主兀 兀归因

啊 兀鲁儿鲁亥

啊 兀鲁儿鲁亥

伊利力 伊利牙 勒黑 主唤

兀亥 阿忽鲁 阿忽鲁

兀鲁儿剌亥 伊利力 伊利牙"

这是一首古老的祭词,是一些谁都听不懂的天语,由祝颂人死记硬背,一代又一代传下来,也不知传了多少代、多少年。

当祝颂人吟诵完毕,俺巴孩可汗便禀报自己的姓名,道:"祭祀人乞颜·俺巴孩。"

他禀报自己的姓的时候,没说"孛儿只斤",而是说了"乞颜"。这是他受了合不勒可汗的影响,自从做了合穆黑蒙古国可汗,在祭奠苏力德时只念远祖孛儿帖·赤那的姓。

之后,在场者也一一禀报各自的姓和名字。

这时,一轮红日从可汗斡耳朵前方的地平线上冉冉升起。

旋即,由祭祀队伍中的都奇(歌者)领先,起唱无词长调歌《太阳呜嗨》。在场所有人随之加入进来,全体引吭高歌,那洪亮的歌声立刻传遍了整个营地和山川草地。

婚礼开始了。

最先赶到的是阔岱薛禅叔叔。他是婚礼的拓跋,即主座。以当时蒙古人的习惯,被邀请为婚礼拓跋的人,将自始至终坐于主座上,绝不轻易挪动。俺巴孩可汗恭敬地将阔岱薛禅叔叔请到主座上落了座,侍从们遂端来马奶酒(马湩)敬给他。

这时,巴尔坦太师和合答安把阿秃儿带着他们的合敦(蒙古人将后、妃、夫人,都称为"合敦")到了。他俩既是今天婚礼的参加者,也是组织者,他们的主要工作不在斡耳朵里,而是在斡耳朵外。不过,俺巴孩可汗还是将他俩让到斡耳朵里,让侍从端来马奶酒敬给他们。

紧接着,合穆黑蒙古国所属各部首领陆续到达。今天来到的除了泰赤兀惕、孛儿只斤以外,还有札达阑、撒勒只兀惕、合答斤、八邻、巴鲁刺思、赤那思、那牙勤、忙忽惕、布答阿惕、合达尔罕、兀鲁忽惕、别速惕、希西古惕、朵儿边、图忽鲁惕、主儿乞、晃忽坛等部,都是合穆黑蒙古国的核心力量,他们的头领及其合敦们都是今天婚礼的主要参加者,自然受到俺巴孩可汗高规格的礼遇,被一一让到阔岱薛禅两厢坐下。

这时,可汗斡耳朵的乐队奏响了第一支曲子,歌手们唱起高亢的长调歌曲。

乐队成员,平时是牧民或兵勇,只有到了大型筵宴时才会携带各自保管的乐器到可汗斡耳朵集中,与可汗一起狂欢。以前这支乐队有乐手和歌手六十人,今天俺巴孩可汗故意增加到九十九人,意思是想让塔塔儿方面的迎亲队伍看看合穆黑蒙古国的强大国力和歌舞升平的祥和气氛。

正值深秋季节,牧民们源源不断地送来刚刚发酵的马奶酒,以及用鲜奶酿造一遍的阿日扎酒和酿造两遍的胡日扎酒。每个参加婚礼者,从怀里掏出将手掌完全展开才能端起的硕大的木碗递过来,可汗斡耳朵的侍女们接过木碗,斟满马奶酒或奶酒回敬给他们。

渐渐地,婚礼现场沸腾起来。

参加婚礼的人们,不管男女老少,喜笑颜开,眉飞色舞,有的随着音乐放开嗓子唱起来,有的在可汗斡耳朵门前的开阔地上跳起欢快的舞蹈。

可汗斡耳朵这边的气氛迅速向外扩张。一时间,整个营地上、包与包间的空地上和远处的大树底下,都被高亢的歌声、热舞的男女和欢乐的人群所覆盖。合穆黑蒙古国的贵族和庶民们不远几十里几百里甚至上千里集中到这里,就是为了亲身参与好久才能遇到一次的这种举国欢庆的热闹场面。只有那些在远处高地上放哨的骑士们与此无缘,他们肚子饿了嚼几口带来的肉干充饥,口干了喝几口皮囊里的酸马奶解渴,不过当他们想到在那可汗斡耳朵里狂欢的人群中也有他们的至亲骨肉,不免喜从心起。

火焰般的落日余晖隐入布儿汗·合勒敦山,天空上只留下密密麻麻的闪烁的繁星。

地面上很快燃起星星点点的篝火,使得篝火旁的热舞者不再感觉到天上还有星星,草原上还有敌人。

热闹了一天的人们,歌声未断,舞影绰绰,继续在享受着、抒发着、宣泄着。

七星升到半空时,探子来报,塔塔儿人的迎亲马队到了。当然,新郎札里不花也在其中。

放纵了一天的人们开始有所收敛。按照既定俗成的婚礼习俗,嫂嫂们在婚礼现场前面排成一字型横列,将迎亲马队挡在了可汗斡耳朵前。女方婚礼的婚津走上前,与男方迎亲马队的领队和随队婚津展开"唇枪舌战",以比试双方的口才和智慧。直到所有程序全部走完,这才将男方迎亲马队让到婚宴大堂就座。

接下来的程序相对简单,主要是喝酒,但顺利过关却不易。女方是主家,人多,男方是客方,人少,男方喝完女方所有相关人员敬的酒而依然不醉,那是不可能的。通常情况下,什么时候见到彼方"吹螺"了(指把喝进去的马奶酒原样吐出来),才肯罢休。今晚举行的是可汗家的婚礼,更不能例外。尽管男方来者都是些久经沙场的老手,但也有多一半的人员烂醉如泥,不能动弹了。

启明星升起。新娘分开贞发,梳好妆,九峰骆驼组成的新娘嫁妆驼队整装待发。男方迎亲马队将醉汉们一一拽起,扶上马背出发了。

日出时,俺巴孩可汗将随后亲自带着送亲队伍出发。

二

　　俺巴孩可汗异常平静地说：“所有合穆黑蒙古国的人都要记住，塔塔儿人是我们不共戴天的世仇，你们即使把五个手指甲抠没了，十个手指头磨秃了，也要为我报仇雪恨！”

　　婚礼开始前，俺巴孩可汗已有详细交代，为了表示对塔塔儿人的信任，他决定不带大队兵马，只带苏力德和少数随从去。

　　可临出发时，俺巴孩可汗的一只脚已经踩到马镫上了，阔岱薛禅从送行的人群里跨前一步，劝阻他：“我还是劝您别去。我看迎亲马队的头领倒也正常，只是那新郎札里不花眼神里藏着几分杀机，不得不警惕啊。我看您就别去了吧！”

　　俺巴孩可汗很不以为然：“没事，他札里不花也得听他父亲的。再说，我跟铁木真兀格已经谈好了，商量好的事不兑现，将来如何打交道？我是非去不可啊！”

　　“我总觉得您这一去凶多吉少，我还是跟您一同前往，为您保驾吧！”合答安把阿秀儿也为父汗放不下心。

　　“你们就不用再讲了。我走后还请诸位多多费心，看好我们的大本营！”俺巴孩可汗说罢，上马驰去。

　　一支送亲队伍浩浩荡荡地出发了。

　　没走多远，俺巴孩可汗发现有一支兵马跟随在他们送亲队伍的后面。原来，把儿坛太师带着一百多人的精骑兵，要亲自为俺巴孩可汗做掩护。

　　“还是不要带兵马吧！”等他们来到跟前，俺巴孩可汗说。

　　“可汗行动，哪有不带兵马的道理！再说了，一旦路上遇到劫财的土匪怎么办？”把儿坛太师坚持道。

　　“那就带上三十个兵马，其余的就回去吧！”

把儿坛太师见俺巴孩可汗态度坚决，就依了他的话，只带三十兵马跟上。不过，他本人也算在三十人中，一定要随俺巴孩可汗一同行动。

俺巴孩可汗见状，不再说什么，一起上路了。

送亲队伍在路上走了整整三天，才进入塔塔儿人的领地，札里不花的迎亲马队不远不近地在前面引领着他们，每天中午还设一次小宴打尖。进了塔塔儿人的领地后又走了两天，才来到了坐落在连接呼伦湖和贝尔湖的兀儿失温河边的铁木真兀格的斡耳朵。

事情果然不出阔岱薛禅老人所言。

铁木真兀格远远地出来迎接，只见其左右竟有金国使者和全副武装的金兵跟随。

俺巴孩可汗见状已知八分，暗自悔恨未听阔岱薛禅之言。但事已至此，只能坦然面对，走一步看一步了。

俺巴孩可汗的几十个人马刚被请进几座毡帐里，未及端起茶碗，就被捆绑起来。这时，把儿坛太师早有提防，发现事情不妙，带着他的三十个精兵与他们厮杀起来。但是毕竟人数悬殊，加上战马被控制，没有马骑，徒手厮杀施展不开，塔塔儿人将他们团团围住近距离射箭，经过一场激烈的搏斗，三十个精兵全部当场战死。把儿坛太师没有倒下，侧身倚着铁木真兀格的斡耳朵围毡，圆睁双目微张着嘴，似乎要开口说什么。他身上至少中了十几支箭矢，身上流出的鲜血染红了他身下的围毡。不过塔塔儿人也死了不下百人，损失多出几倍。

俺巴孩可汗被带到斡耳朵前面的空地上。

俺巴孩可汗扫视四周，不见铁木真兀格的身影。

"铁木真兀格，你给我滚出来！"

俺巴孩可汗喊了几次，铁木真兀格这才露面。

"亲家，我也是不得已而为之。"铁木真兀格假惺惺地说，"俗话说，羊群躲不过狼的袭击，咱们联姻的事情，不知怎么让金国知道了，他们早就派人来，专等着你的到来。我们塔塔儿是金国的臣民，拗不过他们哪。"

俺巴孩可汗像一头笼子里的狮子，怒目圆睁，咬着牙关一字一句地说："我本想你们塔塔儿也是蒙古人，虽然你受了女真人的册封，我并没有把你当敌人看,闹了半天你自己就是匹凶恶的狼。你说,你们要把我怎么样?"

铁木真兀格回头看了一眼,跟在铁木真兀格身后的一个女真人小头目说:"既然你已经进入了我们金国地界,就由我们金国朝廷来处置你了。皇上已经给你准备了上好的'木驴'。"说着指了一下远处的一副木制刑具。所谓钉在"木驴"上,就是将人四肢张开,钉在那副刑具上折磨而死。

"铁木真兀格,你听着!先可汗之子斡勤·巴儿合黑和合答安,都是被你们钉在木驴上折磨而死的,可我们合穆黑蒙古国从来没有害过你。你们塔塔儿人欠下的血债,我们合穆黑蒙古国只要剩下一个人,就要加倍偿还!"

铁木真兀格显然是心虚了,脸色刷白,徒劳地抖动着下嘴唇却说不出一句话,那双无神的目光投向了身边的金国人。

"塔塔儿部是我们的属民,有我们金国在,你们动不了他们的一根毫毛。"那个女真人赶忙帮腔说,"我们金国轻而易举地征服了契丹,同样不费吹灰之力俘虏了宋国皇帝,把宋人赶到了海边,还让他们年年上贡给我们,就连夏国、高丽也一年不落地给我们朝贡,难道我们还怕你们一个小小的蒙古国不成?"

"说得好,塔塔儿不就是金国的一条狗吗?请记住,主子总有不喜欢狗的那一天!到那个时候,不仅狗命难保,连主子也一起完蛋。我们合穆黑蒙古国总有一天要跟你们算这笔账。"

铁木真兀格乞怜地看着金国人。

"不要跟他费口舌了。来人,马上把他钉在'木驴'上,带往上京!"女真人下令。

"你们用武力打不过我们,就用这种卑劣手段捉我,还用这种肮脏的刑法!"俺巴孩可汗依旧死死地盯着铁木真兀格,说,"我死不要紧,当心有一天我们合穆黑蒙古国将你们斩草除根,把身高超过车辕的男人一个不剩地全部杀光!"

俺巴孩可汗完全被金国人控制住。

"我们这就把俺巴孩可汗带走,剩下的事就交给你铁木真兀格处理吧!"

金国人说完,将俺巴孩可汗脱了个精光捆绑在那副"木驴"上,又取来六根长铁钉,分别从俺巴孩可汗的双膝、双手腕、左右锁骨下方钉进去,将他固定在木架上。殷红的鲜血顺着铁钉根部渗出,形成几股细流,流过俺巴孩可汗的身体和"木驴",渗入脚下的草地里。

俺巴孩可汗怒发冲冠,咬紧牙关,怒睁的双眼几乎要从眼眶里瞪出来。

铁木真兀格见俺巴孩可汗被钉在"木驴"上不能动弹了,这才来了精神,对他的手下发威道:"你们,留下娜米楠和她的侍女,把其余的人统统杀死!"

塔塔儿人像遇到了猎物一样,挥舞着手中的弯刀,扑向被捆绑着的送亲队伍里的那些人。

"等一等! 得留个活口回去报信。对啦,就把那个扛苏力德的留下!"铁木真兀格说。

苏力德护旗手叫别速台·巴剌合赤,塔塔儿人将别速台·巴剌合赤剃了光头、剪了胡子,推搡着来到四肢流血的俺巴孩可汗跟前。

"我们留了一个活口,让他回去报你的死讯。你有话,就跟他说吧。"铁木真兀格装出一副仁慈的样子说。

俺巴孩可汗似乎并未遭受酷刑,他异常平静地说:"别速台·巴剌合赤! 你回去告诉合不勒可汗七个儿子中的忽图剌和我的十个儿子中的合答安:我是合穆黑蒙古国可汗,在我亲自送女儿到塔塔儿营地时,被背信弃义的塔塔儿人害了。从今往后,要以我为戒,为儿女举办婚事的时候,国君和父亲千万不可亲自送亲! 所有合穆黑蒙古国的人都要记住,塔塔儿人是我们不共戴天的世仇,你们即使把五个手指甲抠没了,十个手指头磨秃了,也要为我报仇雪恨!"

三

朵儿边人撤走后,他从泥淖中站起,手提坐骑的马鬃将其从泥淖中拽出,然后骑上它,找到了朵儿边人的马群,换乘了其中一匹,把其余的全部驱赶回来。

选举新可汗的呼刺勒台会议由阔岱薛禅主持。参加会议的除了泰赤兀惕部、孛儿只斤部之外,还有札刺亦儿部及尼伦蒙古、迭儿列勤蒙古其他几个部的首领。

别速台·巴刺合赤转述俺巴孩可汗的遗嘱后,大家品味着其中的每一个字,最后理解为:俺巴孩可汗的本意,是想让孛儿只斤部人和泰赤兀惕部人轮流做可汗,用以加强孛儿只斤部与泰赤兀惕部之间的"额卜额耶",促使大家凝成一股劲共同对外,让合穆黑蒙古国尽快强大起来。也就是说,将合不勒可汗从孛儿只斤家族传给泰赤兀惕家族的可汗宝座再次传给孛儿只斤家族。

阔岱薛禅与俺巴孩可汗共事多年,深知俺巴孩可汗的真正用意,而且为加强合穆黑蒙古国内部的凝聚力,也只能这样做。

讨论的结果是,大家一致同意由合不勒可汗的儿子忽图刺做合穆黑蒙古国新可汗;俺巴孩可汗的儿子合答安当太师;把儿坛太师的儿子也速该接任把阿秃儿之职,这是为了牢记把儿坛太师为俺巴孩可汗保驾而死在塔塔儿人营地的功劳。别看当时也速该年龄小,只有十三岁,但他自小强悍,十二岁时就一箭将一个穿厚甲的金国兵射死,夺其战马而归。把儿坛把阿秃儿生四子,分别叫乞颜、捏坤、也速该、塔里台。乞颜脸上有颗黑痣,所以叫芒格秃·乞颜;塔里台最小,所以叫塔里台·斡惕赤斤。

合穆黑蒙古国新一届首脑就这样产生。

但事后不久,俺巴孩可汗的儿子们放出话,表示了他们泰赤兀惕人对这项决定的不满,尤其是让也速该当把阿秃儿,引来了泰赤兀惕方面的直接非议。

阔岱薛禅听到来自俺巴孩可汗几个儿子的不满言论,就把他们叫过来严词教训,说:"你们俺巴孩可汗的十个儿子,品行不端,还不如一般庶民百姓。合不勒可汗的七个儿子,讲究'额卜额耶',能够相互凝成一股劲,所以才担当得起做一国可汗的重任。"

不过,这一举措虽然阻止了俺巴孩可汗儿子们的闲言碎语,但也种下了泰赤兀惕部与孛儿只斤家族之间不合的种子。

忽图剌可汗是个传奇式的人物。他身材魁伟,声如雷鸣,吼一声震七岭,两个巴掌如熊掌,一只手可把并拢的两支箭矢掐断,摔跤时一不小心可把活人劈成两半,数九严寒里赤裸着膀子睡在树下,身上都会冒汗散热气,即使有火星溅到他身上烫伤了皮肤,伤口上聚集蚊虫他也毫不在乎。他一天可吃一只羊,喝马奶酒就像往木桶里倒一样,从来没有喝够的时候。

如此神奇的人物做了合穆黑蒙古国的新可汗,百姓们自然会无比兴奋。

他们聚集在斡难河畔的草原上,举行了盛大的庆典。

忽图剌可汗的斡耳朵坐落在一个叫霍尔豁纳黑的山阳平地上,斡耳朵周围生长着一大片树林。

庆典仪式仍由阔岱薛禅老人主持。

阔岱薛禅老人说:"我们的乞颜苏力德因在塔塔儿人的营地沾了晦气,所以这次一定要举行威猛大祭驱晦气。"他接着说,"在祭乞颜苏力德的地方再建一个敖包,敖包祭祀和苏力德祭祀放在一起进行。"

威猛大祭,是指用活人祭祀。原来,塔塔儿人借金国之手将俺巴孩可汗杀害以后,前几天派了几个探子来探听合穆黑蒙古国的反应,结果被发现并逮住了。阔岱薛禅老人要用他们来祭乞颜苏力德。

"其中有没有络腮胡子?"阔岱薛禅问。

"有一个,是他们的头儿。"合答安太师答。

阔岱薛禅老人很满意,说:"好。就用他祭乞颜苏力德!"

有了指令,剩下的事自然有人去办。

合穆黑蒙古国的勇士们对那位络腮胡子突然变得热情起来,专门宰了只羔羊煮给他吃,还给他灌了不少马奶酒,等到他酩酊大醉、不省人事,便扒光了他的衣服,把他放进事先挖好的深坑里。

装饰一新的苏力德已经立在深坑边的土堆上。勇士们把深坑里的络腮胡子扶起站正,然后从脚开始用土埋,一直埋到脖子上了,络腮胡子还没有醒过来。这时,络腮胡子浑身的血液全部集中到了头部,整个脑袋憋得跟野猪肝似的。

阔岱薛禅老人手一挥,祭旗司仪用一把剃头刀在络腮胡子头顶百会穴上轻轻一点,酱红色的血浆"哗"地喷向空中,将竖立在那里的乞颜苏力德染成了红色。

草原上的人们都知道,用活人祭祀的乞颜苏力德凶悍而威猛,神力无穷,所向披靡。

"奥嗨！奥嗨！奥嗨！"

勇士们的呐喊声响彻了整个敖包山。

络腮胡子的眼睛莫名其妙地睁了一下,便永久地闭上了,他就这样稀里糊涂地被祭了旗,做了这座敖包的神灵。

人们在埋葬他的位置上插了一些柳条和树枝,再用彩条扎好,由此建了一座新敖包。此后,每年的这一天,人们从四面八方聚集而来,杀牛宰羊,隆重祭祀这位敖包神。据报道,前些年有考古队在蒙古国挖掘一座古代敖包时发现了一具完整的人的骨骼,或许就是这位络腮胡子的骸骨。

"可汗登基庆典,现在开始！"阔岱薛禅老人宣布。

有人吹响了第一声螺号。

顿时,锣鼓声响成一片,整个草原沸腾了。

在忽图剌可汗的斡耳朵里,乐手们在演奏,歌手们在歌唱。

草原上的人们为新可汗的登基而欢欣鼓舞高歌豪饮,通宵达旦绕树而舞,脚下踏出一道道深坑,坑里渗满了水。

狂欢整整持续了一个月,直到天色渐冷才作罢。

庆典之后,忽图剌可汗与合答安太师和也速该把阿秀儿,牢记俺巴孩可汗临终遗嘱,发誓要为俺巴孩可汗报仇雪恨,集中兵力不断攻打塔塔儿部,先后与阔端巴剌合、札里不花交战十三次,而且合答安太师率兵与塔塔儿部的麻塔儿两次交战,第一次将其射伤,第二次在一个叫桑阿登的地方将其射死,但因为有金国做塔塔儿人的后盾,终未能决出胜负。塔塔儿人犹如金国豢养的一条疯狗,时不时过来将蒙古国咬一口,而蒙古国打它时,它晃一下尾巴又逃入金国的保护之下,让人无法下手。

忽图剌可汗喜欢打猎,常以狩猎为乐。这也是蒙古国乃至北方游牧民族首领们的共同爱好。

有一次,忽图剌可汗迎战来犯的金国军队,打了个胜仗,在回来的路上还不忘打猎,结果在打猎途中遭遇了朵儿边部的突然袭击。朵儿边部与塔塔儿部同为金国所属,所以帮助金国攻打蒙古国军队。

因为朵儿边部出现得太突然,忽图剌可汗只好夺路撤退,不料战马陷入泥淖里不能动弹了。忽图剌可汗发现已陷入绝境,便站在马鞍上,大声喊:"蒙古人没有了马,只有死路一条!"并对身边的将士们发出命令,"你们别管我,快突围出去!"说罢便跳入泥淖中,不见了人影。

跟随他的蒙古将士们眼见救人无望,便遵照可汗的命令突围而去。

朵儿边部的人见他陷进泥淖里死了,也就撤走了。

将士们回来后,将情况告诉了忽图剌可汗的合敦,合敦不以为然,说:"大白天的,一个手有熊掌之力的英雄汉,怎么会被没有出息的朵儿边人整没了呢!总有一天他会回来的。"

事情果真如此。当朵儿边人撤走后,他从泥淖中站起,手提战马的马鬃将其从泥淖里拽出,然后骑上它,找到朵儿边人的马群,换乘了其中一匹,把其余的全部驱赶回来。

此事虽然颇为传奇,但也说明,忽图剌可汗手中掌握的兵马并不很多。事实上,当时的蒙古国军力分为两部分,一部分由忽图剌可汗指挥,一部分由合答安太师指挥。合答安太师仗着手中的权力和旧有的威望,不怎么听从忽图剌可汗的指令,常常单独行动,甚至自作主张,擅自定夺合穆黑蒙古国军国大事,从而造成力量分散,在战斗中难以制胜。这也是上文所说他们与塔塔儿人交战十三次而未能获胜的一个原因。

不过,他们与塔塔儿交战虽不能占上风,但对金国作战却屡屡得手。

或许这就是一物降一物法则使然。

早在合不勒可汗时期,金国就是蒙古国的旗下败将。那时,蒙古国的悄然崛起,引起了金国的严重不安,从 1135 年起,金国便开始不断征讨蒙古国,以期削弱其力量。1137 年,金熙宗派胡沙虎攻打蒙古国,却因粮草不济,大败于海岭,落荒而逃。1139 年,金熙宗以谋反为由杀死左丞相挞懒,其子腾花都遂率父之旧部举兵,并向蒙古国求援,蒙古国予以回应,率军向金界进军,强取二十余团寨。

自从胡沙虎大败于海岭,金国做了整整六年的准备,1146 年,金国皇帝派遣大将兀术调集八万精兵,向蒙古国发动进攻。蒙古国军队见他们来势凶猛,便避开他们的锋芒,诱敌深入,将他们引入蒙古国腹地后一举歼灭。因连年不克,金国只好与蒙古国休战,并于 1147 年八月,派行台尚书省事肖博硕诺与合穆黑蒙古国议和,将西平河(克鲁伦河)以北二十七个团寨的地方割让给合穆黑蒙古国,并承诺每年向合穆黑蒙古国贡献一定数量的牛、羊、米、豆。

以上这些历史事实足以证明,曾于 1125 年灭辽、1127 年灭北宋的强大的金国,面对蒙古国却无能为力,束手无策,甚至忍辱割地进贡,以换取暂时的平安。可见当时合穆黑蒙古国国势之强盛。

然而,金国虽然表面议和,但其灭蒙古国之心不死,除了在蒙古国和金国边界修筑"金源边堡"外,还利用塔塔儿与蒙古国之间原有的矛盾,"以夷制夷",唆使塔塔儿人经常向蒙古国发起挑衅。

奇怪的是,这个让金国胆战心惊的蒙古国却对塔塔儿人无可奈何,在长达十来年的时间里与其交战十三次却无战果。

就在这关键的历史时刻,1161 年冬天,忽图剌可汗驾崩了。

忽图剌可汗驾崩的时候,阔岱薛禅老人早已作古,合答安太师也先于他去世。忽图剌可汗有三个儿子,分别叫拙赤、吉儿马兀和阿剌坛,但忽图剌可汗没有留下遗言要把可汗大位传给谁,而且也没有人召集呼剌勒台会议选举新可汗。

于是可汗、太师、把阿秃儿三人中唯一在世的年轻的也速该把阿秃儿就成了蒙古国事实上的首领,他便临时管理这个以乞颜联盟为基础的合穆黑蒙古国。

也速该把阿秃儿为人忠厚,足智多谋,善于笼络人心。前些年因少小年纪就当了合穆黑蒙古国的把阿秃儿而在草原上名声大扬,四方很多小部落都慕名前来投靠他,此时他已经拥有了很多百姓,成为一个人多势众的家族。

这时,草原上的力量对比,比起俺巴孩可汗时期又有了新变化。

蒙古国周边的客列亦惕、篾儿乞惕、乃蛮、札剌亦儿,那些踌躇满志的部落首领,都想把别人归于自己麾下,互不屈从,动辄兵戎相见。

他们与蒙古国时而为友,时而为敌,时而进攻蒙古国,时而与蒙古国联手进攻别人。尤其是金国管辖内的塔塔儿部、朵儿边部和弘吉剌惕部,听命于金国的指令,经常前来进犯。结果,千里草原战乱不止,到处是刀光剑影,血雨腥风,没有片刻的宁静。

> 天空里
> 斗转星移
> 地面上
> 诸国纷争
> 战火弥漫
> 人们
> 不能躺到铺上歇息
>
> 大地上
> 地动山摇
> 普天之下
> 盗贼四起
> 动荡不安
> 百姓
> 无法钻入被窝睡觉
>
> 那个时日啊
> 真是——
> 风声鹤唳
> 不能有所期盼
> 相互厮杀
> 没有地方躲避

血雨腥风

无法兑现诺言

分久必合,合久必分,这是自古以来的自然法则。

乱世出英雄,乱世也在呼唤英雄。

世界,正在等待一个强大的力量出现,以平息纷乱,为草原带来和平;历史,在期盼一个伟大的人物诞生,以扭转乾坤,为天下带来安宁。

上部

一

兀良合歹人札儿赤兀歹带着他三岁的儿子者勒蔑过来给也速该把阿秃儿道喜,说:"您是我们合穆黑蒙古国的主心骨,您生儿子是我们全体的喜事。您的儿子铁木真长大了,一定需要许许多多的那可儿,我这儿子者勒蔑算一个……"

那是去年夏天的事情,忽图剌可汗还健在,合答安太师刚刚去世,合穆黑蒙古国生出一个由谁来接替合答安太师之职的话题。

忽图剌可汗没有马上做出决定。他有三个儿子,但他们当中似乎没有可做太师的人才,他想让也速该把阿秃儿做太师,可一时又找不到接替把阿秃儿一职的合适人选。因此,忽图剌可汗暂时让也速该把阿秃儿挑起太师和把阿秃儿的双重职责,有意拖延物色新人。

就像当年让也速该当把阿秃儿时引起一些非议一样,现在因为他担当太师和把阿秃儿的双重职责,又引起一些议论,而其中一个主要原因是也速该把阿秃儿还没有成家。

"听说,也速该把阿秃儿还没有成家呢!"

"嘴上没毛,办事不牢。把合穆黑蒙古国的军国大事交给一个毛孩子,怎么行啊!"

"他还没成家呢,家都没学会管,怎么能够指挥千军万马呢!"

说实话,草原上像也速该这个年龄的人,没有一个不已经结婚生子的。可是,一来他父母亡得早,没人给他张罗,二来这些年战事不断,合答安太师又总是单独行动,他无法离开忽图剌可汗左右,所以就把这个成家的事给耽误了。不过,说他没结婚并不完全准确,他只是没有娶正房女人而已。实际上他身边已有一个女人,是庶民之女,名叫索乞格勒,算是个偏房。索乞格勒还给他生了个叫别克帖儿的儿子。

他第一次感觉到成家与否,跟他当把阿秃儿居然有着如此大的关系。

由此,娶回一个正房妻子成了他的心病,只要闲下来,这件事就会袭上他心头。"看来,要想得到大家的信任,就得赶快成家,快,要快!"他对自己说。

一天,他执猎鹰在斡难河边狩猎时,看见篾儿乞惕人也可赤列都正从斡勒忽讷惕部娶了新娘往回走。也可赤列都所在的篾儿乞惕部驻牧于鄂儿浑河下游,斡勒忽讷惕部在塔塔儿部东南,从斡勒忽讷惕部娶亲回到篾儿乞惕部,正好路过斡难河边。

也可赤列都骑马在前面走,新娘的车在后面跟着,他们之间拉开了几里路的距离。也速该把阿秃儿打马过去,假装是偶然邂逅的路人,凑到近前瞅了一眼车上的新娘,一下子惊呆了。那女人生得如花似月,光彩照人,让他一睹便不能自拔。他立刻想起近来一直困扰他的成家之事,同时也想到了传说中的抢婚,便疾驰回家告诉了哥哥捏坤和弟弟塔里台·斡惕赤斤。三个人商量了一下,认定这个女人应该就是也速该把阿秃儿的女人,决定立马把她抢过来。

"这样,我就不用再低头做人了。"也速该把阿秃儿默默地想。

弟兄几个骑着马,挎着弓箭,迎着也可赤列都走去。

也可赤列都哪像个男人!他见也速该把阿秃儿弟兄仨迎面走来,惊恐不已,满脸抽筋,不说一句话,调转马头就是往回跑。

他策马疾驰,拼命往回跑。

他翻过一个山梁,又绕过一个山嘴,一口气跑到新娘跟前,光张嘴说不出话。

"那三个人来者不善,我怕他们害了你的性命,你快走吧。"新娘说,"你保住性命,比什么都重要,像我这样的女人随处都有。如果你想我,再娶了女人就改成我的名字!"新娘说着,脱下贴身的汗衫递过去。

也可赤列都不敢下马,就在马背上接了汗衫,瞭见也速该把阿秃儿他们仨绕过山嘴过来了,他二话没有,策马离开,沿着斡难河岸逆流而上,没命地逃走了。

也速该把阿秃儿弟兄仨调转马头追赶也可赤列都,翻过了好几座山梁,根本追不上,便返回新娘的牛车跟前,赶着新娘的车朝自己家走去。

也速该把阿秃儿

也速该把阿秃儿牵着缰绳,捏坤在前面领路,塔里台·斡惕赤斤在旁边护卫。"你叫什么名字?"与她并列而行的塔里台·斡惕赤斤问。

"我叫诃额仑。"那个女人答。

"我的丈夫没有见过世面,从没让大风吹过头发,也没让肚子受过饥饿,现在一个人跑得无影无踪,不知道要受多少罪。"诃额仑哭着,无比伤心地说,她那撕心裂肺的恸哭声传得很远很远。

听到她的恸哭声,斡难河水难过得不流淌了,山里的树木感动得频频震颤。

"你的丈夫,这阵儿不知已经翻过多少道梁,涉过多少道水了。你再哭,他也不可能回来了。"塔里台·斡惕赤斤劝她,"他呀,跑得连影子也不见了,你在这儿哭有什么用啊!"

从此,诃额仑就成了也速该把阿秃儿的合敦。

因为也可赤列都无能,所以没人追究这件事,一切都很平静。

也速该把阿秃儿与诃额仑之间有了了解,性格和言语都很合得来,很快变成一对恩爱夫妻,好像诃额仑合敦就是也可赤列都专门为也速该把阿秃儿娶来的似的。

又过了几个月,当他们家从夏营地搬到秋营地的时候,诃额仑合敦告诉也速该把阿秃儿,她怀孕了。

消息传到了塔塔儿人的耳朵里。

铁木真兀格如获珍宝,立即与阔端巴刺黑商量,决定明年一开春,联合篾儿乞惕人彻底打败也速该把阿秃儿和他的合穆黑蒙古国,连根拔掉塔塔儿人的心头隐患。

覆盖一冬的积雪完全融化,绿染大地的时候,塔塔儿部的铁木真兀格、阔端巴刺黑、豁里不花、札里不花等分成三路从东面进击,并派使者请篾儿乞惕部从西面接应,以形成东西夹攻形势,企图将也速该把阿秃儿一举歼灭在斡难河以东地区。

这天是壬午年(1162年)孟夏十六日。

天刚蒙蒙亮,塔塔儿人的队伍便气势汹汹地从东边杀来。

"塔塔儿人分三路来了,右边是札里不花,左边是阔端巴刺黑,中间是铁木真兀格和豁里不花。最北边和最南边相距有二十里宽。"探骑回来报告。

"篾儿乞惕人有什么动静?"也速该把阿秃儿问。

"据探,篾儿乞惕人也已经从他们的营地出发了,可是距离两天的路程上还没出现他们的影子。"

"这就好。看来,篾儿乞惕人也看不起塔塔儿人,不愿意替他们卖命。"也速该把阿秃儿冷静地说,"塔儿忽台·乞邻秃黑、脱朵延·吉儿帖,你们俩带着泰赤兀惕部的兵马侧攻他们的右翼,我带着孛儿只斤部的兵马直插他们的左翼。他们的中军铁木真兀格和豁里不花见我们攻击他的两翼,就会分成两股左右增援。这时,我们即刻撇下他的左右两翼,掉转马头进攻他们的中军,形成一个包围态势,予以歼灭。动作要快,慢了,我们反而会被他们的两翼吃掉。"

也速该把阿秃儿带兵已经有七八年了,分析敌情,部署兵力,指挥作战,对他已经是家常便饭了。塔儿忽台·乞邻秃黑、脱朵延·吉儿帖两人是兄弟,泰赤兀惕人,是合答安太师的儿子、俺巴孩可汗的孙子,与也速该同辈儿。乞邻秃黑自小是个大胖墩,所以有了塔儿忽台的称号。忽图剌可汗去世后,塔儿忽台·乞邻秃黑巴望着可汗大位再由孛儿只斤家族传到他们泰赤兀惕家族,轮到他的头上,所以一直阻挠也速该把阿秃儿做合穆黑蒙古国可汗。不过他们对也速该把阿秃儿的指挥才能还是心服口服的,所以二话没说,带着兵马就出发了。

仗,完全按照也速该把阿秃儿的预想发展着。

塔塔儿人的兵马排成两列并进,前后拉长了十来里地。当一字排开的孛儿只斤部和泰赤兀惕部的军队向他们发起攻击时,他们被突如其来的局部优势兵力打得晕头转向,首尾脱节,互不相顾,死伤惨重。塔塔儿部中军铁木真兀格和豁里不花看此情形,急忙分成两拨儿支援左右两翼,不料被杀将过来的蒙古国兵马围了个水泄不通,他们还没弄清是什么情况,就双双被俘虏了。后面的兵马一看中军总指挥被俘,不知所措,徘徊一阵后撤兵了。

这一仗,蒙古国终于取得了胜利。自从俺巴孩可汗被塔塔儿人害死以后,蒙古国跟塔塔儿人交手了那么多次,从来没打过这样漂亮的胜仗。蒙古国的将士们将缴获的战马和其他战利品分作两半,孛儿只斤部和泰赤兀惕部各分得一半,然后回到营地彻夜狂欢。

这真是一个特殊的日子。

也速该把阿秃儿兴奋不已,没想到铁木真兀格也有今天。当年铁木真兀格欺骗俺巴孩可汗,将他送给金国邀功的时候,肯定没想到有一天自己会落入俺巴孩可汗后人之手。血债,真是个奇怪的东西,它不能像货物一样买下来,但它就像种子,只要种下去就会生根发芽;更像高利贷,只要欠下,便利滚利,越滚越大。塔塔儿人先后害死了合穆黑蒙古国的斡勤·巴儿合黑、合答安、俺巴孩可汗和把儿坛太师,对斡勤·巴儿合黑、合答安俩,他们是搞突然袭击,从家里捉走他们以后交给金国害死的,而对俺巴孩可汗和把儿坛太师,他们用的是阴谋诡计和欺骗手段。卑鄙,是草原上最见不得人的丑行。你可以通过比武、格斗在战场上决一雌雄,实在打不过,可以屈服于其脚下,但绝不可以耍阴谋诡计。

你可以永远是敌人,但绝不可以背信弃义、出尔反尔。这是既定俗成的游戏规则,谁要是违背这个游戏规则随便胡来,谁就会为此付出沉重的代价。如今,铁木真兀格就落得了这个下场。他是蒙古国不共戴天的仇敌,他血债累累,他们要把他的旧账新账放到一起清算。

铁木真兀格、豁里不花被五花大绑着,两条胳膊张开被固定在一根木棒上,其上半身姿势与当年俺巴孩可汗被钉在"木驴"上的姿势一模一样。

也速该把阿秃儿吩咐手下,一定要看管好铁木真兀格,明天日出时将用他的心脏祭苏力德。

也速该把阿秃儿忽然觉得特别困。为了打这一仗,他已经两天两夜没合眼了。所以,他安顿好兵马以后,带着几个传令兵,回到了坐落在迭里温·孛勒答黑的家。

也速该把阿秃儿刚走到家门口,就看见包门外系着块红布条,他知道家里有喜了,立刻喜上眉梢,一股热流传遍全身。草原上有着很严格的预防疾病的方法,假如谁家有人得了传染病或不治之症,就在包门上系块白布条,告示人们别进这座毡包,以防把疾病传染上。假如哪家女人生了孩子,就系块红布条,同样告示人们别进这座毡包,以防把不干净的东西带给身体虚弱的母子。此时,也速该把阿秃儿家毡包门外系的是块红布条,那就是明白无误地告诉他,诃额仑合敦已经生产了。

他刚掀开门帘,就听到一声格外有力的新生婴儿的哭声。准是个儿子!一道亮光把他眼前照得通明。

也速该把阿秃儿一阵狂喜:"今天到底是个什么日子?前线大胜仗,家里生贵子,双喜临门?!"

一个大胖小子躺在诃额仑合敦的胳膊上,听到他进来的动静,马上睁开双眼朝他射来一道明亮的目光,嫣然笑了。

索乞格勒合敦迎上前,一脸喜色地说:"是个儿子!"

"我就知道。"也速该把阿秃儿一个箭步冲上去,抱住儿子使劲儿吻了一气,又上上下下闻了一气,才轻轻放下。

"孩子生下来时,胎衣完好无损地包着哩。"索乞格勒合敦说。

"真的吗?穿着铠甲降生人世,一定是长生天派来平定天下的。"也速该把

诃额仑

阿秃儿不假思索地说。

　　"还有怪事呢！"诃额仑合敦也说。

　　佣人豁阿黑臣打开了婴儿的襁褓，只见婴儿的两只小手攥得紧紧的。

　　"您看！"索乞格勒合敦说，"生下来多半天了，孩子的两只小手握成小拳头，就是打不开。"

　　也速该把阿秃儿好生奇怪，他用他的粗手指头去轻轻抚摸那双紧攥的小拳头，两只小手像火炭一样滚烫滚烫的，不由得使他把手缩了回来。

　　儿子的两个小拳头轻轻地抖动了一下，慢慢松开，他的右手掌上露出一团紫红色的凝血团，足有绵羊踝骨那么大。

　　索乞格勒合敦这才如释重负地长吁了一口气，说："我们还以为他的两个小拳头是实心的,担心坏了。可是一见到您,自己松开了。"

"这小子有来头!"也速该把阿秃儿很是感慨,说,"这是长生天开恩呢。我们蒙古草原有希望了。"

"孩子还没名字呢,"诃额仑合敦一脸的甜蜜和愉悦,"给儿子起个名字吧!"

"孩子什么时候生的?"也速该把阿秃儿问。

"上午巳时。"索乞格勒合敦答。

"上午巳时?"也速该把阿秃儿思忖片刻,忽然将右手高高举起,握成拳头狠狠地砸向左手掌,说,"这正好是捕获铁木真兀格的时辰。好,就叫铁木真!"

铁木真就这样诞生了。

当天下午,也速该把阿秃儿手下打制兵器的铁匠头儿、兀良合歹人札儿赤兀歹带着他三岁的儿子者勒蔑过来为也速该把阿秃儿道喜,还送给他一副貂皮里子摇篮,说:"您是我们合穆黑蒙古国的主心骨,您生儿子是我们全体的喜事。"他接着说,"您的儿子铁木真长大了,一定需要许许多多的那可儿,我这儿子者勒蔑算一个,现在我就把他交给你们吧。"过了一会儿他又说,"不过现在孩子还小,留下是你们的累赘,我把他养大了再送来吧。"

这副貂皮里子摇篮不仅成了铁木真的人生起点,也成了其他几个弟弟妹妹成长的温床。

札儿赤兀歹是合穆黑蒙古国铁匠总头目,也速该把阿秃儿一向很尊重他。合穆黑蒙古国的老百姓,每个人既是牧人、战士,又是乐手和工匠,他们平时放牧,制作奶食品、肉食品和军粮,狩猎时却成了猎人,战时又成了战士。可以说,几乎人人都熟练掌握着草原上所需的所有工种,甚至可以说,女人们都会熟皮子、鞣皮子、缝皮袍,男人们都会搓绳子、拧马笼头、擀毡子、制作马绊、马鞍、毡包、勒勒车乃至盔甲和弓箭,可是唯独铁匠、金匠和银匠是独立分出来的。海都可汗时期的蒙古国就有一支数百人组成的铁匠、铜匠队伍和数十人组成的金匠和银匠队伍。金匠和银匠主要是为贵族服务,为他们制作高档生活用品,所以规模很小。可是铁匠和铜匠就不一样,他们主要制作马具和兵器,如马镫、马嚼子、箭头、刀剑、长枪、铙钩及其他兵器,所以规模很大。当时,蒙古国的铁和铜冶炼技术非常发达,他们除了炼铁、炼铜和铸铁、铸铜以外,还会炼钢,在刀剑开刃处加一层钢,以使其更加坚硬、更加锋利。有人计算过,假如一个战士身上

者勒蔑和其父亲札儿赤兀歹

带的刀枪、弓箭、马镫、马掌子、马嚼子、马鞍子、盔甲等可用至少十公斤铜或铁，那么一万人的军队至少需要一百吨钢铁，这还没有把箭矢等消耗品和锅勺等生活用品算在内,可见那时蒙古国的铜铁制造业多么了不起。而札儿赤兀歹,就是专管合穆黑蒙古国铜铁制造业的总头目,也速该把阿秃儿对他怎能不敬重呢!

第二天一早,合穆黑蒙古国胜利之师聚集在一起祭乞颜苏力德。

一切准备停当。铁木真兀格和豁里不花被勇士们推到乞颜苏力德下。

也速该把阿秃儿把大家召集起来,说:"告诉大家一个好消息,昨天诃额仑合敦为我生了个儿子。为了纪念这件大喜事,我决定赦免铁木真兀格,赐他不流血而死,裹在毡子里让万马踏死。"

铁木真兀格听了,撇嘴露出一丝奸笑,被行刑队带走。

这样一来,祭乞颜苏力德的营生就落到了豁里不花身上,他成了祭合穆黑蒙古国苏力德的第二个塔塔儿人。

二

德薛禅说:"昨夜,我做了个梦,梦见有只白海青鸟一只手拿着太阳,一只手拿着月亮,飞来立在我手掌上……原来这是你们乞颜苏力德托的梦。今日你领着儿子来我这里,正好应了这个梦。"

诃额仑合敦一共生了四个儿子、一个女儿。四个儿子名叫铁木真、合撒儿、合赤温、帖木格,一个女儿名叫帖木仑。也速该把阿秃儿的偏房索乞格勒合敦除了别克帖儿外又生了个儿子,名叫别勒古台。

庚寅年(1170年),铁木真九岁,合撒儿七岁,合赤温五岁,帖木格三岁,帖木仑在摇篮里。同父异母索乞格勒生的别克帖儿十岁,别勒古台六岁。

合穆黑蒙古国一直没有可汗,也没有人召集呼剌勒台会议选举新可汗。但合穆黑蒙古国依然存在,泰赤兀惕部和孛儿只斤部还保持着联盟关系,还都在也速该把阿秃儿的号令下统一行动,乞颜苏力德也由也速该把阿秃儿携带和守护。按理,应该由泰赤兀惕部头领塔儿忽台·乞邻秃黑召集呼剌勒台会议,可他就是不吱声,无限期地拖着。在这种情况下,也速该把阿秃儿也不好说什么,当然也不可能产生新太师和新把阿秃儿。

现在铁木真九岁了,该给他定亲了。

水源,近了好;亲家,远了好。从娘舅的家乡说媳妇,是蒙古草原的一个传统,也速该把阿秃儿几乎未加思索,便决定赴诃额仑合敦的故乡斡勒忽讷惕部为铁木真相亲。

斡勒忽讷惕部、弘吉剌惕部和塔塔儿部都归属金国,在蒙古国东面。三个部落,塔塔儿在西,弘吉剌惕和斡勒忽讷惕在东,去斡勒忽讷惕部必须经过塔塔儿和弘吉剌惕部的地盘。不过,这三个部落虽然都在金国管辖里,但距离金国都城远,金国对他们的控制并不严,他们的臣属关系也仅仅表现为每年到京城送去一定数量的贡品,或遇到战事派出一定数量的兵马而已。事实上,他们一直扮演着一方面是金国的属部,另一方面又是蒙古草原的一个组成部分的两种角色。所以,合穆黑蒙古国与这几个部落之间的民间往来始终未停止,相互间的情况也都了如指掌。

此时,铁木真在客列亦惕国念书习字呢。客列亦惕国脱斡邻勒可汗是也速该的安答,他的儿子桑昆与铁木真同岁。铁木真六岁那年,脱斡邻勒可汗说桑昆已到念书的年龄,要请人给他教书,想让铁木真跟他做伴儿一起念书。也速该正好也想让铁木真念书,于是就把他送到了脱斡邻勒可汗的斡耳朵里。现在铁木真要定亲了,该让他回来了。前几天,也速该专程去看望了一下脱斡邻勒安答,就把铁木真带了回来。

也速该把阿秃儿和铁木真各骑一匹马、牵一匹从马向东南方向出发。考虑到路途遥远,情况复杂,因此没带兵马。路过塔塔儿营地时未敢进牧人家借宿,露宿了两夜。

就这样走了五天,来到克鲁伦河下游车客车儿山和赤忽儿忽山之间的一户牧人家水井边饮马。从这儿再走一天过了贝尔湖,就是他们要去的斡勒忽讷惕部的地盘了。

见有人来井边饮马,一只大黄狗狂吠着跑过来。见有吠狗来,铁木真惧怕得直往父亲身后躲。

毡包里的主人闻声走出来,边劝狗边跟他们打招呼。

这是一户弘吉剌惕部人家,主人叫德薛禅。

弘吉剌惕部是一个古老的部落,传说这个部落的祖先生于金瓮,所以他们的女孩子不但生得漂亮,而且往往嫁给望门贵族,还特别敬重住所的门槛。生自金瓮的三兄弟,老大叫朱儿鲁克·莫儿根,善射,老二叫忽拜失剌,老三叫屠苏薄度。老大跟老二不和,有次老大很生气,要射杀老二,老二吓得钻入马肚底下藏身。老大见状,心生怜悯,射出去的箭矢从二弟戴耳环的小孔穿过而未留下任何伤口,朱儿鲁克·莫儿根的神射手称号,从此闻名遐迩。老二忽拜失剌有两个儿子,分别成了亦乞列思氏和斡勒忽讷惕氏祖先。老三屠苏薄度有很多儿子,分别成了合剌努惕部、豁儿罗思部、额勒只斤部祖先。而老大朱儿鲁克就成了弘吉剌惕部祖先。弘吉剌惕部也分若干分支,其领地南抵喀儿喀河,北到

德薛禅

额尔古纳河,西与塔塔儿部接壤。德薛禅所部叫博思忽儿·弘吉剌惕,驻牧于喀儿喀河注入贝尔湖的广大草原上,部分与塔塔儿人杂居。

"你这是从哪儿来,到哪儿去呀?"德薛禅问。

"我要去我这个儿子母亲的娘家斡勒忽讷惕部,为这儿子相亲。"也速该把阿秃儿答。

"你这个儿子啊,脸上有光,眼中有火,将来一定有大出息。"德薛禅说,"昨夜,我做了个梦,梦见有只白海青鸟一只手拿着太阳,一只手拿着月亮,飞来立在我手掌上。我跟别人说,日月与我们常见,如今白海青鸟携日月来到我手掌上,这一定是吉兆,原来这是你们乞颜苏力德托的梦。今日你领着儿子来我这里,正好应了这个梦。"

德薛禅接着向也速该把阿秃儿兴致勃勃地介绍他们弘吉剌惕部的情况，道：

“我们

与他国无争

只是想

将貌美女子

献于

可汗您

让她

坐上哈萨克车（蒙古语称车为哈萨克）

架上黑公驼

颠簸而去

受封高位

与可汗的合敦们

同居

一个斡耳朵

我们

与别国无争

只是想

让俊脸闺女

坐上带篷的车

套上大雄驼

驾驭而去

登上高位

与其他合敦们

共处

一个斡耳朵

我弘吉剌惕部

自古以来

多有

貌美的妇人

和俊俏的女子

故而

外甥

个个都帅气

外甥女

人人都好看"

德薛禅还说："男孩儿者,生为守土;女孩儿者,在于姿色。也速该亲家,我家也有个小女,请进包一看。"

德薛禅将他们请进毡包里坐下,端来了热腾腾的奶茶。

也速该看那女孩儿,真是打心眼儿里喜欢。女孩儿十岁,比铁木真大一岁,名叫孛儿帖。德薛禅还有三个儿子,大儿子叫阿里乞,二儿子叫阿忽台,三儿子叫澈亦。孛儿帖是德薛禅家唯一的女儿,年龄最小。

当晚他们就在德薛禅家住宿。

第二天早晨起来,也速该向德薛禅正式提亲,说:"我本来是要去斡勒忽讷惕部相亲的,如今遇到德薛禅亲家,见你家小女颇有姿色,就不再往前走了。请你把小女许给我儿子铁木真吧!"

"按常理,多次相求而许,才会受到尊重;一两次相求而即许,不会受到尊重。不过,凡是女孩儿命里注定都要嫁人,也不能让女儿在家里变老。我愿意把女儿孛儿帖许配给你们家儿子铁木真。"德薛禅愉快地答应道。

就这样,两家把亲事定下来了。

也速该把阿秃儿在他们家又住了几天,亲家俩从早晨聊到晚上。也速该把阿秃儿作为合穆黑蒙古国的军事统帅,还详细询问了金国的国情、军情和金国境内几个蒙古部落的情况。

坐骑放养了几天,体力也恢复了,也速该该启程回去了。

"请你把儿子留下来吧!"德薛禅说。

这是蒙古草原上的传统习俗，两家孩子定下终身大事之后，男孩儿须在女方家住上一段时间。

也速该把阿秃儿表示同意，并说："我家儿子惧怕狗，请不要让狗吓着他。"

临走时，也速该留下一匹从马，权作定亲礼送给了德薛禅。

也速该留下儿子铁木真，自己一个人往回走。

走了一天，来到车客车儿山山阳，与一群正在筵宴中的阻卜塔塔儿人相遇。

"兄弟，从哪儿来，要去哪儿呀？"阻卜塔塔儿人问。

"从贝尔湖来，去斡难河那边。"也速该答。

"下马来住下吧！"塔塔儿人热情地邀请道。

起初，也速该并不想在此留宿，但想到自己没有穿盔甲，也没带兵勇，塔塔儿人不见得认出他来，再说走了一天路，肚子也饿了，便下马住下。

可是万万没想到，其中一个塔塔儿男子是曾被也速该俘虏后放走的人。他认出了也速该，凑过来跟他套近乎，说："这不是蒙古国也速该把阿秃儿吗？看在你曾把我放走救我一命的分上，我给你敬一杯酒吧！"

也速该不好说什么，也无法做出什么过激动作，只好强作笑颜应付着。

塔塔儿人既然已经知道了他是蒙古国的也速该把阿秃儿，哪能轻易放过呢！他们悄悄地在食物里放了毒药，让也速该吃了。

第二天天不亮，也速该起来上路。刚走一阵，就觉得肠胃疼痛难忍，他知道中毒了，便快马加鞭往家赶，把四天的路并作三天，回到了家。

也速该一进到家，就躺在铺上不能动了。

"谁在我跟前？"他问。

"我在。"晃豁坛部察剌哈老人的儿子蒙力克说。

"蒙力克！"也速该嘱咐说，"这次我去弘吉剌惕部德薛禅家给铁木真说亲，回来的路上被塔塔儿人下毒了，现在我特别难受。我的儿子们都还很小，照顾他们孤儿寡母的事，全拜托你了。现在就请你快去把铁木真叫来！"说完他就毙命了。

蒙力克按照也速该的吩咐，来到了德薛禅家。

但他没告诉德薛禅也速该把阿秃儿去世的消息，只说："也速该把阿秃儿特别想见铁木真，让我过来把他接回去呢。"

德薛禅立刻答应，道："既然想见他，就叫他回去吧。见过以后赶紧再回来。"

蒙力克把铁木真带回家时，也速该把阿秃儿的部属们正聚集在他家等他。

合穆黑蒙古国长期没有可汗，也没有太师，只有也速该以阿秃儿的身份统率着全体百姓。如今也速该把阿秃儿去世了，下一步该如何是好，众说不一。

这时，晃豁坛部的察刺哈老人提议，让铁木真继承父亲的把阿秃儿称号，由也速该把阿秃儿的旧属塔儿忽台·乞邻秃黑辅助他，擎起乞颜苏力德，继续维持现状。

晃豁坛是尼伦蒙古的一支。也速该第六代祖先海都可汗的第三个儿子名叫抄真·斡儿帖该，抄真·斡儿帖该的第二个儿子名叫晃豁坛，因他走路非常快，且走路时鼻息发出如铃声音，就成了晃豁坛氏。察刺哈老人就是他们的后代，比也速该大一辈儿，他的儿子蒙力克与也速该同辈儿。

"他还是个孩子啊！怎么可以呢？"诃额仑母亲急忙说。

"也速该十三岁就当了把阿秃儿，不是当得好好的吗！我看铁木真也一样能当好。"察刺哈老人说。

"就由铁木真来继承也速该的把阿秃儿称号吧！"塔儿忽台·乞邻秃黑发表他的意见，"可是，合穆黑蒙古国得先有可汗和太师，然后才是把阿秃儿。以前只有一个也速该把阿秃儿管着，但大家知道，也速该实际上就是我们的可汗和太师，只是我们没有召开呼剌勒台会议选举而已。现在也速该走了，不但要有人继承把阿秃儿称号，还得有人当可汗、当太师。"

"那么现在就召开呼剌勒台会议，选可汗吧！"脱朵延·吉儿帖附和道。

"当然。这个主意好。"乞邻秃黑急忙说。

"好是好，可现在不行。我们要等合穆黑蒙古国各个部落的首领都到齐了，才能召开呼剌勒台会议。大家都到齐了，一致同意了，选出来的可汗才算数。"察刺哈老人坚定地说。

"可是我们合穆黑蒙古国，此刻没有人管不行啊？！我看——"脱朵延·吉儿帖朝乞邻秃黑看了一下，"就让乞邻秃黑管起来吧。"

"这可不行。我们蒙古草原上自古以来的规矩是，可汗殁了，新可汗还没有产生以前，由可汗的合敦临时管。既然铁木真把阿秃儿还小，马上担当不起来，就让诃额仑母亲管起来吧。"

"这么说来,俺巴孩可汗的额席合敦(额席合敦,意为"后",第一合敦,首席合敦)斡儿伯不是还在吗?那就让她来管。也速该他毕竟没当过可汗啊!"乞邻秃黑开始跟察剌哈老人顶撞起来。

"刚才你还说,也速该把阿秃儿实际上就是我们的可汗和太师,怎么这么一会儿又变了?"察剌哈老人也不让步。

"自合不勒可汗以来,孛儿只斤人和泰赤兀惕人轮流当可汗,现在轮也该轮到泰赤兀惕人当家了。何况孛儿只斤人除了这个九岁的铁木真还没有别人呢!"乞邻秃黑终于说出了心里话。

"那也不行!"察剌哈老人有点急了,"祖宗的规矩不能破。从现在起,合穆黑蒙古国的所有事情都由诃额仑母亲来定夺。过几年等铁木真长大了,就交给铁木真来管。塔儿忽台·乞邻秃黑!你就好好辅佐诃额仑母亲,带好你的兵马吧!"

察剌哈老人一锤定音,在场的人们不再言语了。一场关于合穆黑蒙古国可汗问题的讨论,就这样结束了。

抱着各种目的聚集到这里的人们,又怀着各自的心态陆续离开了。

家里只剩下诃额仑母亲一家人以及那位尚存一定震慑力的察剌哈老人。

铁木真回来后立即陷入察剌哈老人与乞邻秃黑之间的争论当中,到这会儿还没为父亲致哀呢。

也速该把阿秃儿的遗体在他去世后的第二天就已经下葬。

铁木真由察剌哈老人引领,来到那紫气缭绕的圣山阳面洼地上的"也客思之地"(也客思之地,祖先遗骨发丧之地专用语),找到了安葬父亲遗骨的地方。那里除了茂密的青草,空空如也,只有细看时才能看到有一片草丛被踩踏过的痕迹。

"就在这儿!"察剌哈老人指着那片痕迹,说,"长生天觉得也速该把阿秃儿不应该走得这么早,已经把他收走让他重新投胎了。"

铁木真"扑通"一声跪下,放声痛哭起来。

他,那样的伤心,那样的悲痛,差一点晕厥过去。

在他的心里,天地已塌陷,塌陷的天地间,犹见父亲伟岸的身影向他走来。

顿时,父亲留给他的所有记忆一一呈现在眼前。他知道,父亲对他这个嫡出长子格外看重，自他懂事起就把他当作大人，家里的事、部落的事、合穆黑蒙古国的事，都跟他讲。就在这次前往弘吉剌惕部的路上还对他讲："今日非昔日，国已不国，汗统已中断。但乞颜苏力德不能倒，合穆黑蒙古国一定要生存下去。"铁木真记得父亲经常念叨的几件事：乞颜苏力德的威力、俺巴孩可汗的遗嘱、忽图剌可汗的故事、合答安太师的带兵以及背诵《蒙古秘史》等。尤其是在背诵《蒙古秘史》的时候，让他们弟兄几个挨个儿盘腿坐着，右手放于胸前，聚精会神地听他讲。每次从"孛儿帖·赤那、豁埃·马阑勒"开始，然后是蒙古祖先的一长串人名。还让他们记牢谁是谁的儿子，谁有几个儿子，哪个儿子变成了哪个姓氏的祖先，哪个姓氏又变成了哪个部落等等，反复念，反复背诵，不让念错一个名字。中间还会讲到很多有趣的故事，当讲到阿阑·豁阿圣母折箭训子的故事的时候，还让他们弟兄几个每人拿着一支箭，按照故事的内容演示一番，并叮嘱说："这是我们家族的历史，所有的男孩子必须从小背会，父亲传给儿子，哥哥传给弟弟，永远传下去，但决不能说给外人听。"去年有一次，铁木真从客列亦惕国回来住了几天，父亲就问出去念书没，是不是把《蒙古秘史》忘了。铁木真说没忘，前几天自己在野外还从头到尾背诵了一遍，父亲就让他当着全家人再背诵一遍。铁木真确实背得很牢，一口气讲完了所有内容。父亲听了很满意，说："讲得好，就这样讲下去。合撒儿、别克帖儿、别勒古台，你们几个也要跟他一样，一定要背会。下次合撒儿讲，再下次别克帖儿讲，再下次别勒古台讲。下次讲的时候，要把这几年的事情也加进去。跟塔塔儿打仗，捉获铁木真兀格，给你取这个铁木真名字，都要加进去。"又指着其他几个儿子，说，"你们也一样，以后都要学会讲。"可以说，父亲几乎把他当作一个大口袋，不知往里面装了多少东西。他觉得父亲是个知识宝库，要什么有什么，说出来的每一句话都是那么有道理。他已经习惯于按照父亲的要求，让做什么就做什么，从来不考虑自己想要做什么。可是现在，这位他心目中完美无缺的人不在了。

与铁木真一同去的人，没有一个人出声，都在默默地落泪。

这时，察剌哈老人劝慰，说：

"不要过分伤心

像条河里的鱼

来回腾跃

不是已经说好
要整肃我们的兵马吗

不要过分难过
像条网里的鱼
上下翻腾
不是已经谈妥
要重建咱们的国家吗"

铁木真从德薛禅家回来后，知道父亲已经离去，一时间脑海里一片空白，什么主意都没了。此刻，察剌哈老人的这一点化，使他如梦初醒，恍然觉得肩上的担子极其沉重。是啊，父亲没了，父亲的兵马、父亲的合穆黑蒙古国不能没了。就在这一刻，铁木真似乎长大了许多。

"我铁木真是这个家中的大男人，我要撑起这个家，我要扛起压在肩上的山一般的担子。"他想。

铁木真听了察剌哈的话，不再恸哭，他擦干眼泪，回到家，对蒙力克叔叔说："蒙力克叔叔，我求你一件事。请您再去一趟弘吉剌惕部我丈人德薛禅家，告诉他，我回不去了，我要保护好母亲和这个家。"

蒙力克叔叔答应了，他感到身边的这个男孩儿已经不是个小孩子了，他在快速长大，似乎已经长得跟他父亲一样成熟、老成和伟岸。

三

只要乞颜苏力德在，就会有一切。诃额仑母亲一个箭步跨到苏力德跟前，将其从底座拔起交给铁木真，然后跨上马在前面走，让铁木真擎着苏力德跟在后面，去追赶已经走远的百姓。

也速该去世后，合穆黑蒙古国的军国大事，不知不觉地开始由泰赤兀惕部塔儿忽台·乞邻秃黑、脱朵延·吉儿帖兄弟俩定夺，诃额仑母亲家曾经的显赫地位已经不复存在。但乞颜苏力德依然竖立在诃额仑母亲的毡房门前，由铁木真兄弟们看管守护，当年慕名而来追随也速该把阿秃儿的部众依然跟随着诃额仑母亲和铁木真，他们的内部依然保持着和谐统一的局面。再说，泰赤兀惕兄弟俩也不是大权独揽，凡有大点的事，都会主动过来跟诃额仑母亲和察剌哈老人商量。

就这样，差不多过了一年。

到了第二年春天，该祭祖了。

乞颜部很早以来就有固定的"也客思之地"。合穆黑蒙古国建国后不久就规定，每到春夏之交，都要举行祭祖仪式。每次的祭祖活动，合不勒可汗、俺巴孩可汗、忽图剌可汗的子孙后代们，都必须前来参加。这次的祭祖是也速该把阿秃儿去世后的第一次祭祖，原先每次的祭祖仪式均由也速该把阿秃儿主持，今年应该由塔儿忽台·乞邻秃黑来主持。

所谓春夏之交，指的是打春前后，即从春营地迁徙到夏营地之间。通常是先祭祖后倒场，祭祖之后的第二天就迁徙到新的夏营地。可是今年，诃额仑母亲听人说，泰赤兀惕部的一部分古列延前天就开始倒场了。

祭祖那天早晨，铁木真一早就去捉马，可是昨晚上好马绊的那匹短尾甘草黄马夜里挣断马绊走远了，等铁木真将它找回来，再回到家跟诃额仑母亲一起出发的时候，就已经很晚了。所以当他们急急忙忙来到祭祖现场的时候，祭祖活动已接近尾声，不仅"亦捏鲁"仪式（亦称烧饭，为祖先之灵焚烧煮熟的牛羊肉和其他饮食之德吉——德吉，饮食之第一口、第一块，或其精华部分——的仪式）已经结束，而且"祖先恩赐之份额"也分发完毕（祖先恩赐之份额，即参加祭祖者将带来的所有祭祖供品悉数摆放在祖宗英灵前，举行"亦捏鲁"仪式，待仪式结束后将其按照参加者户数分成若干份额分发下去），居然没有留下诃额仑母亲家的份额。

原来，俺巴孩可汗的额席合敦斡儿伯和另一个合敦莎合台，因她们到得早，便故意找茬，不等人们到齐，抢先举行了"亦捏鲁"仪式，提前分发了"祖先恩赐之份额"，并以晚到为名没有留下诃额仑母亲家的份额。其实，应该主持祭祖仪式的塔儿忽台·乞邻秃黑也来得晚，与诃额仑母亲前后脚到来，但斡儿伯合敦为了让诃额仑母亲难堪，改由先到的脱朵延·吉儿帖主持了"亦捏鲁"仪式。

"你们觉得也速该死了，孩子们小，就可以不分发给我们份额了吗？"诃额仑母亲心里觉得不公平，找到两位前辈，对她们讲，"为什么祭祖时不分发给我们份额，搬迁时不跟我们打招呼？"以往倒场都是集体统一行动，现在她故意把部分泰赤兀惕人提前倒场的事带进来说。古时候的蒙古草原军民一体，各个部落，其驻牧相对集中，以便一旦有战事，召之即来。所以，泰赤兀惕部分古列延提前倒场，显得很不正常。

斡儿伯和莎合台两人很不以为然，说："人来了才有份额，难道我们还要送到你家不成？俺巴孩可汗死了，该轮到你诃额仑来数落我们了？！"

祭祖之时共同商量倒场事宜，并通知所有百姓统一行动，这是规矩。

塔儿忽台·乞邻秃黑来得晚，不明白斡儿伯她们的真正意图，因此祭祖结束后跟他的祖母斡儿伯商量，说："现在，我通知明天倒场的事吧？"

"不用了。"斡儿伯说，"这次倒场，不要带他们诃额仑一家了！"

"祖母的意思是，我们泰赤兀惕部自己搬迁，不要管他们孛儿只斤部了？"

"你真傻！我是说，就留下他们母子一家，其余的都带走。"斡儿伯合敦朝莎合台合敦使了一下眼色，得意地对乞邻秃黑说，"这样一来，合穆黑蒙古国不就是由你塔儿忽台·乞邻秃黑说了算啦？！"此话正中塔儿忽台下怀。

"噢，明白。"塔儿忽台恍然大悟，连忙点头，"其实早该这样。"

第二天天不亮，泰赤兀惕部、孛儿只斤部及合穆黑蒙古国的所有百姓，悄悄

成吉思汗

拔营,往斡难河下游迁徙,但没有人告诉诃额仑母亲一家,真的把他们撇下不管了。他们甚至把一直跟随诃额仑母亲和铁木真的也速该把阿秃儿的旧部也带走了。

察剌哈老人知道了,追上去规劝塔儿忽台、脱朵延兄弟,说:"你们千万不能这么做! 你们不能带走属于也速该把阿秃儿的百姓!"

听了察剌哈老人的规劝,塔儿忽台、脱朵延兄弟轻蔑地说:

"深水

已经干涸了

磐石

已经碎裂了

寡妇

没有可留恋的了

蒙古国

该另找出路了”

察刺哈老人并不死心,继续劝他们。

塔儿忽台、脱朵延开始不耐烦起来,说:"你啰嗦什么,有完没完?"说完拔出刀来,照察刺哈老人后背刺了一刀。

察刺哈老人受了刀伤,躺在毡包里不能动弹,他对前去看他的铁木真说:"你父亲收拢过来的百姓,都让他们裹挟走了。我劝他不要这样做,他们不但不听,还把我刺伤了。哎,蒙古国要完了!"

铁木真没有说什么,含着眼泪走出来。

也速该把阿秃儿毕生收拢过来的部众,被塔儿忽台他们全部裹挟走了。

诃额仑母亲绕营地转了一圈,昔日熙熙攘攘的营地此刻变得冷冷清清,没有了古列延,没有了牛马羊,只有乞颜苏力德依然矗立在铁木真的毡帐前。

"苏力德!"看到苏力德,诃额仑母亲眼前一亮。

苏力德还在,合穆黑蒙古国的旗帜还在!也速该把阿秃儿的事业没有终结!塔儿忽台、脱朵延兄弟裹挟走了百姓和牛羊,可他们没敢碰这枚神圣的苏力德。这说明,虽然塔儿忽台他们抛弃了我们,但长生天没有抛弃我们,留给了我们苏力德。苏力德就是力量,苏力德就是国家,苏力德就是百姓。只要与苏力德在一起,就不愁没有百姓,不愁没有兵马,不愁没有兀鲁思(国家)。

于是,这枚在别人眼中普普通通的苏力德,在诃额仑母亲心目中化成了无穷的力量,刚才还被塔儿忽台他们整得六神无主的她,一下子变得无比自信、无比勇敢。她不再只是五个孩子的母亲,倒像是个臂力无穷的将军,蓦地一个箭步跨到苏力德跟前,将其从底座拔起交给了铁木真,然后跨上马在前面走,让铁木真骑着马擎着苏力德跟在后面,去追赶已经走远的也速该把阿秃儿旧部百姓。

他们像一股风,从塔儿忽台、脱朵延兄弟俩身边呼啸而过,去追赶已经走远的也速该旧部百姓。

塔儿忽台、脱朵延兄弟俩惊奇地看着这个疯了一样狂奔的女人,心里不由得一惊:这是诃额仑吗?一个围着毡包转的柔弱女子,怎会变成这样?她哪来的这么大的勇气?但他们很快又镇定下来,她不过是一个带着最大才十一岁的一群孩子的寡妇,任凭她怎样喊叫,又有谁会理她呢!

可是他们判断错了。没过熬茶的工夫,已经上路的很多也速该旧部百姓竟跟着诃额仑母亲和铁木真回来了。原来,塔儿忽台、脱朵延兄弟通知他们倒场,他们以为跟往年一样是整个部落的统一行动,就跟着出发了。可是走到半路,看到诃额仑母亲和铁木真高举苏力德来找他们,才知道了事情的真相,就跟着诃额仑母亲和铁木真返回来了。他们当中的很多人并没有见过诃额仑母亲和铁木真,但他们却认得这枚指挥千军万马的苏力德,所以,凡是看到了苏力德的百姓都立即折返,回到了原来的驻牧地。只有少部分出发得更早的百姓,诃额仑母亲和铁木真没有追上他们,所以也就没有回来。

这件事情不但给了诃额仑母亲一个重大启示,而且也给少年铁木真上了一堂极好的苏力德课:一个人的力量是有限的,而苏力德的力量是无限的。苏力德代表的是合穆黑蒙古国,是兀鲁思的象征,苏力德身上凝聚着信任、威望和号召力。忽图剌可汗升天已经有十年了,这期间合穆黑蒙古国一直没有可汗,可是因为有这枚苏力德在,所以合穆黑蒙古国的百姓还聚集在一起,还在坚持"额卜额耶",没有分崩离析,没有偃旗息鼓,香火依然在延续。这次塔儿忽台、脱朵延兄弟俩的倒行逆施一定不会长久,必将受到长生天的惩罚。因为他们只看到了百姓和牛马羊,而没有看到苏力德的存在,他们对合穆黑蒙古国没有敬畏感,所以他们没有未来,他们注定将失败。

"以后,我一定要好好保护苏力德!"铁木真扶着乞颜苏力德,认真地说。

诃额仑母亲激动地搂住铁木真,在他前额上吻了一下。十岁的铁木真,个子已经高出母亲半个头。

"儿子长大了!"诃额仑母亲说。

铁木真的这句话给她增添了新的力量。她发现铁木真长大了,儿子们长大了,她忽然感到终于有了帮手和依靠,好像一个将要倾倒的帐篷猛然被一根柱子顶起来了。自从也速该把阿秀儿去世以后,她第一次有了这样的感觉,她的心里开始萌发对铁木真的无限希冀。

四

> 诃额仑母亲："现在,我们除了影子,没有伙
> 伴;除了尾巴,没有鞭子。泰赤兀惕兄弟叫我们
> 遭受的苦难,我们还没有报仇呢……"

然而有人就是不让他们好起来。

泰赤兀惕人第二次过来,将诃额仑母亲和铁木真好不容易追回来的那部分百姓再次席卷而去,甚至连他们家仅有的畜群也一起赶走了。

而且这一次,苏力德未能幸免,也被他们抢去了。从上次事件中,他们明白了苏力德的威力,他们怕诃额仑母亲和铁木真再次举着苏力德,去召唤离散的百姓。

诃额仑母亲一家就此沦落为穷困潦倒的孤儿寡母。

也速该把阿秃儿的旧属没了,邻里邻居没了,家丁没了,畜群没了,甚至也速该把阿秃儿托孤的蒙力克叔叔也赶着属于他的几只牲畜单独过日子去了。现在,他们家的全体成员只有诃额仑母亲及孩子铁木真、合撒儿、合赤温、帖木格、帖木仑,也速该的偏房索乞格勒合敦及孩子别克帖儿、别勒古台,佣人豁阿黑臣,牲畜只剩下八匹惨白骟马、一匹短尾甘草黄马和几十只羊。

苦难,像乌云压顶,让诃额仑母亲喘不过气来。

最大的问题,是一家十来口人的吃饭问题。为了让孩子们免受饥饿之苦,诃额仑母亲想尽一切办法采集食物。草原上可吃的东西,他们几乎都吃遍了,野菜、野果、树皮,没有他们不吃的。

关于这段日子里诃额仑母亲所付出的艰辛,史书有诗文赞曰:

> 聪慧的诃额仑母亲
>
> 撩起长袍前襟
>
> 沿着斡难河
>
> 来回穿梭

采摘野果

用来供养孩子们

度过了

多少个昼夜

贤惠的诃额仑母亲

手持桦树木棍

沿着峭岩陡壁

上下攀越

挖取草根

用来喂养孩子们

熬过了

多少个秋冬

坚强的诃额仑母亲

手握榆树木棍

将布儿罕·合勒敦山

月月翻越

采撷沙葱

使汗统之后

常有

饱饭足食

清秀的诃额仑母亲

手拿长矛和鱼钩

将山涧小溪

日日跋涉

捕获鱼虾

使天之骄子

保有
一日三餐

贤能的诃额仑母亲
用沙葱野菜
养育孩子们
让他们
终于长大
成为栋梁之材

成为栋梁之材的
孩子们
个个意气风发
蹲在
斡难河边
垂钓
一条条河鱼
赡养贤母

仁慈的诃额仑母亲
用沙葱野菜
喂大的孩子们
终于出落
成为非凡之才

成为非凡之才的
孩子们
人人不同凡响
跳入河水里

抓捕

一筐筐鱼虾

赡养圣母

就这样，诃额仑母亲通过她的爱心、智慧和辛劳，未让一家十几口人挨饿，尽管都是些野菜草根，却能填饱大家的肚子，让他们一天天长大，一年年成人。

孩子们稍微大了点后，便开始自食其力，扛着弓箭出去，猎回一两只旱獭和野兔，烹饪给母亲吃，或用钢针做鱼钩，从斡难河垂钓几条小鱼，为母亲煮碗鱼汤喝。

三年后。

铁木真十三岁，合撒儿十一岁。

一天，铁木真、合撒儿、别克帖儿、别勒古台四兄弟一起钓鱼。铁木真钓了一条金色的鱼，被别克帖儿、别勒古台抢去了。

合撒儿双目怒睁，欲动手打别克帖儿兄弟，铁木真制止了。

"这件事，请母亲处理吧！"铁木真说。

铁木真和合撒儿回到家，告诉母亲："我们钓了一条金色的鱼，被别克帖儿、别勒古台抢了。"

诃额仑母亲听了，说："你们兄弟之间为什么要这样呢！我们现在除了影子，没有伙伴；除了尾巴，没有鞭子。泰赤兀惕兄弟叫我们遭受的苦难，我们还没有报仇呢，可你们就像阿阑·豁阿圣母的五个儿子一样，为什么互相过不去呢？你们记住，'额卜额耶'是我们的命根子，弟兄之间千万不要胡来！"

诃额仑母亲发现铁木真和合撒儿眼里藏有凶光，预感到不祥之兆，所以特别加了最后一句话警告他们。

铁木真却认为，这是件大事，既是家里的事，也是天下的事。

铁木真自从那次高举苏力德追回出走的父亲旧部百姓以后，便有了一种为家庭、为部落乃至为天下负责的担当意识。父亲生前经常讲，一个家和一个兀鲁思，都要讲"额卜额耶"。父亲还说，"不管怎么说，'额卜额耶'是我们的命根子。家里没有'额卜额耶'，日子过不好；部落内部没有'额卜额耶'，不会强大；兀鲁思内部没有'额卜额耶'，要被敌人消灭"。在与父亲相处的日子里，耳濡目染中，铁木真渐渐地有了种认识："额卜额耶"是天理，为了"额卜额耶"，必须铲除妨碍"额卜额耶"的绊脚石。

"我昨天射死一只麻雀,被他们抢,今天钓了条鱼,也被他们抢,照这样下去,今后如何在一起生活?"铁木真和合撒儿再次状告一遍别克帖儿的"罪状",撩起门帘走了。

来到外边,铁木真与合撒儿商量了一下,做出了平生第一个重大决定:处决别克帖儿。

这个残忍的决定,虽然太多地包含着孩子般的幼稚和冲动,但做出决定的人是认真的,认为他们的行为是神圣的,并准备为此而承担一切。

此时,别克帖儿正坐在山头上,照看着他们家的八匹惨白骟马。

铁木真弓身从后面接近。

合撒儿拉弓猫腰从前面靠近,被别克帖儿发现了。

别克帖儿冷静地说:"泰赤兀惕兄弟欺侮我们,让我们受了这么多的苦,我们还没报这个仇,你们为什么就容不得我,把我看作是眼中钉、肉中刺呢?"

合撒儿并不答话,怒目圆睁,继续拉弓。

别克帖儿也是个敢于担当的主儿。他并不畏惧,像是个临危不惧的盖世英雄,调整了一下坐姿,盘腿坐着,尽量挺直腰,冷冷地说:"我死就死吧,但你们不许害别勒古台!"

战争,把草原上的人全部训练成了战士和英雄好汉。他们天天听着战争故事,看着战争场面,所有的男女老幼都把自己融入那个故事场面之中,充当其中的某种角色,以至于还处在孩提时代的铁木真和合撒儿,难以分清现实与故事、兄弟与敌人、战争与游戏之间的区别,他们被自己貌似正义的想法所迷惑,从而制造出不可理喻的荒唐悲剧。

两支箭一前一后同时射入了别克帖儿的胸膛。

别克帖儿死了。

铁木真和合撒儿像是完成了一件了不起的任务,回到家里。

他们的眼神说明了一切。

射向别克帖儿的那支箭如同穿过了诃额仑母亲的胸膛,她心痛如刀绞,愤怒到了极点。她双眼燃烧着愤怒的火焰,开始训斥铁木真和合撒儿,她那训斥的言语,像霹雳、像冰雹、像山洪,劈头盖脸,倾泻而下:

"你们这些

残害伴当

屠戮骨肉的

不肖之徒

曾经

从母亲温热的身体

降生时

就曾

手握一块

紫红色凝血团

你们

真是

凶残至极

像那

撕咬近邻的黑毛狗

像那

悬崖上俯冲的合卜阑鸟

像那

压不住怒火的暴戾的狮子

像那

吞噬生灵的凶恶的蟒古斯

像那

自戕影子的雄呼尔鸟

像那

吞食同类的楚剌合鱼

像那

撕咬幼驼后腿跟的雄驼

　　像那

　　趁雨打劫的饿狼

　　像那

　　小雏不飞走便将其吃掉的鸳鸯鸟

　　像那

　　不让碰其巢穴的豺狼

　　像那

　　攻击生灵的老虎

　　像那

　　祸害一切的猛兽"

　　诃额仑母亲将他们比作十二种恶兽之后,又引用古人箴言和老者鉴语,继续教训,道:

　　"当我们

　　除了影子

　　没有伙伴的时候

　　除了尾巴

　　没有鞭子的时候

　　当我们

　　迟迟不能向

　　泰赤兀惕兄弟

　　报仇的时候

　　当我们为此

　　苦苦寻求

　　一条出路的时候

　　你们

　　怎么能干出

　　此等

　　伤天害理的

　　事情呢?!"

从诃额仑母亲愤怒的表情和激烈的言辞,铁木真知道自己错了,知道自己犯下了一个不可饶恕的罪孽。

铁木真聆听着母亲的训斥,一语不发,默默承受着心灵的痛苦。这个痛苦,来自懊悔和内疚,来自内心的折磨和良心的谴责。此时,与其说诃额仑母亲的训斥让他难受,倒不如说别克帖儿那盘腿而坐、从容迎箭的表情让他不安。

此时诃额仑母亲多想听到一句来自铁木真的忏悔之言,但铁木真打定主意就是不说话。他觉得,说出一句忏悔之言,可能会让母亲得到一时的宽慰,但解脱不了他心灵深处的负罪感。他在心里暗暗发誓:让这一次过失成为他第一次也是最后一次过失!他要一生一世牢记这个沉痛教训,一定要继承别克帖儿的遗愿,凭借别克帖儿的胆识,让别克帖儿的魂灵永远与自己一起战斗,使自己的能量与别克帖儿的能量凝结为一体,从而产生出更为强大的能量。他还默默发誓:从此将全力保护别勒古台,不许任何人触碰别勒古台的一根毫毛,即使别勒古台犯下任何罪责也绝不追究。

挫折,有时候比成功更使人警醒。自从这个事件以后,铁木真一夜之间变得更成熟了,看问题更全面了,对弟妹们更宽容了。可以说,别克帖儿事件,是他一生的清醒剂,后来他有过多少次的轻率想法,因为想起别克帖儿而发生了变化,有多少次的莽撞动机,因为想起别克帖儿而得到了纠正。

五

铁木真想:"前些日子受惩戒挨家挨户过夜,到锁儿罕失剌家住时,他家的两个儿子沉白和赤剌温同情我,为我打开枷锁过夜。今晚,锁儿罕失剌发现了我,不但没有告发,还几次过来提醒我。看来今晚我只有去他们家,才有可能获救。"

丁酉年(1177年),铁木真十六岁。

草原上,十六岁标志着已经成年。

雏鸟的羽毛脱落了,走兽的小崽子会捕食了。

为此,诃额仑母亲高兴,可是泰赤兀惕部的塔儿忽台、脱朵延兄弟俩却高兴不起来。

自从辛卯年(1171年)抢走了乞颜苏力德,塔儿忽台就成了合穆黑蒙古国事实上的领袖,并且未经任何程序,自封为可汗,开始发号施令。

不过合穆黑蒙古国的百姓知道他这个可汗名不正,所以并不把他当可汗看。

就这样过了六年,到了这一年,塔儿忽台终于撑不住了,他决心要好好当这个可汗,于是在祭祖的时候以可汗的身份单方面宣布,要补齐合穆黑蒙古国长期空缺的太师和把阿秃儿之职,并封脱朵延·吉儿帖为太师,铁木真为把阿秃儿。他封铁木真为把阿秃儿的用意很明显,就是想以此堵住孛儿只斤部人的嘴,同时也算是呼应了也速该把阿秃儿去世时,察剌哈老人及在场所有人都同意让铁木真继承把阿秃儿称号一事。

然而,泰赤兀惕兄弟本来是诃额仑母亲家的仇人,让诃额仑母亲家的人与塔儿忽台之流合作是万万不可能的,况且他那个可汗还是自封的,从未经过呼剌勒台会议选举,是非法的。所以,当塔儿忽台把铁木真叫去宣布这一任命时,铁木真断然回绝,拂袖而去。

　　这一下可把塔儿忽台气坏了。他自封可汗已经六七年,早已习惯把自己当作合穆黑蒙古国的可汗看待,而且包括孛儿只斤部在内的合穆黑蒙古国旧部也都已习惯了服从他的领导,也就是说,就像也速该把阿秀儿曾经是合穆黑蒙古国事实上的可汗一样,如今他塔儿忽台也是合穆黑蒙古国事实上的可汗,所不同的是当年也速该没有自封,而如今塔儿忽台却是自封的。

　　铁木真的拒绝,是塔儿忽台自封可汗以来所遇到的第一个抗命事件,他从中感觉到了孛儿只斤部与他离心离德的现实。事实也如此。不仅是孛儿只斤部,还有札答阑部的札木合也自称可汗,联合那些对塔儿忽台不满的合穆黑蒙古国旧部百姓,在斡难河下游立了个山头,独自经营,并凭他非凡的才识,把内部治理得井井有条,得到了所属百姓的一致拥戴。不过札木合很狡猾,虽然也自称可汗,但并不得罪塔儿忽台,依然尊他为大可汗,说自己只不过是札答阑部的头领,他管辖的只是札答阑部和投奔他的其他部落百姓,并表示他与塔儿忽台并无对立之心,愿意服从他的领导。

　　于是恼怒的塔儿忽台宣布撤销铁木真的把阿秀儿称号,并封札木合为把阿秀儿,同时决定惩戒铁木真,让其戴枷锁服刑。札木合没有拒绝被封的把阿秀儿称号,但也没有到塔儿忽台的斡耳朵去供事,依然我行我素,继续当他札答阑部的可汗。

　　铁木真并不知道塔儿忽台做出的这个决定。

　　就在铁木真拂袖而去的第三天,塔儿忽台、脱朵延兄弟带着兵马,气势汹汹地来到诃额仑母亲和铁木真他们刚刚搬到的夏营地上,来抓捕铁木真。

　　诃额仑母亲听到愈来愈近的急促的马蹄声,知道事情不妙,急忙带着全家人躲进了林中。

　　别勒古台砍了一些木头,搭起木栅栏,把合赤温、帖木格、帖木仑仨藏到栅栏后面的岩石缝子里。

　　但泰赤兀惕人还是找到了他们的藏身之处。

　　合撒儿隐蔽在树林里,朝泰赤兀惕人连放了三箭。

　　泰赤兀惕人知道箭是合撒儿射的,便喊话:"合撒儿,我们知道是你在放箭。我们是来捉你哥哥铁木真的,其余的人,我们一概不管。你们只要把铁木真交出来,我们马上走人。"

诃额仑母亲让铁木真骑马向密林深处躲去。

泰赤兀惕人发现了,赶紧去追。

铁木真马不停蹄,一直跑到一个叫帖儿古捏山的密林之中藏起来。

泰赤兀惕人不敢再追,就将帖儿古捏山围起来守着。

铁木真在密林里过了三宿,估计泰赤兀惕人可能撤走了,便牵着马往外走。可是刚走出几步,马鞍子忽然自动脱落了。他查看是怎么回事,发现扳胸和肚带均完好无损,依然紧扣着。

"扳胸好好的,屉子反过来了,肚带好好的,鞍子脱落了。这是怎么回事?莫非是长生天在阻止我出去吗?"铁木真很纳闷,便返回了藏身地。

又过了三日。

铁木真再次往出走。当走到出口处,一块毡包一样大的白石头躺在地上,正好挡住了去路。铁木真认为又是长生天在阻止他出去,便又返回了藏身地。

又过了三日,前后九天九夜了。

铁木真又饥又渴,精疲力竭,实在坚持不住了。"就这样死了,真没有意思,还不如出去让他们逮哩。"他想。

于是,他用削箭矢的刀子割开紧挨大白石头的树枝,弄出个口子,牵马下山。

结果,被守在出口的泰赤兀惕人捉住了。

于是,铁木真真正领略到了不听从长生天警告的苦头。

不过,通过这件事,他真真切切地感受到了长生天的存在和长生天对他的保佑,不由得从内心里萌生出对长生天深深的敬畏。

塔儿忽台、脱朵延兄弟俩逮住了铁木真,非常兴奋,立即把他带回泰赤兀惕部营地,上了枷锁,下令挨家挨户游户,以示惩戒。于是,铁木真被戴枷锁游户,到谁家,就由那户人家负责看管并提供食宿,第二天再由那家把他押送到另一户人家。凡是负责看管的人家,必须保证不能让他逃跑了,要是谁家让他跑了,就与案犯同罪。

古时候,草原上没有监狱,也鲜有服刑的犯人。所谓服刑,一种是挖个深窖,将犯人放进去,由专人看管,并负责每天送食物给他。"苏武牧羊"

故事中的苏武所蹲大窖，其实就是监狱。此监狱，蒙古语叫"努库"，看管此监狱者，叫"努库坦"。目前蒙古族姓氏中的努库坦，其祖先即为监狱管理者。另一种是戴枷锁或脚镣，交给老百姓挨门游户，从而达到惩戒犯人和警告他人的目的。那时的犯人也习惯于这种惩戒，老老实实地接受游户，从不逃脱。枷锁有两种，一种是将犯人两条胳膊伸开捆绑在一根长棍上，一种是用两块木板把犯人的手和头锁在一起。脚镣，即指铁链。二十世纪二十年代，鄂尔多斯"独贵龙"运动领袖席尼喇嘛就曾戴过八十斤重的铁链脚镣。

一天，铁木真被送到一户姓速勒都孙的人家里，送去的人告诉这家人说："这是塔儿忽台可汗的犯人铁木真，今天轮你们家看管。记住，不要让他乱动，更不能让他跑了。"

"扎！"

送来的人走了。

那个速勒都孙氏人把他让进毡包里，又倒了一木碗发酵的马奶，让自家的小女孩儿端给他喝。

"我叫锁儿罕失剌，姓速勒都孙。"他说，然后给铁木真介绍家里的每一个人，"他们是我的儿子沉白、赤剌温和女儿合答安。从现在到明天上午，由我们家看管你。你要是跑了，我们这一家人就会被塔儿忽台兄弟杀掉。我们素昧平生，无冤无仇，你总不会害我们吧！"

铁木真从这家人眼神里没有看到在别人家时遇到的鄙视和冷漠，反而感受到一种温暖和同情。沉白、赤剌温和合答安，年龄相差不大，看上去沉白比他大点，赤剌温跟他差不多，合答安比他小点。

铁木真本来不想言语，但看到他们一家人友善的面孔，也自我介绍，道："我叫铁木真。"

"这我知道。"锁儿罕失剌说，"我们干活儿去了。你饿了，跟合答安说一声，她不出去，跟你在一起。"

其实，合答安并不总在包里待着，只是偶尔进来问一下有没有事。

到了晚上，一家人回来了，晚饭吃的是风干牛肉。

赤剌温

合答安拿刀子把牛肉割成小块儿喂给铁木真。

"我看,不如把他的枷锁取下来!"沉白说。

"就是。晚上也没人看见,明天一早再给他戴上。"赤剌温也说。

于是,弟兄俩费了半天劲儿,取下枷锁,让铁木真跟他们围坐在一起用餐、喝马奶。

"我看你脸上有光,眼中有火,一定有大出息。泰赤兀惕兄弟清楚这一点,所以才嫉恨你,把你抓起来。"

铁木真取下枷锁,舒舒服服地睡了一觉,第二天上午被送到另一户人家。

那天是四月十六日,望月日,草原上一年一度的祭月之日。

泰赤兀惕人聚集在斡难河南岸，举行筵宴祭月，日落时才散。

那天晚上，看管铁木真的那户人家的其他人都参加筵宴去了，只留下一个弱小的男孩儿看守。

到了黄昏时分，铁木真见天色暗下来，举起枷锁猛击男孩儿头部，趁其昏迷逃走了。

看守他的男孩儿醒过来后，发现铁木真不在了，便四处喊叫："那个被看管的人跑了！"

于是，刚刚散去的泰赤兀惕人重新集合起来，在明亮的月光下，四处搜查铁木真的下落。

铁木真本来想逃入斡难河岸边的树林里躺着，可一想这样容易被人发现，便跳进斡难河里，寻一处水浅的地方，将身子和枷锁没在水里，只露出个脸躺着。

斡难河边的树林里，泰赤兀惕人挨着个儿，一棵树一棵树地搜查。

铁木真一动不动地躺着。

锁儿罕失剌也被叫去参加搜捕。

他暗自庆幸铁木真没从他们家逃跑，同时也担心，挺好的一个人，要是被泰赤兀惕兄弟重新捉住，一定不会有好结果。他没跟着众人，单独一个人循着河边搜寻，心里想着千万别让他碰到。

明亮的月光把大地照得跟白昼似的，几十步外的东西都看得清清楚楚。他走过一个河湾处，正要走向河边的树林里去搜寻，突然发现了铁木真，就在前面的河水里只露着个脸躺着。锁儿罕失剌一眼就认出了铁木真，他看铁木真藏得如此巧妙，打心眼儿里佩服他的机智，便轻声说："水中无踪，空中无影。你真是足智多谋，藏得很好。我不告发你，你就这样小心躺着吧！"说完走了。

泰赤兀惕人搜查了一遍没找着铁木真，还要重新搜查第二遍。

锁儿罕失剌说："我们就此折返，每个人顺着各自来时的原路再搜查一遍怎样？"

大家说："好！"便立即折返，顺着各自来时的原路搜查去了。

锁儿罕失剌路过铁木真藏身处，说："听说泰赤兀惕兄弟（指塔儿忽台、脱朵延两人）发了一通脾气，正往这儿走呢。你就这么躺着，千万别动！"

泰赤兀惕人又找了一遍，没有找到铁木真，便商量下一步该怎么办。

锁儿罕失剌出主意，道："泰赤兀惕弟兄们哪，白天丢掉的人，黑夜里怎么可能找得到呢？咱们顺着来时的原路再搜一遍，如果找不到，明天重新集合再搜吧。他一个带枷锁的人，还能跑到哪儿去呢！"

"好！"大家同意，再次顺着原路搜去了。

锁儿罕失剌再次路过铁木真藏身处，说："我们搜完这一遍就回家了，明天再来搜。今晚等我们散了，你赶紧去找你的母亲和兄弟们吧。遇到别人，不要说我曾见过你。"

泰赤兀惕人又搜了一遍，散了。

铁木真想："前些日子受惩戒挨家挨户过夜，到锁儿罕失剌家住时，他家的两个儿子沉白和赤剌温同情我，为我打开枷锁过夜。今晚也是锁儿罕失剌发现了我，不但没有告发，还几次过来提醒我。看来，今晚我只有到他家里去，才有可能获救。"于是，他便顺着斡难河而下，朝锁儿罕失剌家走去。

铁木真记得锁儿罕失剌家从晚上到天亮不停地搅拌马奶，所以他谛听着搅拌马奶的声响，顺利地找到了锁儿罕失剌家。

锁儿罕失剌见他进家来，很是紧张，忙说："我不是让你回去找你母亲和兄弟们的吗？怎么来我这儿了？"

沉白、赤剌温兄弟俩责怪父亲，说："麻雀被龙多尔鸟追捕，钻入草丛里时，草丛会救麻雀。如今一个大活人躲到我们家里来，我们怎能不施救呢！难道我们连草丛都不如不成？"

于是，他们将铁木真的枷锁取下来烧了，然后让他钻入装羊毛的篷车里藏起来，还让他们的小妹妹合答安留神看着。

到了早晨，塔儿忽台、脱朵延兄弟二人把兵马集合起来，说："一个戴着枷锁的人还能跑到哪儿去呢？一定是我们自己的人把他藏起来了。"遂命令他们挨家挨户搜查泰赤兀惕部人家。

搜查的队伍来到了锁儿罕失剌家里，他们包里包外、铺下车上都搜遍了，最后去搜查装羊毛的篷车，开始卸车里的羊毛。当他们快卸到铁木真放脚丫子的位置的时候，锁儿罕失剌说："这么热的天，羊毛堆里还能藏住人吗？搜吧，搜吧，好好搜！"

站在车上卸羊毛的几个人一听,不再搜,下车走了。

当那些人走远了,锁儿罕失剌对铁木真说:"你呀,差点让我们一家变成灰烬,被风吹散。现在你赶紧去找你的母亲和弟弟们吧。"

然后,锁儿罕失剌给铁木真备了一匹没有鞍子的甘草黄马,还专门宰了一只曾吃两只母羊奶长大的肥羊羔,煮熟了给他带上,又给他带了一皮囊马奶、一张弓两支箭,把他打发走了,但没给他带火镰。没给他带火镰的意思是让他途中不要耽搁,尽快回到母亲和弟弟们身边。

铁木真听从锁儿罕失剌的吩咐,快马加鞭,从泰赤兀惕人的地盘逃了出来。

他回到他们家从前扎营的地方,循着草丛间被踩踏过的痕迹,逆斡难河而上,去寻找母亲和弟弟们。

当他来到一个叫乞沐儿合河的地方时,发现河边有行人走过的踪迹,遂沿着那条小河逆流而上,又绕过一个叫别迭儿的山嘴,来到一个叫豁儿出恢·孛勒答黑的孤山前,终于见到了母亲和弟弟们。

一家人团聚后,不敢在那里久留,继续迁徙,一直走到布儿汗·合勒敦山山阳,一个叫古连勒古的地方才住下。

这是一个山清水秀的地方。

山里有条小溪叫桑古儿,小溪对面有座山叫合剌只鲁格山。桑古儿溪从这里流出,注入不远处的一个湖里,那湖叫阔阔纳浯儿湖。

他们一家人就在这阔阔纳浯儿湖边住下,靠捕猎旱獭和黄鼠过日子。

六

孛斡儿出帮助铁木真追回八匹惨白骟马之后，纳忽伯颜说："你们两个年轻人，从今往后一定要好好做那可儿。任何时候，都不要相互遗弃。"

因为诃额仑母亲一家人及时转移到人烟稀少的桑古儿溪边躲了起来，所以泰赤兀惕人再也没有找到他们，他们的生活逐渐安定下来。

那年诃额仑母亲遭到泰赤兀惕人洗劫，家里只剩下八匹惨白骟马、一匹短尾甘草黄马和几十只羊。当年别克帖儿坐在山上放马，放的就是这几匹马。

关于铁木真家的几匹马，到底是马群，或都是骟马，或既有骟马又有母马和公马，众说不一。

草原上说到马群，通常是指由若干个小马群组成的大马群。小马群，是大马群中的一个马单位，其数量从几匹、十几匹至二三十匹不等，一个大马群由若干个小马群构成。要想知道马群有多大，就得知道有几匹公马，有几匹公马，就有几个小马群。每一个小马群，由一匹公马和若干匹母马、骟马、小马构成，其中公马是负责"管理"的头儿。每个马群均以公马为核心，凡是这个马群里的母马，都是从其他马群里"娶来的嫔妃"，公马和母马交配下的小马驹，就是他们共同的"孩子"。小马驹长到三岁，若是雌性，就被其公马"父亲"连咬带踢，硬是撵出自己的马群，"聘"给别的公马（这是因为草原上的马，特别遵守"伦理道德"，任何一匹公马绝不与自己的"孩子"交配）。若是雄性，非得去势方可留在本群里；如不去势，要么替换将"退休"的老公马，要么另外组成一个新的马群。凡是公马，就要承担起本马群收拢、看管、繁殖、保护的责任，还要时刻预防马匹走散、丢失，随时防范狼群的袭击和盗贼的偷盗。一个几十匹、几百匹马组成的大马群，都是由若千个以公马为核心的小马群组成的。

《蒙古秘史》里只提到"失儿合阿黑塌坛八匹马"（阿黑塌，意为骟马或坐骑），没有提到公马或骒马。还有一匹"短尾甘草黄马"，肯定也不是公马或骒马，也可能是一匹骟马。骟马，就是去势的雄性马，人们平时的坐骑或打仗时的战马多以骟马为主。由此可以断定，铁木真家被盗的是八匹骟马。

这天，别勒古台骑着他们家那匹短尾甘草黄马上山捕猎旱獭去了。另外八匹惨白骟马在桑古儿溪边吃草。

这时，突然来了一帮盗马贼，大白天里来抢他们家的八匹惨白骟马。

因为他们家没有别的马，无法抵御疯狂的盗马贼，所以眼睁睁地看着他们把八匹惨白骟马抢走。

晚上，别勒古台满载而归，将捕获的很多旱獭驮在短尾甘草黄马背上，牵着马摇摇晃晃地走回来。

铁木真迎了过去，告诉别勒古台："盗马贼把咱家的八匹惨白骟马抢走了。"

"我去追！"别勒古台说。

"你不行。还是我去追。"合撒儿说。

"你们不行。还是我追吧。"铁木真说完，骑上短尾甘草黄马，循着草丛被踩踏过的痕迹追踪而去。

整整追踪了三天，到了第四天早晨，铁木真看到前面有一大群马，有个手脚麻利的小伙子正在挤马奶。

铁木真上前向他打听八匹惨白骟马的消息。

"今天早晨日出前，一帮人由这儿驱赶而过。我去指给你他们的踪迹。"

小伙子说完，放走了铁木真骑的短尾甘草黄马，牵来一匹黑脊梁白马让铁木真骑上，自己牵来一匹快腿淡黄马骑上，然后将奶桶和其他挤马奶用具集中在一起盖好，说："那可儿（朋友），我看出你一路很辛苦。男人遇到难处时，情况都一样，让我做你的那可儿，跟你一起走吧。我的父亲叫纳忽伯颜，只有我一个儿子，我叫孛斡儿出。"

铁木真和孛斡儿出结伴而行，从孛斡儿出家出发，循着八匹惨白骟马的马蹄印，又追了三天。

孛斡儿出

　　这天临近傍晚,夕阳将挂山头的时候,他们来到了一处古列延营地,发现八匹惨白骟马就在古列延营地外边吃草。

　　铁木真见到自己家的八匹惨白骟马异常兴奋,忙说:"那可儿,我家的八匹惨白骟马就在那儿吃草呢,我去把它们驱赶过来,你在这儿等着我!"

　　孛斡儿出不答应,说:"我已经跟你做了那可儿,怎好意思在这儿等呢!"

　　于是他俩一起疾驰而去,将八匹惨白骟马驱赶过来。

　　他们的行动被发现了,从古列延营地里奔出好些人朝他们追来,其中一个骑白马的红衣人手持套马杆就要追到他们跟前了。

　　"那可儿!"孛斡儿出对铁木真说,"把你的弓箭给我,我来射他。"

"不要因为我让你遇到不测，还是我来吧。"铁木真说完，放出一箭。

骑白马的红衣人只好放慢脚步，摇动套马杆落在后面。尽管其他人随后也已赶来，但日落西山，黄昏已至，他们便不再追赶了。

铁木真他俩驱赶着失而复得的八匹惨白骟马，马不停蹄，连续走了三天三夜，终于回到了孛斡儿出家跟前。

"没有你，我不可能找回我家这八匹惨白骟马！"铁木真说，"咱俩每人分上几匹吧！"

孛斡儿出坚决拒绝：" 你是我的好那可儿，我见你有难处才与你相伴，我绝不图你的好处。我是纳忽伯颜的独生子，父亲为我积攒的财产足够我享用。"

他俩一起来到了纳忽伯颜的家。

纳忽伯颜原以为儿子丢了呢，为此哭了好几天。现在见儿子安然归来，又是流泪又是责备，见面就问："我的儿子，到底发生了什么事，快告诉我！"

"我见这位好那可儿有难，便与他做伴去追赶他家被盗马贼抢走的八匹惨白骟马。现在，八匹惨白骟马一匹不少，全追回来了。"孛斡儿出答。

纳忽伯颜知道了事情的原委，很是开心，连连夸孛斡儿出做得对。

说话间，孛斡儿出骑马出去，把放在野外的奶桶和其他挤马奶用具拿回家来。

铁木真欲告辞回家，他们不让，非要他再住上一宿，临走时还为他宰杀了一只曾吃两只母羊奶长大的肥羊羔，给他煮熟带上，另外又给他准备了用皮囊装的马奶及干粮。

"你们两个年轻人，从今往后一定要好好做那可儿。"纳忽伯颜叮嘱道，"任何时候，都不要相互遗弃。"

纳忽伯颜姓阿儿鲁惕氏，说起来，他们还是不出六服的本家亲戚，铁木真第六世祖先是海都可汗的第三个儿子叫阿儿鲁德，阿儿鲁惕姓便由此而来。

铁木真从纳忽伯颜家出来，又走了三天三夜，回到了在桑古儿溪边的家。

自从铁木真走后，诃额仑母亲和弟弟妹妹们白天黑夜惦记着他，没有睡过一个安稳觉，现在见他追回八匹惨白骟马安然归来，紧张了十几天的心这才放松下来。

七

铁木真对脱斡邻勒可汗说：“我的妻子孛儿帖的嫁妆里有这么一件黑貂皮大氅。我看它太珍贵……所以，我把它拿来献给可汗父亲您。”

草原上频繁的战争和苦难的人生，让铁木真少小年龄就过早成熟。

铁木真九岁失去父亲和父亲的旧属百姓，加之泰赤兀惕人塔儿忽台、脱朵延兄弟嫉恨铁木真，百般欺侮他们，使他们孤儿寡母吃尽了苦头，受尽了磨难，不过那残酷的现实也让少年铁木真得到了意想不到的历练。

现在，草原上已经没有人将铁木真当孩子看了。

事实上，这两年铁木真在部落中的角色完全是个成年人。因为他的成熟和他的潜质，泰赤兀惕人先是收买他，让他做他们的把阿秃儿，铁木真拒绝后，他们又搜捕和关押他，致使铁木真独自一个人与整个泰赤兀惕部对立，并仅靠自己一个人的力量与他们周旋。不过这也让铁木真学会了在敌人阵营里识别敌友，他凭自己的个人魅力争取到了锁儿罕失剌一家人的救助而顺利逃脱，又在追讨自己家八匹惨白骟马的途中，遇到了平生第一个亲密那可儿孛斡儿出，并在他的协助下取得了完全的胜利。

可以说，十六岁的铁木真已经是羽毛脱落、翅膀坚硬的男子汉，他已磨炼成钢，具有了独立创业的所有条件。

一个男人到了这个境地，自然而然会想到结婚成家。铁木真也不例外。

追回被盗的马匹，一回到家，他便开始策划另一件大事——把孛儿帖娶进家来。

诃额仑母亲当然高兴，便指挥全家开始做准备。

虽然受到环境和条件的限制，无法操办声势浩大的婚礼，但毕竟家里要增加一个新人进来，一些必要的准备工作还是要做的，譬如制作一座新毡包，准备新媳妇戴的头戴、穿的衣服和用的被褥等等。然而擀毡必须要等到剪过羊毛之后，还有制作毡包的乌尼、哈纳、围毡和木门等营生，也需要一件一件来完成。

他们不敢声张，悄悄地进行着。

当他们将这些事情一一做完，已经到了第二年的三伏天，草原上最热的季节。

那是戊戌年（1178年），铁木真又长了一岁，十七岁了。

这天，铁木真与别勒古台各牵两匹从马出发，沿克鲁伦河北岸顺流而下，前往弘吉剌惕部所在的呼伦贝尔草原。

德薛禅依旧住在车客车儿山与赤忽儿忽山之间的草原上。

见到铁木真，德薛禅高兴坏了，说："我知道泰赤兀惕人塔儿忽台兄弟嫉恨你，所以一直替你担心，差一点要绝望了。现在可好，终于见面了。"

铁木真郑重其事地提出，要将孛儿帖娶回家。

铁木真九岁时跟着父亲来德薛禅家住过几天，从那以后再也没有见过德薛禅和孛儿帖。

德薛禅愉快地答应，把孛儿帖交给他，并将新娘嫁妆驮在铁木真和别勒古台牵来的从马上，与夫人搠坛一起亲自送亲。

走到克鲁伦河沿岸一个叫兀剌黑啜勒的地方，因为天气异常炎热，加上人胖，体力不支，德薛禅不再继续送亲，中途折返，顺着克鲁伦河回去了。

于是孛儿帖的母亲搠坛一人将女儿送到桑古儿溪畔的铁木真家，亲自将女儿孛儿帖交给她的婆婆诃额仑母亲。

诃额仑母亲以婆婆身份为孛儿帖取了兀真之号，从此孛儿帖就叫作孛儿帖兀真。

诃额仑母亲与搠坛夫人相见，好像太阳和月亮同时照进了这个家一样，包内包外全都亮堂起来，她们的脸上和心里都绽放出五彩的鲜花。

诃额仑母亲尽自己能力，举办了三天三夜的婚宴，受尽磨难的一家人总算过了几天笑逐颜开、欢天喜地的欢乐日子。

婚宴上，孛儿帖的母亲搠坛拿出嫁妆让诃额仑母亲一一过目收下，其中一件极其珍贵的黑貂皮大氅非常引人注目。

"这件貂皮大氅太珍贵了，我们家所有的财产加起来，也没您这件衣裳值钱。"诃额仑母亲赞美道。

"哪里，哪里！"搠坛夫人谦卑地说，"按照草原上的习俗，本应由女方送足

孛儿帖

够头数的牛马羊群当作嫁妆,只因路途遥远,途中还要经过塔塔儿领地,恐有不测,所以嫁妆从简了许多。真不好意思。"

"我们一家人不说两家话。你们女儿的嫁妆够他俩享用一辈子了。对于孩子,我们只有生他们的份上,今后的日子如何过,那是他们的事情。"

铁木真听闻两位母亲谈论那件黑貂皮大氅,知道了那件东西非同一般,便琢磨将来一定给它派个大用场。

搠坛夫人在诃额仑母亲家住了七天,与诃额仑母亲掏出心窝里的话,拉了七天家常,现在要启程回家了。

诃额仑母亲为她准备了路上的干粮,并派合撒儿、帖木格一路护送回去。

铁木真急于将自己新婚的喜悦与刚结交的那可儿孛斡儿出分享,刚送走搠坛夫人,他就派别勒古台前去邀请孛斡儿出来家做客。

见到别勒古台前来,孛斡儿出未及告诉父亲,便骑上他家的圆脊梁黄马,带上青毛毡斗篷,与别勒古台一同来到铁木真家。

他俩没有忘记纳忽伯颜"你们两个年轻人从今往后一定要好好做那可儿,任何时候不要相互遗弃"的叮嘱,从此变成生死相依的那可儿。

铁木真成家了,可还没有立业,失散的百姓还没有回来,兀鲁思还没有恢复,乞颜苏力德仍在泰赤兀惕人手里,还没有拿回来。

"该是恢复旧部的时候了!"铁木真暗自运筹。

父亲曾经强调的"额卜额耶",不是针对一个人,而是针对众人说的。独木不成林,单人不成家,只有众人"额卜额耶",才能够凝成一股劲儿,才能够形成一股力量,才能够出人头地,成为气候。去年被泰赤兀惕人惩戒的时候,以及在追回八匹惨白骟马的过程中,铁木真明白了一个道理,那就是,一个人在单枪匹马的时候,非常需要他人的帮助和支持,离开了他人的帮助和支持,仅凭一个人的力量,将一事无成。尤其是处在弱势地位的时候,更需要有个能够依靠的靠山。

那么谁是他的靠山呢? 铁木真想到了父亲的安答,他曾陪他们家儿子桑昆在他们家念了三年书的脱斡邻勒可汗。是啊! 脱斡邻勒可汗是父亲的安答,父亲的安答就如同父亲,所以铁木真在他家念书的时候一直叫脱斡邻勒可汗为父亲。现在父亲也速该把阿秃儿不在了,铁木真不依靠他,依靠谁呢!? 铁木真为自己能够想到这一层,心里很欣慰。

举行完婚礼,诃额仑母亲考虑到近来又是追马、又是娶亲,铁木真已是名声在外,她怕传到泰赤兀惕人的耳朵里引起不测,所以立即带着全家离开桑古儿溪,沿斡难河逆流而上,迁徙到斡难河源头一个叫布儿吉·额儿吉的地方住下了。

搬到新址后的第二天,铁木真迫不及待地带上丈母娘搠坛当作嫁妆送给他

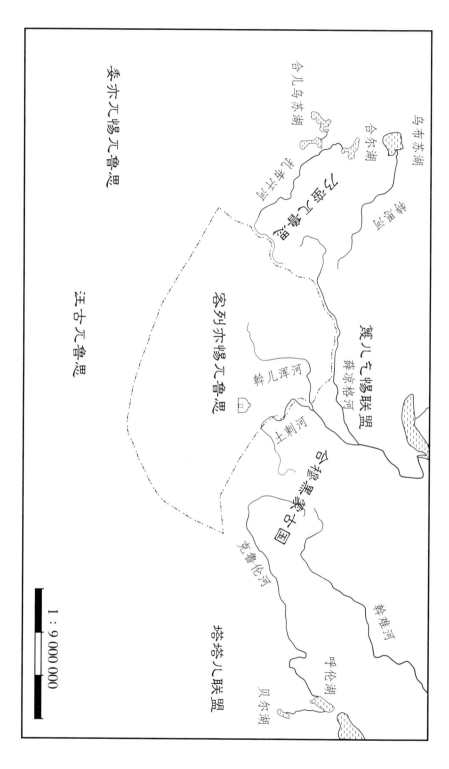

示意图3　客列亦惕兀鲁思

家的黑貂皮大氅,跟合撒儿、别勒古台一起,去见客列亦惕国脱斡邻勒可汗。

铁木真第一次见到这件极其珍贵的黑貂皮大氅的时候,就曾琢磨要为它派个大用场,现在他找到了真正的用场,将其献给了他的靠山脱斡邻勒可汗父亲。

客列亦惕,是蒙古草原上的一个大部落,自称兀鲁思(国),其首领原先叫孛亦鲁黑,后来随蒙古草原习俗改称可汗。客列亦惕国从前驻牧于贝加尔湖以西地区,后来逐渐南移,来到了杭爱山、肯特山之间的鄂儿浑河、土刺河流域。客列亦惕国西与乃蛮国相邻,北到色楞格河与篾儿乞惕部隔河相望,南与汪古国以大戈壁相隔。客列亦惕国素与乃蛮国和回鹘国关系密切,所以比起草原上的其他部落,文明程度相对高一些。

客列亦惕国信奉景教。相传,从前有一个客列亦惕国的孛亦鲁黑上山打猎,遇到风雪迷了路,被困在山中。路遇一位仙人,告诉他:"你如果愿意信奉景教,我可以帮你找到出山的路。"那位孛亦鲁黑答应了,于是仙人便引领他走出了山。那位孛亦鲁黑回到斡耳朵后,找来部落里信奉景教的商人,向他们询问教义,并遣使到马鲁主教处,向他表示自己愿意皈依景教,要求他派传教士为他们受礼。从此,他们信奉景教,举国按照《圣经》做礼拜。

客列亦惕国分斡阑通嘎亦惕、吉儿斤、撒合牙惕、土曼土伯颜、额里格、翁古斤等六个分支。脱斡邻勒可汗的祖父叫马儿豁思·孛亦鲁黑。后来,塔塔儿部的努儿·孛亦鲁黑将他捉拿后,交给金国钉死于"木驴"上。马儿豁思的遗孀为了替夫报仇,假装投降于塔塔儿的努儿·孛亦鲁黑,献给他一百只绵羊、十匹骒马、一百口大皮囊马奶酒。但那一百口大皮囊里并没有装马奶酒,而是在每口大皮囊里藏了一个勇士,趁筵宴最热闹的时候,将努儿·孛亦鲁黑和参加筵宴的塔塔儿人全部杀光。

马儿豁思有两个儿子,大儿子叫忽儿察忽思,小儿子叫古尔,大儿子忽儿察忽思继承了孛亦鲁黑之位。忽儿察忽思有六个儿子,脱斡邻勒可汗就是这六个儿子中的一个。脱斡邻勒可汗小时候被篾儿乞惕人掳去做苦力,被其父救出,不久又被塔塔儿人捉去,干了一段时间放骆驼的营生,中途自己逃了回来。后来其父去世后，脱斡邻勒杀死父亲的几个弟弟和自己的哥哥弟弟们，篡夺了孛亦鲁黑之位，并把孛亦鲁黑改称可汗，称自己是脱斡邻勒可汗。在脱斡邻勒大开杀戒时，其叔叔古尔得以脱身，投靠了乃蛮国首领亦南察，并在他的帮助下打败了脱斡邻勒可汗，自称客列亦惕国古尔可汗。脱斡邻勒可汗被叔叔古尔可汗打败后，走投无路，只带百余骑投奔到合穆黑蒙古国也速该把阿秃儿麾下。也速该把阿秃儿同情他，亲自带兵把古尔可汗赶往西夏，替脱斡邻勒可汗报了仇，并把收回的客列亦惕部百姓和财产全部归还给脱斡邻勒可汗。为此，脱斡邻勒可汗感激涕零，主动与也速该把阿秃儿结为安答，以表达其感恩之意。

"脱斡邻勒可汗是父亲也速该把阿秃儿生前的安答。"铁木真对两个弟弟说，"父亲的安答，就跟我们的亲生父亲一样。他住在土剌河边的黑森林里，现在我们去见脱斡邻勒可汗父亲，把这件黑貂皮大氅献给他。"

铁木真曾在脱斡邻勒可汗的斡耳朵里念了三年书，所以他们很顺利地找到了脱斡邻勒可汗在土剌河边黑森林里的斡耳朵，见到了他本人。

脱斡邻勒可汗愉快地接待了铁木真兄弟仨。

"几年不见，铁木真长大成人了！"他说。

"您是父亲的安答，所以您就是我们的亲生父亲。"铁木真说，"我的妻子孛儿帖的嫁妆里有这么一件黑貂皮大氅，我看它太珍贵，不是我这样的人能够穿的，所以我把它拿来献给可汗父亲您。"

脱斡邻勒可汗接受了礼物，呵呵笑着，爽快地答应道：

"作为
你黑皮大氅的回报
我将
召回你四散的兀鲁思

作为
你貂皮大氅的回报
我将

恢复你破败的兀鲁思

肾
就应该在腰间
痰
就应该在胸腔里"

见铁木真来到家里，桑昆也很高兴，说服父亲将他的同窗铁木真兄弟仨留下住了三天，才让他们走。

铁木真从脱斡邻勒可汗处回来后的第三天，他们家来了两位特别的客人。

一个是也速该把阿秃儿的铁匠总头目、曾经给刚出生的铁木真送貂皮里子摇篮的兀良合歹人札儿赤兀歹，另一个是他的儿子、十七年前就要交给铁木真的者勒蔑，现在他已经二十岁。

札儿赤兀歹背着打铁的风匣，领着儿子者勒蔑，沿布儿汗·合勒敦山一路打听，来到斡难河源头这个叫布儿吉·额儿吉的地方，找到了铁木真。

"你在迭里温·孛勒答黑出生时，我曾送给你一个貂皮里子摇篮，还答应把我这个儿子者勒蔑交给你做那可儿。当时儿子太小，我就带回去养了。现在儿子已经长大，我把他交给你吧。"札儿赤兀歹还特别叮嘱，说：

"就让
我儿子者勒蔑
跟随你

上马时
为你
鞴马鞍
下马时
为你
掀门帘！"

此前，铁木真已经有了一个那可儿孛斡儿出，现在又有了一个那可儿者勒蔑。不过细说起来，第一个那可儿应该是者勒蔑，因为铁木真刚生下来时，他就被他父亲指定为铁木真的那可儿了。

反正铁木真不是孤身一人了。

他除了合撒儿、别勒古台、帖木格等几个弟弟外，又有了两个那可儿——孛斡儿出、者勒蔑。

铁木真最初的那可儿团队就这样形成。

八

铁木真祭拜布儿汗·合勒敦山,说:"从今往后 / 我要 / 每个白天都来祭拜 / 每个早上都来祷告 / 将来 / 要让我的子孙们 / 记牢相传"

己亥年(1179年)初夏。

草原上的剪羊毛季节,斡难河边布儿吉·额儿吉地方的铁木真家。

孛儿帖兀真有了身孕,不再跟铁木真同住一个毡包,另外搭了一座新毡包单独住,其生活由索乞格勒合敦帮助料理。

有天凌晨天还没亮,诃额仑母亲家的佣人豁阿黑臣老婆子忽然坐起来,对诃额仑母亲说:"额客,额客(孩子他母亲)!赶紧起来!有震天动地的马蹄声从远处传来,说不定是泰赤兀惕人来袭击呢。额客,快起来!"她以为泰赤兀惕人知道了他们的下落后前来搜捕铁木真,所以断定这是泰赤兀惕人的马蹄声。

诃额仑母亲边起床穿衣服边说:"快叫醒孩子们!"

铁木真和弟弟们已经起来,捉来了马匹。

铁木真、诃额仑母亲、合撒儿、哈赤温、帖木格、别勒古台、孛斡儿出、者勒蔑各骑一匹马,帖木仑由诃额仑母亲抱在怀里,又用一匹马驮了东西,准备出发。结果住在另外一处毡包里的孛儿帖兀真和别勒古台的母亲索乞格勒合敦没有马骑了,佣人豁阿黑臣老婆子也没有马骑,剩下了她们仨。

仓促之中,铁木真未弄明情况,就和母亲及弟弟们上了布儿汗·合勒敦山。当时,他们都以为是泰赤兀惕人来捉铁木真,所以把所有注意力都集中在铁木真身上。

三个女人因而被丢弃在营地里。

男人们都走了,豁阿黑臣老婆子才想起另一个毡包里的孛儿帖兀真和索乞格勒合敦,急忙去看。

毡包里,孛儿帖兀真正穿好衣服坐着,黑暗中可以听到她隐隐的哭泣声。

没有人叫她起床,也没有人通知她出逃,是索乞格勒合敦听到外面的喧闹声和急促的马蹄声,觉着发生了什么事,才把她叫醒,自己穿了衣服,到外边打探情况去了。豁阿黑臣老婆子进来,孛儿帖兀真还以为是索乞格勒合敦回来了呢,忙问:

"发生什么事了?"

豁阿黑臣老婆子很后悔,她只顾通知孩子们,却忘了通知有身孕的孛儿帖兀真。

这时,外面的喧闹声和马蹄声渐渐远去,营地里变得静悄悄的了。

"泰赤兀惕兄弟正往这儿来,可能快到了。"豁阿黑臣老婆子焦急地说,"咱们没有马骑了。再说,你这身子也骑不了马啊!咱们就套上牛车逃吧!"

这时,索乞格勒合敦也从外面回到屋里,说:"他们都走了,就剩下咱们仨。"

"咱们套辆牛车,赶紧离开这儿!"豁阿黑臣老婆子说。

豁阿黑臣老婆子有索乞格勒合敦帮忙,从营地里找来头花犍牛套在篷车上,让孛儿帖兀真钻入车里,关好车门,急急忙忙向布儿汗·合勒敦山走去。

可是索乞格勒合敦坚持说要看家,留下了。

当她们逆坡而上,走到通格里溪的时候,天开始蒙蒙亮,可以模模糊糊地看到远处的影子了。

从对面驰来几个人,问:"你们是什么人?"

豁阿黑臣老婆子答:"我是铁木真家的家奴。昨天去大本营剪羊毛,现在往我的住地走呢。"

"铁木真在家吗?他们家离这里多远?"来人问。

"不远。我从后面的毡包里出来,不知道铁木真在不在家里。"豁阿黑臣老婆子答。

来者急匆匆策马而去。

豁阿黑臣老婆子想走得快些,频频鞭打花犍牛,不料车轴断了。

车,没法坐了。豁阿黑臣老婆子打算将孛儿帖兀真请下车,再步行到森林里躲避,可是还没等孛儿帖兀真下车,那帮人将索乞格勒合敦驮在一匹马上折回来了。

"车里装的是什么?"其中一人问。

"装的是羊毛。"豁阿黑臣老婆子答。

"弟兄们，下去搜！"那个人下令道。

有几个人从马背上跳下来，打开了篷车的车门，发现了坐在里面的孛儿帖兀真。他们不由分说，一把将孛儿帖兀真从篷车里拽出来，连豁阿黑臣老婆子一起驮在马背上，循着草丛间的马蹄印，朝布儿汗·合勒敦山追踪而去。

原来他们不是泰赤兀惕人，而是三支篾儿乞惕人临时凑成的三百兵马。

　　篾儿乞惕，也是蒙古草原上的一个强悍部落，驻牧于色楞格河流域，东边与扎剌亦儿部为邻，北边与森林百姓相连。篾儿乞惕人拥有一支战斗力很强的部落军队。

　　篾儿乞惕部有兀都亦惕、兀洼思、合阿惕等三个分支。篾儿乞惕人也信奉景教。

　　驻牧于色楞格河流域的篾儿乞惕人从事耕种业，住板门房子，经济比较发达。有记载称，客列亦惕国脱斡邻勒可汗在孩提时代曾被篾儿乞惕人掳去，以舂米为生计。

篾儿乞惕部的一个分支兀都亦惕·篾儿乞惕的头领叫脱脱阿，号别乞，所以也叫脱脱阿别乞。这个脱脱阿别乞就是也可赤列都的哥哥。当年也可赤列都从斡勒忽讷惕部娶来新媳妇诃额仑，在娶亲的途中被也速该把阿秃儿抢走了新媳妇，从此，兀都亦惕·篾儿乞惕部与孛儿只斤部结了仇。

不过当时脱脱阿别乞没有什么权势，也没有足够的力量与也速该把阿秃儿抗衡，所以哑巴吃黄连，忍气吞声地接受了兄弟的妻子被抢的事实。如今脱脱阿别乞已经掌握了兀都亦惕·篾儿乞惕部，还有了别乞称号，正是飞黄腾达的时候。正在这时，他风闻铁木真新婚的消息，便想起当年的屈辱，不免心痒，决定去抢铁木真的妻子孛儿帖兀真，以报当年夺兄弟妻之仇。

于是，他联络了兀洼思·篾儿乞惕部的答亦儿兀孙和合阿惕·篾儿乞惕部的合阿台·答儿麻剌，三支篾儿乞惕合为一股来突袭铁木真。

铁木真、诃额仑母亲、孛斡儿出、者勒蔑及铁木真的弟弟妹妹们，一口气跑上了布儿汗·合勒敦山。可是山里不是树木密布，就是泥淖遍地，没有可插足

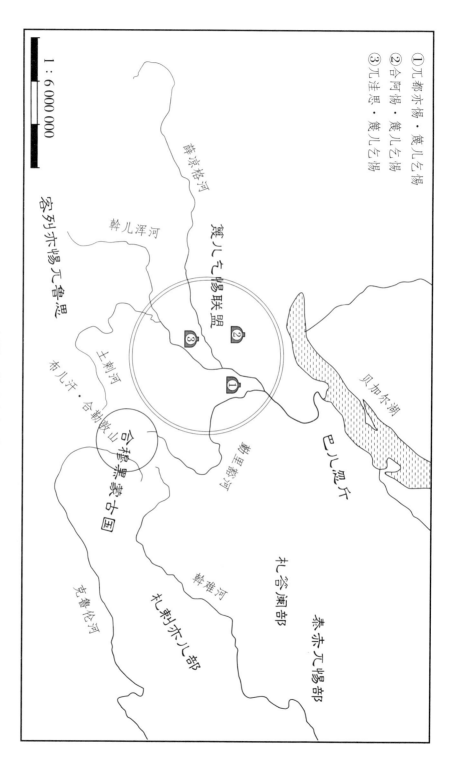

示意图4　篾儿乞惕联盟

的缝隙。

他们听到从后面追来的篾儿乞惕人的声音越来越近。

还是者勒蔑机灵,他发现了一条鹿径,急忙说:"铁木真,这儿有鹿走过的踪迹。既然鹿能过去,我们也能。"

铁木真眼前一亮,说:"就走这条鹿径。注意,千万不能走散!"

那条鹿径极其艰险,但他们还是顺利通过了。

大家找了一片开阔地下马,稍事休息。

合撒儿带着别勒古台和者勒蔑原路返回,把住险要的隘口,欲阻挡可能追过来的篾儿乞惕人。

三支篾儿乞惕人追到了布儿汗·合勒敦山外。

孛儿帖兀真、索乞格勒合敦和豁阿黑臣老婆子,被他们五花大绑地驮在马背上随行。

三支篾儿乞惕人跟踪到布儿汗·合勒敦山外,发现铁木真他们的马蹄印突然中断了。

他们明明看见铁木真他们进了密林中,可就是找不到进山的路。他们找不到铁木真他们的马踪,也没有发现那条上山的鹿径。他们试图创出一条新路,往里冲了几回,不是泥淖陷坑,就是盘根交错的枝杈,连粗点的蟒蛇钻过去的缝隙都找不到。

他们在布儿汗·合勒敦山外徒劳地绕了三圈,连铁木真的影子也没有看到。

兀洼思·篾儿乞惕的首领答亦儿兀孙不耐烦了,说:"我们捉住了铁木真的妻子,冤仇已经报了。"

合阿惕·篾儿乞惕的首领合阿台·答儿麻剌也打诨:"铁木真他不管自己的妻子,跑得比兔子还快。说不定啊,被布儿汗·合勒敦山里的老虎吃了呢。我们就别管他了吧。"

脱脱阿别乞见其他两支篾儿乞惕人开始打退堂鼓,便顺水推舟,说:"我们下山吧!把铁木真的妻子孛儿帖兀真赏给也可赤列都的弟弟乞里格儿·孛客,另外两个老女人,你们一家分一个做家奴!"

于是,三支篾儿乞惕人一家带着一个女人下山了。

但铁木真不敢粗心大意。从前在迭里温·孛勒答黑时被泰赤兀惕人所困的教训告诉他，不能草率行事。

那天晚上，他们用柳条和树枝搭了个简易的茅屋过夜。

第二天一早，铁木真对别勒古台、孛斡儿出、者勒蔑三人说："你们去察看一下，三支篾儿乞惕人是真回去了，还是在山外埋伏？三天后回来报告！"

他们下山后，铁木真得空静下心来，重新思考这件事的整个过程，觉得很后怕、很窝囊，也觉得很蹊跷。他想，假如没有豁阿黑臣老婆子警觉，听到几十里外篾儿乞惕人的马蹄声，催促大家起来，其结果难以想象；假如当时他没有慌张，准备好足够的马匹，保证一人一骑，就不至于让孛儿帖兀真落入篾儿乞惕人之手，陷入如此难堪境地；假如没有发现鹿径，即使跑到天涯海角，终将被篾儿乞惕人追上；假如泥淖和盘根错节的树木没有挡住去路，篾儿乞惕人绝不会善罢甘休，这么快就撤退……

铁木真感觉到有个神秘的力量在冥冥之中暗暗护佑着他，而且这个神秘的力量无处不在。他不管在哪儿，这个神秘的力量都能窥视到他；不管他遇到多大的危险，这个神秘的力量都能助他化险为夷。当他联想到曾经被泰赤兀惕兄弟围困在帖儿古捏山上的奇遇时，一下子恍然大悟：原来是布儿汗·合勒敦山的山神在保佑他。于是，对眼前的布儿汗·合勒敦山，他肃然起敬，立刻以极其敬畏的心情，走下山坡，面向初升的太阳，解下腰带挂在项上，脱下帽子捧在手上，扑通跪下，捶胸顿足，虔心祷告，道：

"凭借豁阿黑臣老母

黄鼠狼般谛听的功力

银鼠般预见的本事

我才得以

安全脱身

把野鹿的踪迹当作路

把柳条茅棚当作屋

在这布儿汗·合勒敦山上

保住了

虱子般小命

我珍爱这只有一次的生命

骑在马背上逃出

将罕达汗的足印当作路

将藤条茅棚当作屋

在这布儿汗·合勒敦山上

护住了

小草般性命

躲过了

难以预料的危险

从今往后

我要

将布儿汗·合勒敦山

每个白天

都来祭拜

每个早上

都来祷告

将来

让我的子孙们

一定要

记牢相传"

祈祷完,铁木真右手放于胸前,朝着太阳,念了九遍洒楚里祭词,行了三跪九拜之礼。

九

铁木真说:"天和地给力／苍天父亲保佑／
大地母亲恩赐／找回了／孛儿帖兀真／报了／
我铁木真冤仇／消灭了／篾儿乞惕兀鲁思"

虽然铁木真逃过了三支篾儿乞惕人的突然袭击,但妻子却被抢去,他心里
无比沉痛。

　　草原上,一个兀鲁思(国)的可汗的合敦(后妃)等于是这个兀鲁思(国)
政权的全部或一部分。譬如征服了一个兀鲁思而没有得到他的可汗的合
敦,等于没有完全征服这个兀鲁思。同样,在一个兀鲁思内部,可汗驾崩了,
在没有产生新可汗之前,就由合敦当政;或者谁娶了可汗的遗孀,谁就可
以成为新可汗,掌握这个兀鲁思的最高权力。匈奴是这样,蒙古也是这样。
而对于一个普通人来讲,发妻具有至高无上的地位,尽管娶了三妻四妾,发
妻的地位不可动摇,家里的事情都由正房妻子说了算。假如发妻被别人夺
走,就意味着作为一个男人的地位受到挑战,他的权威、他的威望、他的能
力,会因此受到质疑,从而失去在人们心目中的信誉。所以,很多情况下,
女人代表着一个家庭,乃至一个兀鲁思。
　　因此,铁木真被抢走妻子,对于他和他的家族及部落来说,是个天大的
事情。他如果没有能力夺回自己的妻子,将一事无成。

此时,铁木真已经十七岁,是个经历了多次磨难的年轻人。尽管他的团队
人员还少,没有形成战斗力,以至于当敌人袭来时,只顾拼命逃窜,但他已经从
诃额仑母亲的保护下摆脱出来,能够独立面对外部世界、面对战争、面对纷争不
断的草原部落了。而篾儿乞惕人的这次进攻,促使他这只小老虎冲破笼子,变
成了大老虎。后来的事态发展也证明了这一点。篾儿乞惕人使他没有任何准

备而应对敌人,没有多少把握而发起对篾儿乞惕人的讨伐战争。假使没有那次篾儿乞惕人的进攻,新婚燕尔的铁木真或许仍在斡难河源头那个叫布儿吉·额儿吉的地方无限期地谋划着未来行动的方案呢。那些篾儿乞惕人,还有那位得到孛儿帖兀真的乞里格儿·孛客,后来都为此后悔不迭,发出了深深的哀叹。因此可以认为,是篾儿乞惕人让铁木真迈出了走向成功的第一步。

铁木真从布儿汗·合勒敦山上下来之后,就开始策划夺回孛儿帖兀真的行动方案。

从篾儿乞惕人手里夺回孛儿帖兀真,得有超过他们的兵马,他首先想到了应该拥有一支属于自己的军队。

于是,他和合撒儿、别勒古台、孛斡儿出、者勒蔑等分头出去,四处寻找离散多年的也速该把阿秃儿旧部。然而旧部百姓们住得太分散,奔波了整整两个月,才召集起不到一千人的队伍,仅靠这点兵力,还是难以跟篾儿乞惕人抗衡。可是更多的兵马在哪儿呢?他的合穆黑蒙古国肯定是不行。如今他铁木真是把持合穆黑蒙古国军国大权的泰赤兀惕人追捕之人,虽然这两年泰赤兀惕人似乎不怎么追究了,但也没说他铁木真就没事了,怎么可能帮他夺回孛儿帖呢?所以靠自己的兀鲁思这一条路堵死了。那么还能靠谁呢?他想到了脱斡邻勒可汗和札木合二人。脱斡邻勒可汗是父亲的安答,上次他去送黑貂皮大氅时,脱斡邻勒可汗答应帮他召回他们失散的兀鲁思,要是请他帮忙肯定没问题。札木合是他铁木真的安答,他们一起念过书,还两次结为安答,如今他虽然是塔儿忽台手下的把阿秃儿,但从未跟塔儿忽台在一起,而是单独管理自己的札答阑部和其他十来个部的百姓,所以请他帮助应该也不会有问题。

秋后的第一个月,是草原上的新年。过完年,天气开始变凉。

离冬天不远了。

孛儿帖兀真不在家,铁木真的心里空空如也,他不敢想象孛儿帖兀真此时此刻的情景。他越是这样想,救回孛儿帖兀真的心越是迫切。

经过反复谋划,他终于下定决心,要在冬天还没有到来,大雪还没有封山以前行动。

这天,他跟合撒儿和别勒古台再次来到土剌河边黑森林里脱斡邻勒可汗的斡耳朵,向脱斡邻勒可汗控诉了篾儿乞惕人的恶劣行径,然后请求说:"在我们毫无防备的时候,三支篾儿乞惕人突袭我们,抢走了我的妻子和家人。请可汗父亲为我们做主,救回我的妻子和家人吧!"

脱斡邻勒可汗听了,不假思索地回道:

"从前

我说过

作为

你黑貂皮大氅的回报

我将

召回你四散的兀鲁思

作为

你黑貂皮大氅的回报

我将

恢复你破败的兀鲁思

肾

就应该在腰间

痰

就应该在胸腔里

如今

我依然要说

作为

你黑貂皮大氅的回报

我要去征服

三支篾儿乞惕人

救回

你字儿帖兀真夫人

作为

你黑貂皮大氅的回报

我要去战胜

整个篾儿乞惕部

救回

你孛儿帖兀真合敦"

但脱斡邻勒可汗又说,单靠他一个人的力量恐怕不行,需要跟札木合联手才行,为此他告诉铁木真说:"你去告诉札木合兄弟!札木合兄弟在一个叫豁儿豁纳黑·朱布儿的地方住呢。我做右翼,带两万骑从这儿出发;札木合兄弟做左翼,带两万骑从他那儿出发。我们何时何地会合,请札木合定。"

札木合是铁木真小时候的安答,比铁木真大三岁,他俩曾经在客列亦惕兀鲁思脱斡邻勒可汗那里与桑昆一起念书。

从前,铁木真的第十世祖先孛端察儿征服了扎儿赤儿惕部的一部分百姓,其中有个孕妇叫阿当兀良合真,孛端察儿将她娶来做了妻子,生下的遗腹子取名扎只剌歹,后来成为札答阑姓。札木合就是他们的后代子孙,与铁木真勉强算是同宗同祖。

札答阑部驻牧于呼伦湖北部的草原上。

铁木真十一岁那年冬天,在部落里举行的一次婚宴上,铁木真与昔日同窗札木合重逢。于是他们一起到离婚礼现场不远的一个结冰的湖面上滑冰玩。在玩耍间,札木合送给铁木真一只狍子踝骨,铁木真回赠一只铜铸踝骨,二人以此作为信物,结为安答。

第二年春天,部落里举行春猎时,他俩又见了一次面。那次,两个男孩儿再次互表友爱之情,札木合送给铁木真一支用二岁牛犊犄角做的响箭头,铁木真回赠一支用柏木做的响箭头,并以此作为信物再次结为安答。

两次结为安答,都是札木合先送礼物并先提出结安答,由此可以看出札木合的性格和为人之道,他讲义气、爱张扬,但略显小心眼,工于心计;而铁木真则显得得体、不失礼,但又显得不张扬、不沉溺于一时的冲动之中。

一高一低、一正一邪，可见一斑。

铁木真和合撒儿、别勒古台一起从脱斡邻勒可汗处出来，回到家后，他自己留在家里，将合撒儿和别勒古台派往札木合处，叮嘱道："见了札木合安答，转达我的话时这样说：

　　三支箭儿乞惕人

　　突然袭击

　　抢走了

　　我妻子

　　令我怀抱

　　空了

　　我们

　　是同宗

　　请札木合安答

　　为我报仇

　　我们

　　是同胞

　　请札木合那可儿

　　为我做主

转告脱斡邻勒可汗的话时这样说：念也速该把阿秃儿从前帮我脱斡邻勒可汗的旧情，我做右翼，带两万骑从我这儿出发；请札木合兄弟做左翼，带两万骑从你那儿出发。我们何时何地会合，请札木合兄弟定。"

此处，铁木真让合撒儿转告脱斡邻勒可汗的话时，作了重要的修改，把"作为黑貂皮大氅的回报"这句话，改成了"念也速该把阿秃儿从前帮我脱斡邻勒可汗的旧情"。铁木真心里清楚，札木合是个爱计较的人，假如把脱斡邻勒可汗帮助铁木真打仗的事与铁木真送脱斡邻勒可汗黑貂皮大氅一事联系起来,札木合肯定会不高兴。所以,铁木真将其修改为上一辈人之间的情谊,以免让札木合产生不必要的猜忌。铁木真还有意放低姿态,用一个弱者恳求强者的口吻,请求札木合看在都是乞颜后代的份儿上,替他报仇,以满足札木合争强好胜的心理。而且,铁木真自己留下来,让合撒儿和别勒古台去转达脱斡邻勒可汗确定的作战部署,为的是避免与札木合正面交涉,不给札木合留下回旋的余地。

这是多么深的城府啊!要知道,铁木真才十七岁啊!只有十七岁的他居然有如此高的政治智慧,站得不知比札木合高出多少,看得也不知比札木合远去多少!这就是铁木真作为一代伟人的潜质所在,也是札木合这个思想的君子和行动的小人,为什么奋斗一生始终不及铁木真,最终被铁木真战胜的根本原因。

铁木真通过与札木合的接触经历,对札木合的人格和心理有了这般透彻的了解,且玩政治玩得如此老辣,此乃绝非常人也。

作战之前,铁木真将这盘棋的每一步都计算好了,接下来便是等待胜利的到来。

这次战斗,名义上由札木合和脱斡邻勒可汗联合指挥,实际上从头到尾都是由铁木真运筹帷幄,一一设计,步步实现。可见铁木真(成吉思汗)的兵法,不只是两军对阵之时克敌制胜的战术,更是发兵之前形成决策的艺术。可以有理由认为,这次作战应该算是铁木真(成吉思汗)兵法书上的首个战例。

合撒儿和别勒古台马不停蹄,日夜兼行,很快来到呼伦湖北边那个叫豁儿豁纳黑·朱布儿的地方,见到札木合,转告了铁木真的恳求和脱斡邻勒可汗的作战部署。

札木合听完他俩转达的话,说:

"听到了

铁木真安答

被抢了妻子

我的心儿刺痛

知道了
铁木真安答
怀抱空了
我的肝儿生疼

我要
为铁木真报仇

去歼灭
兀都亦惕
和兀洼思·篾儿乞惕人
救出
孛儿帖兀真合敦

去捣毁
合阿惕·篾儿乞惕人
夺回
孛儿帖兀真合敦

我知道
那个听见马镫磕碰声
就当成是进军的鼓点
拼命逃窜的脱脱阿
如今住在
卜兀剌·客额列地方

那个看见挂着的箭筒
轻轻晃动

就以为是战争爆发
溜之大吉的答亦儿兀孙
如今住在
斡儿浑、薛凉格
两河之间的
答剌浑·阿剌剌地方

那个望见哈姆忽勒草滚动
就以为是敌军来临
匆忙躲入森林里的
合阿台·答儿麻剌
如今住在
合剌只·客额列地方

据说
有一种猪鬃草
长势旺盛
咱们
可用猪鬃草
捆扎木筏
横渡勤里豁河

径直到达
脱脱阿的驻地
包抄他的后院
从天而降

摧毁他的老巢
缴获他的财宝

抢夺他的女人

断送他的香火

将他的信仰

彻底摧毁

将他的百姓

悉数而收"

札木合又说："请告诉铁木真安答和脱斡邻勒可汗兄——

我已祭祀

远远瞭见的

威严的图克（旗纛）

我已擂响

震天响的

黑公牛皮鼓面的

大军鼓

我已骑乘

快步如风的

战马

我已穿上

坚硬如铁的

战靴

我已拿起

锋利的钢枪

我已瞄准

百步穿杨的
弓箭

我已出发
冲向
合阿惕·篾儿乞惕的营地

我已祭祀
高高耸立的
出征的图克(军麾)

我已敲响
沉闷的
捷牛皮鼓面的
大战鼓

我已骑乘
疾步如电的
快马

我已穿上
刀枪不入的
生牛皮铠甲

我已紧握
利刃的弯刀

我已拉开
百发百中的

弓箭

我已出发

杀向

兀都亦惕·篾儿乞惕的营地"

并交代道："脱斡邻勒可汗兄发兵,沿布儿汗·合勒敦山山阳进发,顺路带上铁木真安答,到斡难河源头的字脱罕·字斡儿只集结。我带一万骑从我这儿出发,在路过斡难河时,再从铁木真安答的兀鲁思旧部征集一万骑,共带两万骑,逆斡难河而上,到约定地点字脱罕·字斡儿只与你们会合。"

合撒儿、别勒古台飞马驰回布尔吉·额儿吉,如实报告铁木真。

铁木真立即写信给脱斡邻勒可汗,转告了札木合之言。

脱斡邻勒可汗接到铁木真的信,便按照札木合之言,自己带一万骑,沿着布儿汗·合勒敦山山阳,向铁木真家住的克鲁伦河源头的布尔吉·额儿吉进发,又通知脱斡邻勒可汗的弟弟扎合敢布带一万骑,到乞沐儿河边一个叫阿因刺·合刺合纳的地方会合。这样,他们的兵力合起来共有两万骑。

铁木真听了这一情况后,马上从布尔吉·额儿吉出发,逆通格里克河而上,到布儿汗·合勒敦山阳面的塔纳溪边住下,在那里用两天时间,整编了他的一千人马,并建立了军麾哈喇苏力德。

建哈喇苏力德这件事,是札木合提醒了他。

那年泰赤兀惕人霸占了也速该把阿秃儿的旧部,抢走了由铁木真护卫的乞颜苏力德。因为失去苏力德,铁木真耿耿于怀,始终没忘记某一天将其拿回来重新掌握在自己手中。现在,札木合却提醒了他。札木合不是说要祭祀他的图克(旗纛和军麾)吗? 要擂响他的牛皮鼓面的军鼓吗? 札木合说这话,其本意是在铁木真面前摆谱耍威风,以炫耀他的势力和地位,却无意中提醒了铁木真。

札木合自命是个帝王之才,幻想着将来一定能够称霸蒙古草原。他想,届时他需要大量杰出而可靠的人才,应趁早着手准备。他知道,如今的铁木真一无所有,妻子也被人抢了,非常需要他札木合的恩赐。这不是,铁木真捎来话,说"请为我报仇,请为我做主"吗? 这正是让铁木真诚服于自己的最佳时机。

札木合

那年,他跟铁木真结为安答,就觉得铁木真是个可用人才,举止言谈中透着一股英雄气,那正是他札木合所看重的。札木合比铁木真大三岁,论辈分,他比铁木真大一辈儿,但他并不计较,还用自己心爱的狍子踝骨与铁木真的铜铸踝骨交换,结为安答。第二年春天,他再次跟铁木真结为安答,也是有意为之。第一次结为安答后,他一直为自己曾用小孩游戏之物做信物而后悔,徒有一腔鸿鹄之志,怎能干出那种穿开裆裤的儿童才做的事情来呢?从此他盼着跟铁木真重逢,以弥补那次的草率。第二次,他颇用了些心机,选择了送箭矢,而且是响箭,以凸显男子汉式的对话。响箭,是军队指挥者所用之物,指挥千军万马的将帅站在某个高地上,按照事先训练的要求,偶尔放一支响箭发出指令,用以决定战争的胜负。他送给铁木真一枚用两岁小牛犄角做的很珍贵的响箭头,也想看看铁木真到底回赠什么。实际上,他是想给铁木真出一个难题。结果铁木真未加思索,回送他一枚用柏木做的响箭头。两样东西看似区别不大,但小牛犄角材料有限,做不了几枚,可柏木材料有的是,一棵柏木可制作响箭头上百上千枚。孰重孰轻,一目了然,他札木合自然是占了上风。可是这次作战,与当年交换信物结为安答,不可同日而语。这是一次真正的战争,而且将由他札木合担任总指挥,他怎能不趁机炫耀一下他的"远远瞭见的威严的图克(旗纛)"和"高高耸立的出征的图克(军麾)"呢!他心想,你铁木真还嫩着呢,还得学着点。

铁木真真的是在学。他的不足千人的兵马要参战了,对于他,这是生平第一次。他完全不知道仗要怎么打,打仗都需要些什么,但他记得父亲健在时,每次打仗都要带上那枚乞颜苏力德,将士们也是根据那枚乞颜苏力德的动静来调整自己的行动。

集结的日子还有五天。自从听了合撒儿、别勒古台带来的札木合的言语,铁木真就想过如何才能不被札木合小看。首先,得有一枚苏力德和一面牛皮面的军鼓,这样,才能够指挥作战,兵马才能够有主心骨。可是如何制作呢?他记得那枚乞颜苏力德,尖是一把双刃剑,缨子是用公马鬃做的,那公马鬃什么毛色的都有,黑白相间。但他不想完全照那枚苏力德的样子做,得有所不同。对!这回他要制作一枚哈喇苏力德,全部用黑公马鬃。至于军鼓,制作就容易多了。

于是他限定弟弟帖木格在两天时间里凑齐黑公马鬃,让者勒蔑的父亲札儿赤兀歹老人锻造苏力德顶端的双刃剑,让者勒蔑制作一面大军鼓。他们的任务完成得很顺利,帖木格只用一天半就凑齐了所需的黑公马鬃,札儿赤兀歹老人连夜将剑头制作完成,者勒蔑更是立即宰杀了两头大公牛,用酸奶鞣成熟皮,未等干透,就把鼓面蒙上了。那军鼓的声音刚开始有点发闷,可是过了几天干透后,便可隆隆出声了。

至于札木合所说的"刀枪不入的生牛皮盔甲,利刃的弯刀,百发百中的弓箭",则不用他铁木真操心。他们召集来的这一千兵丁大部分是也速该把阿秃儿时期的老兵或老兵的孩子,家里都有保存。打仗是草原上的家常便饭,人们早已适应,不必专门打招呼,这次集结时,铠甲都已穿在身上了。

一切准备停当，出发的日子也到了。

铁木真的兵马，按时到达布儿汗·合勒敦山阳面的塔纳溪边集结。

塔纳溪边的开阔地上站满了黑压压的兵马。

"今天，我们合穆黑蒙古国的兵马又集结在一起了。"铁木真站在队列前宣布说，"我们都是合穆黑蒙古国的旧属，今天重新走到一起，意味着我们的兀鲁思正在恢复也速该把阿秃儿时代的荣耀。过去，我们的兀鲁思遭遇了太多的磨难，泰赤兀惕部两兄弟自封可汗和太师，加害我铁木真，多亏锁儿罕失剌全家人相救，才有我的今天。如今，篾儿乞惕人又来欺侮我们，抢走了我的妻子孛儿帖，篾儿乞惕人是我们不共戴天的敌人。现在，我父亲也速该把阿秃儿的安答客列亦惕兀鲁思的脱斡邻勒可汗和我的安答札答阑部的札木合，要去踏平篾儿乞惕人的老巢，为我报仇。这个仗，我们一定要打胜！"

"奥嗨！奥嗨！"一片欢呼声。

"孛斡儿出！"铁木真对身边的孛斡儿出说，"从现在起你就是我们的总兵。"然后又对者勒蔑说："者勒蔑，由你辅佐孛斡儿出！"

铁木真指着竖立在阵前的哈喇苏力德，说："这是我们合穆黑蒙古国的军麾哈喇苏力德。现在开始祭哈喇苏力德，为哈喇苏力德开光！"

者勒蔑牵来事先准备好的两头公牛、两只黑公山羊，让人在哈喇苏力德前宰杀，用它们的鲜血染红了剑刃和穗缨，并取下朱勒特（指牲畜下颚及与其相连的心肝肺，专用于祭祀），将其挂于哈喇苏力德的旗杆上，然后全体军人飞马猛砍立在苏力德前的一排草人。

"现在就地休息，明天黎明出发。记住！全军看我的哈喇苏力德行动，听我的军鼓鼓点行事！"

第二天，铁木真赶到了乞沐儿河边一个叫阿因剌·合剌合纳的地方，与先期到达的脱斡邻勒可汗会合。

本来，脱斡邻勒可汗嫌铁木真动作慢，打算见面后提醒几句，可是当他看到铁木真带来的一千人马整齐划一，精神饱满，不由心中惊喜，不仅没有责备，而且还把自己和扎合敢布的两万人马交给他指挥。

"可汗父亲！这可不成。我还……"铁木真不敢相信自己的耳朵。

"不要怕。我看你挺好，不会有问题。"脱斡邻勒可汗说得非常坚决。

铁木真只好从命。

当铁木真、脱斡邻勒可汗、扎合敢布等三股人马集结起来,到达斡难河源头的约定地点孛脱罕·孛斡儿只的时候,札木合带着他的两万兵马早已到达,已经等了三天。

几方兵马到齐以后,札木合对迟到的三个人讲:"我们蒙古人不是有盟在先,下大雨不失约,下小雨不缺席吗? 难道你们不知道若有违者,应该罢其官削其职吗?"

脱斡邻勒可汗说:"我们确实比约定的时间迟到了三天,听凭札木合兄弟发落。"

但札木合并没有做出什么发落决定。互不相干的三股人马临时走到一起,如何罢其官削其职呢? 显然这是札木合因为干等三天,心里有气,把应该对其部下发威的话,拿到这个场合说说而已,所以也就不了了之,没有下文了。

战事,按照事先商定的预案进行。

夜幕降临后,几支队伍同时从孛脱罕·孛斡儿只出发,用猪鬃草捆扎木舟,渡过勤里豁河,直捣驻扎在卜兀剌·客额列的兀都亦惕·篾儿乞惕的脱脱阿老巢,毁了他供奉的神像,掳走了他的女人们,降服了他的众百姓。本来能将脱脱阿别乞在熟睡时从被窝里捉住的,可是因为在勤里豁河两岸捕鱼、撑船、打猎的百姓看见数万兵马趁夜渡河,飞马报信说"有敌军渡河而来",脱脱阿别乞这才与兀洼思·篾儿乞惕的答亦儿兀孙一起,带着少数随从仓皇出逃,顺薛凉格河驰向巴儿忽真人驻牧的地区。

篾儿乞惕兀鲁思被捣毁,逃难的百姓成群结伙儿地顺着薛凉格河逃窜。三股兵马的胜利之师乘胜追击,掳掠财物、人众无数。

铁木真无心截获战利品,他发疯般地在逃难的人群中穿梭,不停地喊:"孛儿帖! 孛儿帖!"

此时,孛儿帖也乘牛车走在逃难人群中,她忽然听到铁木真的喊声,便与豁阿黑臣老婆子一起下了牛车循声跑过来,在夜色中认出铁木真,迅疾跑过去,一把抓住了他的马缰绳。

黑暗中,铁木真下马到近前细看,抓他马缰绳的人果然是孛儿帖。两人立刻抱作一团,沉浸在久别后重新团聚的激动之中。

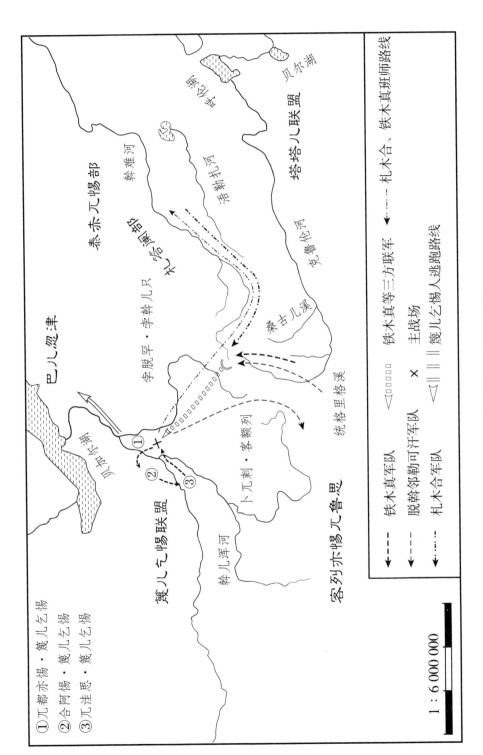

示意图5 卜兀剌·客额列之战

细细数来，他俩被分开已经三个半月，孛儿帖兀真有身孕的肚子明显鼓起来，使这位准母亲显得有些富态。昼思夜想的妻子已在身边，铁木真有千言万语要讲，但正值兵荒马乱，队伍还在追击之中，他只顾上说了几句简单的安慰之言，便派人告诉脱斡邻勒可汗和札木合安答，说："寻找的人已经找到，请队伍停止追击，原地驻扎！"

当初，三支篾儿乞惕人为了报上辈人也可赤列都被夺妻之仇，趁凌晨的宁静偷袭铁木真营地，抢得铁木真之妻孛儿帖，赏给了也可赤列都的弟弟赤勒格儿·孛阔。之后孛儿帖住在赤勒格儿·孛阔家里，并由豁阿黑臣老婆子随身伺候。几个月来，赤勒格儿·孛阔为自己得到一个如花似玉的美貌女人而兴奋不已，向孛儿帖百般献殷勤，企图让她高兴起来，可是孛儿帖心事重重，没有给过他一天的好脸，还推说有身孕绝不让他靠近自己。为此他心里很懊丧，但见了别人，仍然假装跟这位抢来的女人过得很好。他曾担心孛儿帖因一时想不通而寻短见，但他很快发现，当她跟豁阿黑臣老婆子在一起时，两个人之间有说不完的话，便又放下心来。他幻想着，只要对她好，随着时间的推移，她的态度总会好起来。

然而今天晚上这场突如其来的袭击，彻底打破了他的美梦。他发现营地被铁木真的兵马占领，却没有人能够抵抗和反击，那么多的篾儿乞惕人就像见了狼的羊群没命地溃逃，自己也只好加入其中，骑着马，赶着勒勒车，拉上孛儿帖和豁阿黑臣，在黑暗中踽踽而行。忽然，他听到有人喊孛儿帖的名字，紧接着，孛儿帖和豁阿黑臣跳下车朝一个骑者跑去，跟那个人紧紧地拥抱在一起。他知道，那个人可能就是铁木真，但他不敢接近，他怕铁木真认出他，当场将他千刀万剐。于是，他策马加鞭快速离开，混入蜂拥的逃难人群中。他边逃边回想着几个月来与孛儿帖在一起的日子，禁不住后背发凉，有道不完的懊悔袭上心头。他哀叹道：

"我呀，我

本是一只黑老鸹

只有

啄食秕糠的命

却幻想

去尝鸿鹄之肉

无能懦弱的
赤勒格儿·字阔我
竟去惹
合敦兀真字儿帖
让全体篾儿乞惕人
遭受了苦难

一介草民
赤勒格儿·字阔我
此刻
逃命于
暗夜中
躲藏于
岩缝间
这颗黑头发脑袋
行将不保

我呀，我
本是一只无名鸟
只有
捕食野鼠的命
却梦想
去吃鸿雁之肉

衣衫褴褛的
赤勒格儿·字阔我
竟收留

圣人之妻字儿帖
将整个篾儿乞惕人
推入了火坑

卑微小民
赤勒格儿·字阔我
羊粪蛋般小命
没处躲藏
栖息于
荒野间
藏身于
洞穴里
脖子上的这颗脑袋
朝不保夕”

铁木真、札木合、脱斡邻勒可汗三股兵马乘胜追击,一直打到色楞格河,彻底打败了篾儿乞惕部,扫荡了篾儿乞惕领地。

战争结束后,篾儿乞惕兀鲁思的地盘和百姓由他们三家瓜分。

不过,说是三家瓜分,其实铁木真并没有分到什么。一来他自己表示,他的目的是夺回妻子,而不是地盘和百姓。二来札木合自居总指挥,战争之后依然发号施令,提出按照出兵数量分配掳来的百姓和战利品,所以自然是铁木真一方得到的最少。三来札木合没有把战前去往集结地路上从铁木真的父亲也速该把阿秃儿旧属征集来的一万兵马交给铁木真,依然留在他的麾下。这样一来,铁木真得到的就微乎其微了。实际上,铁木真只得到了他的一千士兵直接抢到的战利品和在追击篾儿乞惕人的路上自愿加入他的队伍中的也速该把阿秃儿旧部四千多人。

在打扫战场时,铁木真捡到了一个戴貂皮帽子、穿貂皮长袍、蹬鹿皮靴子的叫曲出的五岁小男孩儿,铁木真见他长得与众不同,脸上有光,眼中有火,便领来交给诃额仑母亲抚养。

合阿惕·篾儿乞惕的合阿台·答儿麻刺未能逃脱,当了俘虏,被上了枷锁发配到布儿汗·合勒敦山挨家挨户做苦力去了。后来,押送他的人在一户人家里看到了别勒古台的母亲索乞格勒合敦。

别勒古台闻讯,立即赶过去接母亲。

可是,别勒古台刚从西门进去,他一身褴褛的母亲便从东门出去,对别人说:"听说我儿子已经是个出人头地的大头领啦! 可我是个发配给贱民的下人,如何见儿子的脸面!"说完,钻入了深林中。

别勒古台紧跟着进树林里搜寻,却始终没有找到。之后,别勒古台只要见了篾儿乞惕人,就跟他们索要母亲,边喊"将我母亲交来"边放箭射击。

战斗结束后,铁木真做出一项决定,将所有参加抢夺孛儿帖兀真的篾儿乞惕人贬为世代奴隶,妻女中有姿色的赏给兵士,余下的做牧户的奴婢。

卜兀刺·客额列一战,使铁木真如愿以偿,夺回了妻子,报了冤仇,而且还被迫组建了一支上千人的队伍,首次参战大获全胜,并用俘虏补充了军队,用战利品充实了给养。

铁木真终于在草原上站稳了脚跟。

事后,铁木真赞美脱斡邻勒可汗和札木合,曰:

"脱斡邻勒可汗父亲

和札木合安答

一起联手

天和地给力

苍天父亲保佑

大地母亲恩赐

找回了

我孛儿帖兀真

报了

我铁木真冤仇

消灭了

篾儿乞惕兀鲁思

　　征服了

　　篾儿乞惕百姓

　　捣毁了

　　篾儿乞惕家园"

　　铁木真这句诗中,首次出现了"天地给力""苍天父亲保佑""大地母亲恩赐"等词语。

　　这是蒙古经典或草原文化中,称苍天为父亲、称大地为母亲的最早记载。

　　可以认为,铁木真这一思想,与他前次在布儿汗·合勒敦山上的表白是一脉相承的。也就是说,铁木真的天人合一的思想,是在被篾儿乞惕人追击而逃入布儿汗·合勒敦山并得以脱险以后,面向太阳跪下,赞颂苍天、大地以及布儿汗·合勒敦山种种恩佑的那个时辰开始形成的。

　　有趣的是,铁木真在这里并没有将一切功劳都归功于脱斡邻勒可汗与札木合。正好相反,他认为消灭篾儿乞惕,报得冤仇的决定因素有三:脱斡邻勒可汗与札木合的联手(其中应该还有铁木真);天地给力;苍天的保佑和大地的恩赐。其中人的因素只占三分之一。所以,我们有理由断想,当时铁木真并不真心佩服脱斡邻勒可汗和札木合的能力,可他对苍天大地的崇敬则是发自内心的。

　　前面我们提到,铁木真对"额卜额耶"思想有自己的理解。这首赞扬脱斡邻勒可汗和札木合的诗所包含的哲学理念,就体现了铁木真在继承先辈政治家们"额卜额耶"思想衣钵过程中,对其内容加以改进和发展的重要探索。

　　此前的"额卜额耶",只讲部落内部及部落之间的和睦、和谐和统一,可是俺巴孩可汗因力主"额卜额耶"而付出了生命的代价,也速该把阿秃儿虽然有所批判地继承了"额卜额耶"思想,但最终并未提出新的见解。铁木真则不一样。他已经意识到实现"额卜额耶",不仅要解决人与人之间、部落与部落之间的关系,同时还要解决天与地、天与人的关系。这是一个质的飞跃,为他下一步提出"也可额耶"思想夯实了坚实的基础。

十

他们走了一天,到傍晚的时候,札木合说:"咱们 / 靠山扎营吧 / 可为我们 / 牧马人 / 挡风遮雨 / 咱们 / 找河涧安营吧 / 可让咱们 / 牧羊人 / 就近取水"

卜兀剌·客额列之战以铁木真、脱斡邻勒可汗、札木合联盟或孛儿只斤部、克列部、札答阑部联盟的胜利和篾儿乞惕兀鲁思或三支篾儿乞惕人的彻底失败而告终。所以这次战争在十三世纪蒙古历史中占有特殊地位。

这次战争的总指挥是札木合,但由铁木真一手策划、组织和实施,而战争的起因是篾儿乞惕人抢了铁木真有身孕的妻子孛儿帖兀真。

在这次作战过程中,札木合出尽了风头。他高高在上,发号施令,俨然是一位钦定草原的主宰者,但在骨子里却是个极端自私的山大王。他趁这次机会完成了自己急于完成的三件事:一是利用这个机会,灭亡了宿敌三支篾儿乞惕人。当时,篾儿乞惕人是草原上一个强悍的部落,与相邻而居的札木合摩擦不断,令札木合极其不快。札木合想开疆拓土,但难以与势力强大的篾儿乞惕人为敌,且一时找不到闹翻和进攻的理由。这次铁木真前来求他,为他提供了一个悍然动武的理由,使他轻而易举地完成了期盼已久的凤愿。二是堂而皇之地染指也速该把阿秃儿旧部领地,扩充了自己的势力。他在从自己营地去往孛脱罕·孛斡儿只集结的途中,经过也速该把阿秃儿旧部地盘,收罗了一万骑并入自己的军队。三是树立了自己在整个蒙古草原上的威望。本来这次的作战方针是脱斡邻勒可汗制定的,但为了吊札木合的胃口,他把指挥权让给了札木合。在这点上,他对札木合的态度与铁木真对札木合的看法是一致的:爱计较、贪图名分,且好大喜功,所以才把指挥权交给他,以免一旦惹札木合不高兴,对整个战局产生不利影响。可是札木合却自认为这是他的威望所致,是他的高超指挥才能保证了这次的胜利。为此,他特地安排了一个小插曲,用迟到三天说事,以示自己如何懂得军事,纪律严明,指挥有方,从而想达到威慑脱斡邻勒可汗和铁木真的目的。尤其是通过这次战斗,确定了他和铁木真之间的从属关系。这次是铁木真求他的,他是为铁木真的事情而兴师动众,最后是他让铁木真的要求得到满足的。"你铁木真没有自己的兵马,是靠别人的力量才实现自己的愿望的。而我札木合是看在我们两次结为安答的分上,才这样做的。"札木合的潜台词是,你铁木真这回该服我了吧,该为我所用、为我效力了吧!札木合的这种心理,决定了他的下一步动作,即急于跟铁木真加深感情,以便让铁木真毫无保留地投靠自己。

事情的发展正好验证了这一点。

时轮转到己亥年(1179年)深秋季节。

卜兀剌·客额列之战结束后,脱斡邻勒可汗沿布儿汗·合勒敦山北麓秋狝,先后换了三个地点,赶在下雪前回到了土剌河边黑森林里的驻牧地。

札木合则让铁木真带着家眷和全部人马,来到豁儿豁纳黑·朱布儿,他的营地住下,陪他过冬。

札木合说:"我们是多年前的安答,今后,我们应该更加亲密才是。"

铁木真说:"是啊!

古人言

结为安答

即为

生命相系

朋友之道

理应

不离不弃

相依为命

你我曾两次结为安答。第一次,我十一岁,你送我一只狍子踝骨,我送你一只铜铸踝骨。那些都是你我心爱之物。第二年春天,你送我一枚二岁牛犄角做的响镝箭头,我送你一枚柏树做的响镝箭头。那两次都是你先送,我后送,这次就让我先送吧。"

铁木真说完,将这次打仗缴获的兀都亦惕·篾儿乞惕首领脱脱阿别乞的金腰带和其爱骑——流水海骝马赠予札木合。

作为回赠,札木合也将这次打仗缴获的兀洼思·篾儿乞惕首领答亦儿兀孙的金腰带和其爱骑——长犄角的白骏马送给铁木真。

> 于是
> 在豁儿豁纳黑·朱布儿地方
> 忽勒答合儿山的
> 山崖下
> 独立大树的
> 绿荫下
> 他们
> 连日举行
> 盛大筵宴
> 尽享
> 人间美味
> 重叙
> 安答旧情
> 往往是
> 通宵达旦
> 经常是
> 同床而眠

就这样,札木合与铁木真情同手足,形影不离,度过了一年半的美好时光。

然而,在这一年半里,铁木真的内心并不轻松。

队伍刚建立,一切都需要从零开始。他对带兵打仗并不谙熟,虽然这次战争中脱斡邻勒可汗让他担任指挥,但时间太短,真正的仗只打了多半个夜晚,其余时间大部分是行军、追击溃败的篾儿乞惕兵马和处置战利品。

他把自己的想法如实告诉了札木合。

　　札木合倒是很热情,并以一个久经沙场的老将军的姿态,几乎天天给他上军事课,耐心地指导他。为此,札木合还组织了两次大型狩猎活动,有意让铁木真在实战中得到锻炼。同时,他还鼓励铁木真对自己手下的兵马进行严格而刻苦的各种军事训练。

　　功夫不负有心人。铁木真确实获益匪浅,渐渐地对一些战术问题和军事部署有了自己的想法。可以说,在豁儿豁纳黑·朱布儿的一年半,是他由一个军事门外汉走向一个成熟的军队统帅的过渡时期,而启蒙老师就是比他大三岁、比他大一辈的札木合。

　　然而外界对铁木真则有另一种评价。因为那次作战的起因是孛儿帖兀真,作战时脱斡邻勒可汗放手让铁木真指挥自己的兵马,所以草原上的人们把制胜的光环都戴在了铁木真头上。他们把铁木真如何追回八匹惨白骟马,如何藏身羊毛堆里脱险,锁儿罕失剌如何从泰赤兀惕人刀下将他救出,以及三支篾儿乞惕人将其追赶至布儿汗·合勒敦山忽然变得无影无踪等等,编成传奇故事广为流传,使人们对这位也速该把阿秃儿的儿子肃然起敬,打心眼儿里喜欢起来。一些曾经受到泰赤兀惕人的唆使或胁迫而离开诃额仑母亲、拔营出走的也速该把阿秃儿旧部,觉得对不住他们母子和也速该把阿秃儿曾经的关照,恨不得马上过来投奔铁木真。

　　情况对铁木真越来越有利,人们的口碑几乎一边倒地赞颂着铁木真。

　　不过口碑归口碑,投奔铁木真的热潮并没有发生。这里有三个原因:一是铁木真日日夜夜跟札木合在一起,人们不太容易接触到铁木真本人,无法表达意愿,难以沟通。二是札木合的势力兴起有年,他仗着事业旺盛,有恃无恐,专横跋扈,致使很多族人对他心生厌烦,敬而远之,甚至有几分畏惧感,所以不想当着札木合的面站到铁木真一边而刺伤他的自尊心。三是确实有不少旧部通过诃额仑母亲、孛儿帖兀真、合撒儿、别勒古台表达了归顺之意,只是诃额仑母亲从来不表态,合撒儿他们只说要转告铁木真,却无下文,铁木真本人则干脆说现在不行。所以这段时间里,铁木真的兵马除了打仗时的一千人马和追剿篾儿乞惕人途中增加的四千多人马外,再也没有增加一兵一卒。

　　当然,铁木真有他自己的想法。

　　他珍惜与札木合在一起的时光。札木合目光锐利,聪慧过人,讲义气,重排场,尤其对他铁木真百依百顺,总想让他过得愉快些。札木合毕竟大他三岁,懂的就是多,他知道蒙古草原上都有哪些部落,知道东有金国和高丽国,西有辽国和回鹘国,南有宋国、夏国和吐蕃国,还知道金国可汗吴乞买打败宋国,宋国皇帝赵桓向金国投降做了俘虏,金国把宋国改成楚国,让一个叫张邦昌的人当大楚皇帝,结果宋人赵构杀死张邦昌恢复了宋国等等。他还谈道,世界各国皆有文字,连客列亦惕、乃蛮都有文字,可我们蒙古却无文字,互相以传话来沟通,多有不便,所以要尽早想办法创造自己的文字。所有这些,铁木真闻所未闻,经他一番演绎,一如醍醐灌顶,茅塞顿开。这一年半,他太有收获了,为此他真心感激札木合。他觉得结拜这样一个安答,太值得了,所以,虽然对札木合的一些表现看不惯,但是为了不伤和气,他从来不做任何有可能刺激到札木合的事情。

札木合跟他在一起的时候,毫不隐讳地多次表示,草原上的蒙古人必须统一,必须恢复合不勒可汗时的中兴,这个重任已经落在他札木合的肩上,因此他希望铁木真安答辅佐他、成就他。对此,英雄所见略同,铁木真几乎一一应允,他真心希望札木合安答的所有愿望都变成现实。

可是当札木合把肚子里的东西全部倒完,再也说不出什么新东西的时候,铁木真开始看不起他了。铁木真发现,他的那些渊博,是由他道听途说而来,他的那些高论,是由他东拼西凑而成,他的那些侃侃而谈,是由他加油添醋而来。当铁木真跟他探讨更深的问题,诸如天父地母、长生天的恩佑、苏力德的威力、"额卜额耶"思想等议题的时候,他就不耐烦起来,以一种不屑一顾的口吻指责他,说他的那些想法过于缥缈、虚幻、不切实际,从而毫无价值。还说,天地是我们肉眼能看得见的物体;苏力德跟军鼓一样,人创造它,人使用它,它本身没有什么意义;胜利,是指挥者的能耐所致;看一个兀鲁思是不是强大,要看他的地盘大不大,百姓多不多;对于百姓而言,谁的势力大就依附谁,像"额卜额耶"这样没有内容的空话,毫无意义。

由此,铁木真和札木合之间的分歧越来越大,注定了他们终将分道扬镳。

其实,札木合也是信仰苏力德的。他曾说,"我已祭祀远远瞭见的威严的秃乞(旗纛)""我已祭祀高高耸立的出征的秃乞(军庵)",反复说了两次,可见苏力德在他心目中的位置。旗纛,蒙古语为"图克",《蒙古秘史》写"秃乞"。传统上,作为兀鲁思(国)象征的旗纛,叫图克;作为军魔的旗纛,叫苏力德。但近年来学者们在论文中表述的时候,多以苏力德统称。札木合之与苏力德,可有两种假设。一是札木合信奉苏力德,但他将其视为一种神物,当作个人与神物之间的一种默契,只以心领,不以言表,故不愿在他人面前谈论它的深层内涵。二是札木合并不信奉苏力德,他之所以也祭祀苏力德,是因为祭祀苏力德是草原上的一种传统,所有自称兀鲁思的部落都有苏力德祭祀,所以他也祭祀苏力德,以期与别人看齐。

用现在的眼光回头看,古代的北方民族都有其信仰的苏力德或类似苏力德的象征物。宋人宫素然的《明妃出塞图》、元人的《元始祖狩猎图》,上面都有我们现在称作苏力德的纛麾。以上是将其作为一种物质形态而言。但是在蒙古族文化中,苏力德(旗纛)还具有运气、运势、精气神、力量、威力、威严、魔力等抽象含义。因此,对于苏力德,我们既要当作一种物质形态来看待,又要当作一种精神象征来看待,两者不可偏颇,这样才有可能复原成吉思汗苏力德信仰的本质。

铁木真终于品出了札木合的本色,也感觉到了自己和札木合之间的不同。

札木合,是个难得的栋梁之材,但充其量只能算是个军事家,而不是一个政治家,更不是一个引领百姓或一个兀鲁思走向辉煌的杰出领导者。也就是说,他做不了一个称职的可汗,至少做不了一个长久的可汗。

这是铁木真的第一大收获。

铁木真的第二大收获,那就是他们来到这个叫豁儿豁纳黑·朱布儿的地方迎来当年第一场瑞雪的时候,孛儿帖兀真生产了,是个男孩儿。因为是铁木真到札木合的营地做客的时候出生的,所以取名叫术赤(做客)。一年后,孛儿帖兀真又怀了第二个孩子。这段时间,诃额仑母亲一直跟孛儿帖兀真做伴,帮她看孩子,还精心抚养从战场上捡到的养子曲出。

从己亥年(1179年)秋冬之际到辛丑年(1181年)春夏之交,铁木真跟札木合一起度过了整整一年半的时间。他们从相交、相知到相互厌烦,在各自的情感历程中经历了从和风细雨、暴风骤雨到天崩地裂的不同过程。

辛丑年(1181年)孟夏月十六日。

夏天第一个月的望月日。这是草原上极为重要的一个节日。寒冷的北方没有春暖花开,只有夏暖花开,冬天的严寒和春天的料峭行将结束,盼望已久的暖和日子已经来临,万物复苏,牧草泛绿,草场将焕然一新。从这时起,逐水草而游牧的牧民们开始迎接一年中最忙碌的季节,为小羊羔去势、抓山羊绒、剪绵羊毛、修马鬃、为马群打烙印等营生接踵而来,并迎来草原上的挤奶季节。这一天,笑逐颜开的草原人,将聚集在一起举行筵宴,庆贺这一特殊的日子,并在这一天由春营盘迁往夏营地。

札木合和铁木真也不例外。

草原上的部落,军人与家眷为一体,妇孺皆随军而动,他们既是冲锋陷阵的战士,又是打制兵器的匠人和制作盔甲的裁缝,同时也是逐水草而游牧的牧人。所以,他们也得按季换草场。

今天还是铁木真的二十岁生日。

札木合在这种事情上从不疏忽。

上午,喝完早茶,举行了隆重的倒场仪式之后,札木合牵来一匹浑身无一根杂毛的鞍鞯齐全的白公马交给铁木真,说:“这是我从几万匹骏马中特意挑选出来的,现在送给你,算是送给你的生日礼物吧!”

铁木真愣了一下才明白过来,忙说:“还是安答想得周到,我差点忘了。”

“这是专门为你的二十岁生日准备的。”札木合加了一句。

“是啊!”铁木真很感慨,“可我还没有问过安答的生日呢!”

“你问也白问。因为我也不知道,谁也没告诉过我。”札木合狡黠地一笑,说,“这回你就不要回送什么了,今天不是我的生日。”

铁木真从容地从自己坐骑的马鞍上取下来一把银柄蝇甩子递给札木合,说:“这个礼物太不般配了。就让这把蝇甩子替我常为安答的坐骑驱赶蚊蝇吧!”

迁徙的车队出发了,首尾不相见,黑压压一片。

铁木真和札木合并辔齐驱,走在车队的前面,他们之间依然有说不完的话题。

他们走了一天,到傍晚的时候,札木合说:

“铁木真安答啊

铁木真安答

咱们

靠山扎营吧

可为我们

牧马人

挡风遮雨

咱们

找河涧安营吧

可让咱们

牧羊人

就近取水"

铁木真听了,搞不懂这句话是什么意思,便没有搭腔,等到诃额仑母亲乘坐的车赶过来,他说:"札木合说'铁木真安答啊!咱们靠山扎营吧,可为我们牧马人挡风遮雨;咱们找河涧安营吧,可让咱们牧羊人就近取水'。我没有听懂这句话是什么意思,所以过来问母亲。"

未及诃额仑母亲说话,同车上的孛儿帖兀真抢先说:"都说札木合安答容易厌倦,看来他对我们厌倦了。札木合安答的话,是在比喻我们哪!我们不要住了,离开他,连夜继续往前走吧。"

有的学者认为,孛儿帖有可能误会了札木合的意思,札木合说这话可能没有什么特别的用意。其实,问题不在于这句话到底有没有什么别的意思,关键在于他们俩已经互相厌烦,都想离开对方。

本来是很简单的换季迁徙,可札木合的动作挺大,送铁木真一匹纯白毛色的骏马,无非是在向铁木真暗示"咱们分手吧"!送一匹无杂毛的纯白毛色骏马,即清一色,以示"咱们不要再掺和在一起,各走各道吧"!对他的暗示,铁木真当然清楚,所以在给札木合回赠银柄蝇甩子时说,让这蝇甩子替他为札木合的坐骑驱赶蚊蝇。意思也很明白:今后不跟你在一起了。

他们已经在一起住了一年半,朝夕相处,耳濡目染,相互之间有了非常深刻的了解,其中也包括两家家眷对他俩的了解。家眷是旁观者,将两个当事人的心思看得清清楚楚,只是谁都不愿意捅破这层纸,熬到了今天。

其实,他们分手的原因很简单,两个人在一起,就像是上了马绊的骏马,无法施展手脚。两个人分开了,就可以各奔前程,大展宏图了。

铁木真听从了孛儿帖兀真的话,没有住下,继续赶路,并顺路袭击了一下泰赤兀惕人的营地。

受了惊扰的泰赤兀惕人,朝铁木真的后方转移,跑到札木合营地,投靠了札木合。

泰赤兀惕人仓皇离去时,将一个叫阔阔出的小男孩儿遗留在营地上。军人们将其捡来,交给诃额仑母亲收养了。

请看!离开札木合还不到半天,铁木真就开始独立行动了。

这个行动,是他的宣言。他在告诉所有欲投靠他的部族,我跟札木合已经没有关系了,你们谁想过来就赶紧过来吧!

宣言马上产生了效应。

不到天亮,当他们还在行军途中,就有好多个部族连夜前来投靠,与他们会合了。

第一个来投奔的是扎剌亦儿部的合赤温·脱忽剌温、合剌孩·脱忽剌温、合阑勒岱·脱忽剌温三兄弟。

紧随其后的是答儿忽惕部的合答安、答勒都儿罕兄弟五个,蒙格秃和他的儿子翁古儿,还有敞失兀惕、巴牙兀惕两个部的全体部众,巴鲁剌思部的忽必来、忽都思,芒忽惕部的哲台、多忽勒忽兄弟俩。

接着,孛斡儿出的弟弟斡歌连离开阿鲁剌部来了;者勒蔑的两个弟弟察兀儿罕、速别额台离开兀良合部来了;别速剔部的迭该、窟出沽儿,速勒都思部的赤勒古台、塔乞、泰亦赤兀台弟兄仨,扎剌亦儿部的薛扯朵莫黑、阿儿孩合撒儿·巴剌和他们的两个儿子,晃豁坛部的雪亦客秃,速客客部的者孩及晃答豁儿和他儿子速客该、捏兀岱·察合安兀注,斡勒忽讷惕部的青吉牙岱,豁罗剌思部的薛赤兀儿,朵儿边部的莫赤别等也来了;亦乞列孙部的布图因在朵儿边部当女婿,也过来了。

还有那牙乞部的仲筛,斡罗纳儿部的只儿豁安,巴鲁剌思部的速忽薛禅及合剌察儿和他的儿子,巴阿邻部的豁儿赤、兀孙老人、阔阔搠思也来了。另外,蔑年巴阿邻部的部分人众组成一个古列延(古列延,一种较为大型的游牧生产组织形式,每个古列延由数百户或数千户组成)也过来了。

最后到的这个巴阿邻部的豁儿赤,一见到铁木真就像久别重逢的老朋友,津津有味地讲述自己的身世和一则神秘谶语,说:"我是圣祖孛端察儿所娶有身孕女人生的扎只剌歹之后,与札木合是同一祖先。本来,我不该背叛札木合,可是扎阿霖天神让我的肉眼看到了一个情景:一头浅黄色乳牛围着札木合和他的住处转,不停地拿犄角顶他家的毡房和勒勒车,顶坏了一个犄角,边扬土边吼:'札木合,你还我犄角!'又有一头无犄角浅黄色犍牛拉着辆毡房车跟在铁木真的后面,沿着车道边走边吼:

> '天地
> 合力
> 致和谐
>
> 铁木真
> 将做
> 兀鲁思(国)之
> 额真(君主)'

扎阿霖天神告诉我说,那头犍牛拉的毡房车,就是一个兀鲁思。"豁儿赤得意地说,"铁木真,你当了一国之额真(主),我这个透露天机的人将有何待遇啊?"

"果真如此的话,我就让你做个万户长。"铁木真说。

"预言这么大一个国家的前程,当个万户长算什么呀!让我当了万户长,再从全国挑选三十个美女做我老婆还差不多。而且,不管我说什么,你都得认真听才是。"

在此后一段时间里,又有不少部族头领带其部众前来投靠铁木真。其中有格尼格思部忽难一个古列延,铁木真的叔叔塔里台·斡惕赤斤一个古列延,温真撒合亦惕部一个古列延。还有主儿乞部莎儿合秃的儿子撒察别乞、泰楚两人合为一个古列延,捏坤台吉的儿子忽察儿一个古列延,忽图剌可汗的儿子阿剌坛一个古列延,以及札答阑部木勒合勒忽等也陆续来到铁木真的营地。

上述前来投奔铁木真的人众涉及扎剌亦儿部、答儿忽惕部、敝失兀惕部、巴牙兀惕部、巴鲁剌思部、芒忽惕部、兀良合部、别速剔部、速勒都思部、晃豁坛部、斡勒忽讷惕部、速客客部、豁罗剌思部、朵儿边部、亦乞列孙部、那牙乞部、斡罗纳儿部、巴阿邻部、蔑年巴阿邻部、格尼格思部、札答阑部、温真撒合亦惕部、主儿乞部,以及泰赤兀惕部等共二十五个部落。当时,称为尼伦(主体)蒙古和称作迭列勒津(分支)蒙古的部族,合起来总共有四十个左右,铁木真刚把队伍从札木合处拉出来,蒙古部落竟有一多半的部族积极响应,主动来投靠了。令铁木真和诃额仑母亲欣慰的是,有很多曾遗弃诃额仑母亲跟随泰赤兀惕人走的也速该把阿秃儿旧部之乞颜及孛儿只斤贵族也陆续回来了。

上面提到的这些人,绝大多数不是单个人,大都带着部分部族成员或若干个古列延以及所有的畜群和牛马羊。

最后统计发现,前来投奔者竟有一万三千多户,其中控弦男丁也有一千五百多人,比铁木真原先的兵马多出了三倍。

于是就有了一个疑问,这么多的人一夜之间从蒙古草原的四面八方赶着他们的牛马羊走来与行进中的铁木真会合,是偶然的吗?如果不提前若干时日向这里行动,怎么可能在铁木真把队伍拉出来后的第一时间与他会合呢?试想一下,假如札木合没有说那句话,铁木真也不跟札木合分手,那么这些当夜就跟铁木真会合的人众该怎么办呢?

当然,史书记载中往往会把好多天的事情当作一天的事情来叙述,我们不排除这些人是在几天的时间里陆续赶来的。可是草原那样辽阔,居住又那么分散,有的可能要走好多天才能赶到,怎么可能在一夜之间或几天里头,大家就从四面八方迅速赶来,汇集到一起呢?

所以,可以肯定,这些陆续赶来的人众事先已有约定,说好于孟夏月十六日这天到离豁儿豁纳黑·朱布儿不远的某处与铁木真会合。

由此可以证明,这次与札木合的分手之举,是由铁木真策划并实施,而札木合并不知情。当时,铁木真拿札木合的一句话做文章,只不过是为了不刺激他的安答,找了个略显体面的借口而已。

这是斗争的需要,是铁木真在豁儿豁纳黑·朱布儿这个地方休养生息的一年半里运筹帷幄的成功杰作,也是铁木真为自己二十岁生日准备的硕大的生日礼物。

铁木真从豁儿豁纳黑·朱布儿出发,并在途中离开札木合,于第二天来到乞沐儿河边一个叫阿亦勒·合剌合纳的地方住下。

队伍一下子壮大了,需要迅速整合,否则人再多也只是一群乌合之众。

在豁儿豁纳黑·朱布儿的一年半时间里,铁木真没有扩大兵源,一直保持着五千人马的规模。但铁木真不是什么也没干,他对这五千人马进行了严格而刻苦的训练。训练内容包括搏克、射击、投枪、抢弯刀、甩套索、用投掷器、号令传达、长途行军、马队布阵和队形变化,以及泅渡、格杀、肉搏等等。在训练中,他特别注重士兵的体能锻炼和臂力锻炼,以及基本功训练、动作要领的掌握、兵器的制作和使用、兵力的布局和运动,让士兵们更多地了解遭遇战、穿插战、攻击战、运动战、迂回包围战和长途奔袭的一些常识。所以,对于铁木真及其兵马来说,豁儿豁纳黑·朱布儿是一所骑兵学校或军官培训学校,为后来的军事行动准备了足够的中坚力量。

这期间,铁木真从容备战,让者勒蔑的父亲、老铁匠札儿赤兀歹老人指挥那些有手艺的士兵变成工匠,锻造了大量兵器,诸如弓弩、箭矢、响镝、长枪、短剑、弯刀、铙钩、套索、投掷器以及马镫、马嚼子、马掌铁等。在制作过程中,者勒蔑发明了以流水线形式分头制作的办法,使得锻造进度明显加快。就这样,一年半下来,他们除了充分装备了每一个士兵以外,还储备了三百多辆车的库存。此外,铁木真还改进了以往笨重的旧铠甲,把过去用若干片大块儿生牛皮缝成的铠甲改为全部用小块儿生牛皮叠缀而成,这样既合体又增加了弹性。以上营生,均由那些临时组成的工匠来完成。除了他们,牧民们也有活儿干。他们一天到晚操劳于军粮的准备工作,主要是制作牛肉粉和酸奶。他们将肉牛宰杀后,剔下精肉切成肉条晒干,再把晒干的肉条捣成粉末儿,装入牛的膀胱里储存起来,通常是一副牛膀胱刚好装下该牛全部干肉粉。酸奶则相对简单,将发酵好的酸奶或马奶盛入专门制作的皮囊里,便可以挂在马鞍上随时喝了。

铁木真做了这么多的准备,其实就是为了今天。

　　如今，铁木真的势力确实壮大了，虽然兵力只有两万，但这是经过严格训练的人马，具有不可比拟的强大的战斗力，从而成为铁木真创建伟业的坚强柱石。

　　此前，铁木真经历了一次从无到有的过程，现在完成了从小到大的过程，将来还要完成从弱到强的过程。

　　可是怎样才能变强呢？有没有良方妙药呢？

　　关于这个话题，在豁儿豁纳黑·朱布儿的时候，他曾跟札木合讨论过不止一次。札木合的主张是靠震慑，对外靠武力，对内靠惩戒。铁木真不赞成，他主张靠"额卜额耶"。可札木合不赞成，说一切纷争均源自自私和野心，而"额卜额耶"永远满足不了自私者的野心，对他们只能用武力震慑，用惩戒制服。

　　不过铁木真自己也觉得"额卜额耶"虽然不失为一个好主张，但似乎欠缺什么。在跟札木合在一起的时候，他多次用"额卜额耶"来化解自己的困惑，甚至在发现札木合与自己格格不入而想离开的时候，也用"额卜额耶"来说服自己委曲求全，但他总觉得在哪个方面有点不对劲儿。

　　一直到最近倒场之前，他才有了一种新的感悟，那就是，一味地谦让和掩盖矛盾所达到的"额卜额耶"，不是真正的"额卜额耶"，相反，公开矛盾并通过斗争达到的"额卜额耶"，才是真正的"额卜额耶"，其中有忍让，更有斗争。

　　显然，这个由铁木真注入新含义的"额卜额耶"，已经不是原来意义上的"额卜额耶"，它的内容已经扩大，内在已经变大，内涵已经放大，不仅包含人与人之间、部族与部族之间、兀鲁思与兀鲁思的"额卜额耶"，还包含人与天、人与地、人与自然万物的"额卜额耶"，以及人的内心感知、内在动力和内在力量的"额卜额耶"。正因为如此，它已超出了"额卜额耶"，上升为另一个层面、另一个条件、另一个境界的大"额卜额耶"，即"也可额耶"。

　　也可，大也。"也可额耶"，即大和谐、大和睦、大统一。

　　这次，铁木真下决心与札木合分手，就是他为实现其刚刚提炼出来的"也可额耶"思想而迈出的第一步，进行的第一次尝试，付诸的第一次行动。

十一

当大家议论新可汗取什么名号时,恰逢天
上飞过去一只白海清鸟,连叫三声"成吉思",于
是,将铁木真可汗称为"成吉思可汗"。

1189 年(己酉年)春夏之际。

铁木真由阿亦勒·合剌合纳迁徙到古列勒古草原上桑古儿河边一个叫合
剌·主鲁格的地方住下。

由于铁木真的事业蒸蒸日上,吸引了蒙古草原本部几乎所有部族的精英,
从 1181 年到 1189 年的八年多时间里,不仅基本恢复了忽图剌可汗时期合穆黑
蒙古国的基业,在经济、军事实力方面甚至超过了那一时期。

其时,中亚地区政治态势已经进入六分天下之势,蒙古草原东为金国,西为
西辽,南为西夏和南宋,西南为吐蕃。蒙古草原则以铁木真本部、塔儿忽台·乞
邻秃黑的泰赤兀惕部、札木合的札答阑部、脱斡邻勒可汗的客列亦惕部为中心,
东为塔塔儿、弘吉剌惕、斡勒忽讷惕诸部,西为乃蛮部,西南为客列亦惕部,南为
汪古部,西北为斡亦剌惕、巴剌忽、布里亚惕、鲔夏斯诸部。其中蒙古之塔塔儿
部、弘吉剌惕部、斡勒忽讷惕部等仍然在金国管辖之中,尤其是塔塔儿部,依旧
受金国"以夷制夷"政策挑唆,故意与铁木真所部及其他靠近金国的各部对峙,
时不时发出挑衅,或掳掠牲畜与百姓,或抓捕蒙古各部精英交给金国,让金国将
其钉在"木驴"上处死。

蒙古本部强盛起来了。

铁木真所属百姓,尤其是也速该把阿秃儿旧属和忽图剌可汗后代贵族,开
始酝酿合穆黑蒙古国重建大事。

关于重建合穆黑蒙古国之事,铁木真也想过,可是祖先留下的规矩是推举
可汗须经呼剌勒台会议讨论,必须得到各部首领和乞颜部贵族的同意。如今
铁木真虽然建立了自己影响广泛的势力范围,但贵族内部并没有人积极推动此

事。直到去年，因大势所趋，观望多年的塔里台·斡惕赤斤、撒察别乞、忽察儿、阿剌坛等几位贵族要员，才将此事提到议事日程上来。

但铁木真一直忌讳跟他们谈论此议题。

当某位贵族要员跟他提起立君之事征求他的意见时，他每次都推荐几位元老——忽图剌可汗的儿子阿拉坛·斡惕赤斤，斡肯·巴儿合黑的孙子撒察别乞，自己最小的叔叔塔里台·斡惕赤斤，捏坤台吉的儿子忽察儿，并且说，不论从资历、身份还是才能，他们都是最佳人选。

这是个绝妙的高招。因为几位元老都想做合穆黑蒙古国的可汗，都认为自己的条件超过别人，但又担心直接说出来会引起众人反对，弄个里外不是人；可是提别人吧，相互之间不服气，大家都回避在他们几位贵族中提名。结果，经过长时间的互相制约和推诿之后，大家的意见终于集中到铁木真身上，达成了一致。

他们提议让铁木真做可汗，是基于以下几种考虑：首先一条，是铁木真的尼伦蒙古子孙这一身份。铁木真是乞颜家族孛儿只斤部子孙、也速该把阿秃儿的儿子、合不勒可汗的重孙子，是合穆黑蒙古国汗统理所当然的合法继承人之一。第二条，铁木真具有超人的个人魅力和非凡的领袖气质。在也速该把阿秃儿去世后的近二十年里，铁木真经历了太多的苦难和磨炼，却没有被压倒，没有被摧垮，在常人难以逾越的逆境中，显示了超乎寻常的睿智、果敢和胆识。在他的身上闪耀着他人所没有的凝聚力和感召力，以及从不屈服的坚强意志和克敌制胜的无穷力量。近二十年的斗争经历，尤其是征讨篾儿乞惕人以来十年的奋斗历程，无可辩驳地证明了他为未来伟大目标而说到做到、永不回头、勇往直前的大气、人气和底气。第三条，铁木真的思想和行动代表了历史的发展方向和尼伦蒙古贵族的共同愿望以及蒙古草原百姓的根本利益。自从铁木真离开札木合以后，为恢复合穆黑蒙古国当年的中兴所做的种种努力和实际成效，开启了消除部族仇恨，平息各国纷争，实现蒙古草原长久和平、安宁和祥和的新纪元，从而点燃了尼伦蒙古贵族延续自海都可汗以来草原霸主地位的新希望。

铁木真带大队人马迁徙到桑古儿河边的合剌·主鲁格住下的第二天，阿剌坛·斡惕赤斤召集几位元老召开了一次呼剌勒台会议。参加会议的有阿拉坛·斡惕赤斤、撒察别乞、塔里台·斡惕赤斤、忽察儿、泰楚、铁木真、合撒儿、别勒古台等二十多位孛儿只斤部族成员。

全体与会者经过协商,一致推举铁木真做合穆黑蒙古国可汗。

会议最后一项内容是,与会的全体贵族向新可汗铁木真宣誓效忠。

宣誓,由阿拉坛·斡惕赤斤、撒察别乞、塔里台·斡惕赤斤、忽察儿四位长者主持并领衔。

他们四人率领全体与会者齐刷刷地跪于成吉思汗面前,将右手放于胸前,发誓道:

"我们

一致推选

你铁木真

为合穆黑蒙古国

可汗

我们

愿在拼杀之时

冲锋陷阵

将那

美貌的

女子

和合敦

漂亮的

毡房

和斡耳朵

以及征服异邦

所掳

俊脸女人

名马快骑

飞马携来

献于你

我们

愿在狩猎之时

将猛兽

驱赶到

你的跟前

将滩里的野生

肚皮贴肚皮地

聚集起来

让你射杀

将崖上的野生

后臀挨后臀地

集中起来

让你捕获

假如

在那

厮杀的战场

背叛了

你的命令

请将我们的

合敦

和妻妾

予以剥夺

请将我们的

头颅

遗弃旷野

假如

　　　在那

　　　和平的日子

　　　违背了

　　　你的意愿

　　　请将我们的

　　　老婆和孩子

　　　予以分离

　　　请将我们的

　　　身躯

　　　抛弃山野"

　　就这样,他们立下誓言,将铁木真立为合穆黑蒙古国可汗。

　　当大家开始议论要为新可汗取什么名号时,恰逢天空中飞过去一只白海清鸟,连叫三声"成吉思",众人就此提议,将铁木真可汗称作"成吉思可汗"。成吉思,与海洋同义,广大之意;成吉思可汗,即四海之可汗。汉文史籍则简化为成吉思汗。

　　这年,成吉思汗二十八岁。

　　合穆黑蒙古国自从忽图剌可汗驾崩以后,已有近三十年没有可汗了;从也速该把阿秃儿去世以后,已有二十年国已不国了。如今,通过铁木真十余年的奋斗和合穆黑蒙古国元老们的妥协,这个销声匿迹多年的草原兀鲁思(国度)重新站起来了,自海都可汗以来时断时续的香火再次燃烧起来了。

　　这匹中亚草原铁蹄神骏终于发出长长的嘶鸣,腾空跃起,信缰飞奔。

　　迎接他的将是一个四海为一、五湖共主、天下一统的全新世界。

十二

清晨，成吉思汗健步走到竖立在可汗斡耳朵左前方的九斿白纛——察干苏力德前，用十三副朱勒特将其祭祀，又走到竖立在可汗斡耳朵右前方的四脚哈喇苏力德前，用七副朱勒特将其祭祀。

铁木真做了合穆黑蒙古国的成吉思汗。

这是历史的选择，人民的意愿，时代的需要。

人类，由此开启了最伟大的纪元。

铁木真走完了建功立业的万里长征第一步。

现在，成吉思汗踏上了实现他"也可额耶"思想的新的历史进程。

合穆黑蒙古国的重新建立，意味着一切重新开始。

今天，就在这桑古儿河边的合剌·主鲁格地方，举行了合穆黑蒙古国开国典礼。

第一件事，新建了察干苏力德，并进行了隆重的祭祀察干苏力德和哈喇苏力德仪式。

合穆黑蒙古国曾一直供奉乞颜苏力德，那是一枚黑白相间的阿拉克苏力德（花纛），也速该把阿秃儿去世后一度由铁木真护卫，可后来被泰赤兀惕部兄弟抢走，至今未还。1179年征讨篾儿乞惕人时，因受到札木合的启发，铁木真建立了一枚哈喇苏力德（黑纛），并用两头牛、两只山羊的朱勒特来祭祀。那次的仗，他们大胜。但哈喇苏力德是军纛，是兵马冲锋的号角，需与出征的军队同行。

现在国家初建，需要有个固定的斡耳朵，还需有一枚与斡耳朵同在的苏力德。而这枚与斡耳朵同在的苏力德，应与军纛哈喇苏力德有所区别，需更庄重、更鲜明、更高大。八年前，札木合曾送给成吉思汗一匹无任何杂毛的白公马作为生日礼物，他特别珍惜这匹白公马，觉得吉利，一直未骑乘，如今虽成老马，仍在身边牧放。现在可用它的长鬃做一枚察干苏力德(白纛),作为国纛永远竖立于斡耳朵门前。在他出生时,父亲俘获塔塔儿部首领铁木真兀格,即以其名为他取名,这个名字如今变成了成吉思汗。现在,他就用与札木合分道扬镳时对手送给他的白公马长鬃制作国纛察干苏力德,这个国家就会成为对手们的克星,将永远立于不败之地,顺者昌,逆者亡,最终换来天下一统、草原和平、百姓吉祥。

清晨,成吉思汗穿上由孛儿帖兀真特意缝制的盛装,戴上金顶金边的圆顶可汗帽,健步走到竖立在可汗斡耳朵左前方的九斿白纛——察干苏力德前,用十三副朱勒特将其祭祀,又走到竖立在可汗斡耳朵右前方的四脚哈喇苏力德前,用七副朱勒特将其祭祀。

然后由祝颂人按照成吉思汗口述的内容分别吟诵了《察干苏力德祭词》和《哈喇苏力德祭词》,并组织军人骑马砍杀百步之外的一排草人,直到将其砍得稀巴烂为止。

第二件事,健全了权力机构,调整了军事组织,完善了后勤保障。

从豁儿豁纳黑·朱布儿起,成吉思汗就开始默默设计未来国家的架构、建制和体制,包括政权模式、管理模式、信仰祭祀、军事组织、战略战术、给养保障、赏罚机制等,心里有过较为详细的蓝图,现在终于要一一兑现了。

祭祀了察干苏力德和哈喇苏力德,成吉思汗稳健地走到临时搭建的高台下,面向高台"噜"地跪下,抬起手,请诃额仑母亲上高台。

于是,诃额仑母亲由豁阿黑臣老婆子挽扶着走过成吉思汗面前,沿九层木台阶拾级而上,落座于高台上三个座位的右侧座位。

成吉思汗这才站起,由孛儿帖兀真扶着走上高台,落座于中间的座位,孛儿帖兀真落座于左边的座位。

"成吉思汗!"台下响起了欢呼声。

"成吉思汗!"黑压压的人群欢腾起来。

"成吉思汗!"震天动地的欢呼声传向遥远的天际和飘浮的云端。

成吉思汗眯缝着双眼睥睨欢腾的人海,清了清嗓子,高喊:"合穆黑蒙古兀鲁思——满达呼——保勒突该!"(合穆黑蒙古国万岁!)

"成吉思汗!"欢呼声又一次响彻广袤草原。

无数支响镝射向天空。

"咻——!""咻——!"

"嗡——!""嗡——!"

激越的响箭声,犹如一曲天空交响乐,久久地回响。

"孛斡儿出!者勒蔑!"成吉思汗叫他们的名字。

他俩立刻走上前,右手贴胸,单腿跪下。

成吉思汗说:

　　"你们两个人

　　是在我

　　除了影子

　　没有伙伴的时候

　　为我

　　做影子

　　我的心

　　因此而宽慰

　　你们

　　是我

　　最亲密的人

　　你们两个人

　　是在我

　　除了尾巴

　　没有鞭子的时候

　　为我

　　做尾巴

　　我的心

　　因此而踏实

　　你们

　　是我

　　最信赖的人

　　你们俩最早与我做了那可儿,现封你们俩为合穆黑·阿合剌忽(全体的首领)。"

　　1179 年进攻篾儿乞惕人的时候,铁木真任命孛斡儿出为总兵,并由者勒蔑辅佐孛斡儿出,现在,他俩同时被任命为全体的最高首领。

　　成吉思汗又说:"天和地给力,当我们在苍天父亲保佑、大地母亲恩赐下离开札木合的时候,那些心中装着我,前来与我会合的诸位长者和那可儿,都应得到尊重和重用。所以,现在让你们分担各个方面的察儿必之职,请你们各尽其能,管理好各自分管的事务。"

　　成吉思汗宣布,所设立的机构和各位察儿必的分工如下:

　　一、军务方面设立了三个专门机构:侦察,警卫,紧急情况处置。

　　侦察,由阿儿孩合撒儿、塔海、速客该、察兀儿罕四人负责;警卫,由斡歌连、合赤温、哲台和多忽勒忽四人负责;紧急情况处置,由合撒儿、忽必来、赤勒古台、合剌孩·脱忽剌温四人负责,由合撒儿总负责。

　　二、军队给养方面设立了四个专门机构:军马管理,马群牧放,羊群牧放,车辆管理。

　　军马管理,由别勒古台、合阑勒岱·脱忽剌温两人负责;马群牧放,由泰亦赤兀台·忽图、忽秃莫里乞、木勒合勒忽三人负责;羊群牧放,由迭该负责;车辆管理,由窟出沽儿负责。

　　三、后方管理方面设立了三个专门机构:粮食和饮食,财物和住宿,后宫、子女和佣人。

　　粮食和饮食,由翁古儿、雪亦客秃、合答安三人负责;财物和住宿,由速别额台负责;后宫、子女和佣人,由多歹负责。

　　最后一件事,就是派人向有关邻邦报告合穆黑蒙古国建国的消息。

　　派塔海、速客该去客列亦惕部,向脱斡邻勒可汗报告;派阿儿孩合撒儿、察兀儿罕去札答阑部,向札木合报告。

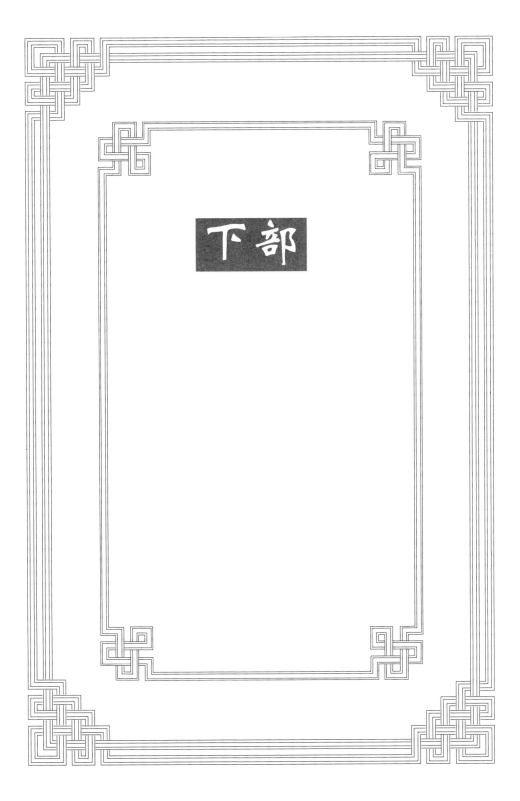

下部

一

　　一天,给察儿抢走了拙赤·答儿麻剌的马群。拙赤·答儿麻剌被抢了马群,求人无望,便趁夜色独人单骑匍匐在马鬃间靠近马群,一箭射穿了给察儿,把自己的马群赶了回来。

　　铁木真做了合穆黑蒙古国的成吉思汗。

　　塔海与速客该奉命前往客列亦惕部,向脱斡邻勒可汗报告。

　　自那次征讨了篾儿乞惕人,脱斡邻勒可汗沿布儿汗·合勒敦山北麓秋狝,先后换了三个地点,赶在下雪前回到了土剌河边黑森林里的驻牧地。铁木真与札木合同处的时候,他们三方未断往来;铁木真与札木合分道扬镳以后的八年中,铁木真与脱斡邻勒可汗仍以父子相称,保持着密切关系。

　　应该说,在这八年中,蒙古草原比较平静。篾儿乞惕人被打败后再也没有恢复元气,塔塔儿人听说铁木真、脱斡邻勒可汗与札木合三家联手灭了篾儿乞惕人,再也不敢轻举妄动,没有骚扰他们三家的任何一方。

　　泰赤兀惕部的塔儿忽台曾自称蒙古可汗,在草原上横行霸道差不多有十年时间。铁木真联合客列亦惕和札木合打败篾儿乞惕人后,他们怕铁木真转而向他们复仇,一度极为恐慌。当发现铁木真归附了札木合,且并无进攻他们的迹象,这才多少松弛下来。可是一年多后,铁木真把兵马从札木合那里拉出来的路上,突袭了他们泰赤兀惕人的一个营地,他们措手不及,遭受了损失,便投靠了札木合,在札木合羽翼下苟且偷生。

　　所以,这些年来蒙古草原无战事,持续了将近十年的和平,各兀鲁思百姓得到了喘息的机会,人口增加,牲畜成倍地繁殖,生活水平有了普遍的提高。

　　孛儿帖兀真在札木合营地生了术赤,后来又生了察合台、窝阔台。

　　客列亦惕国也不例外,在土剌河边的黑森林里过着歌舞升平的自在日子,力量一天比一天强盛。

脱斡邻勒可汗始终把札木合当作兄弟看待,与铁木真是父子之情,当然不在话下。如今,塔海与速客该奉命前来报告铁木真当蒙古国可汗的消息,他自然很高兴,便回话道:"让我儿子铁木真做蒙古国可汗,这很好。蒙古国不能没有可汗。请你们

　　　将此'额耶'

　　　莫要松弛

　　　将此纲常

　　　休要废止!"

阿儿孩合撒儿与察兀儿罕奉命前往札答阑部向札木合报告。

札木合跟脱斡邻勒可汗的态度有所不同。原因是除了他手下有数万人的兵马,自觉不可一世外,他与铁木真之间的裂痕在不断加深。他已经感觉到这个小小的铁木真不但不能做其左膀右臂,成就其事业,相反地,很有可能将成为他称霸草原的最大障碍。八年前倒场的那天,已经归顺他一年半的铁木真忽然不辞而别,不仅使他的自尊心受到莫大的打击,而且也使他在草原上的威望失去了很多。特别是铁木真走后的第二天,遭受铁木真兵马袭击的泰赤兀惕人前来投奔他,并从此天天跟他数落铁木真的种种不是,使他愈来愈厌烦铁木真其人,几乎天天都在想找个借口灭了铁木真,将其收归己有。

他的这一心理被老奸巨猾的阿剌坛、忽察儿二人揣摩到了。阿剌坛、忽察儿二人曾跟泰赤兀惕人塔儿忽台狼狈为奸,参与了遗弃诃额仑母亲、拘捕少年铁木真等诸多勾当,可是当他们跟着泰赤兀惕人投奔札木合以后,又觉得自己身为合穆黑蒙古国汗统后代,却过着这样一种寄人篱下、毫无尊严的窝囊生活,心里很不是滋味儿。尤其是看到铁木真的势力一天比一天壮大,他们那早已泯灭的恢复合穆黑蒙古国的旧梦被重新点燃,便产生了修复与铁木真的关系,重新为孛儿只斤家族的兴衰效力的想法。然而,脱离泰赤兀惕人和札木合不是一件易事,投靠容易,背弃可就难了。于是,两人经过长时间谋划想出一计。一天,叔侄俩找到札木合,推说要替札木合去游说铁木真,让其与札木合重归于好,再合到一起来。札木合当然不会轻易相信他俩,但看出他俩去心已决,也就同意了,不过内心深处还是有一丝儿期望,巴望着他俩说服铁木真能有所效果。

阿剌坛、忽察儿二人到了铁木真那里,并没有按照向札木合承诺的那样去

做,甚至压根儿就没往那儿想。他们毕竟跟铁木真是一个家族,都是孛儿只斤氏,阿刺坛的父亲忽图刺可汗是铁木真的祖父把儿坛把阿秃儿的弟弟,忽察儿是铁木真的亲叔叔捏坤的儿子,他们跟铁木真之间有一条红线连着,感情在铁木真这边。而札木合是他们共同的祖先孛端察儿娶来的孕妇所生遗腹子扎只刺歹后裔,名义上是乞颜之后,实际上是外族血统,与他们之间有一层纸相阻隔。再加上他们也看不惯札木合的所作所为,与他面和心不和,早就想摆脱他,可又慑于他的淫威,不敢得罪,所以才耍了个计谋,找了个托词。说实话,他们来到铁木真营地后,确实曾幻想过由阿刺坛或忽察儿来填补忽图刺可汗留下的合穆黑蒙古国可汗的空位,但他俩很快发现,有此想法的人不止他俩,还有铁木真最小的叔叔塔里台·斡惕赤斤和合不勒可汗的大儿子斡勤·巴儿合黑的孙子撒察别乞,都在窥伺着可汗宝座,还巴望着借他俩之口提出来。这是一场默默无语的战争。这场战争持续了将近一年,他们四个人谁都不服谁,最后经过商量,同意共同推举铁木真为可汗。起初铁木真并不同意。对于他们的心思,铁木真心里清清楚楚,他担心说不定哪一天,他们当中的某一个人突然变卦闹事,便抢先走了两步棋。他先是婉言拒绝他们的提名,却反过来同时提了阿刺坛、忽察儿、塔里台·斡惕赤斤、撒察别乞四个人的名字。他们四个人互相看了看,没有人响应。也就是说,他们四个人都是只有一票,而铁木真是四票。铁木真没有马上答应要做这个可汗,他提出,他们四人当中,阿刺坛和塔里台是他的长辈,撒察别乞和忽察儿是他的哥哥,他作为晚辈和小弟,怎么好意思对他们发号施令呢?如果他指挥不动他们四位,那又如何去指挥千军万马呢?四个人面面相觑,一时无语。是啊,如果这个问题不解决,他们四位各行其是,岂不是出来五个可汗!本来所有事情都是忽图刺可汗的儿子阿刺坛挑起的,所以这个僵局也得由他来收拾。"那我们发誓吧!"他说。于是就有了前文所提到的他们四人集体宣誓的过程。

札木合听了阿儿孩合撒儿与察兀儿罕的报告,思忖了片刻,没有直接说出对此事有什么看法,却绕着弯子说:"你们回去告诉阿刺坛、忽察儿二人!'阿刺坛、忽察儿你们二人,曾离间我和铁木真安答,将我俩分开。铁木真安答与我在一起的时候,你们没叫他做可汗,如今出于什么心思,让他做可汗?阿刺坛、忽察儿你们二人,要说话算数,多宽慰铁木真安答的心,与他好好相处才是！'"

两位使者回来后,向成吉思汗如实报告了札木合之言。

成吉思汗听了,未做任何评论,让两位使者将原话告诉阿剌坛、忽察儿二人。

阿剌坛和忽察儿听了两位使者转告的札木合的话,话里的潜台词他们心知肚明,但又不好跟成吉思汗明说,只好以沉默应对。

札木合的话没有马上对阿剌坛和忽察儿起作用,但却明白无误地表达了他的意思,即拒绝承认铁木真做合穆黑蒙古国可汗,并由此埋下了将来不可避免地发生摩擦和冲突的种子。

第二年,即庚戌年(1190年),夏天。

札木合的弟弟绐察儿住在扎剌麻山山阳一个叫斡列该·布剌合的地方。

成吉思汗管辖区一个叫拙赤·答儿麻剌的人住在离绐察儿不远一个叫撒阿里·客额列的地方。

一天,绐察儿抢走了拙赤·答儿麻剌的马群。拙赤·答儿麻剌被抢了马群,求伙伴们帮他把马群追回来,可他的伙伴们惧怕札木合,不敢帮忙。拙赤·答儿麻剌求人无望,便独人单骑跑过去,趁夜色浓重,匍匐在马鬃间靠近马群,一箭将绐察儿拦腰射穿而死,然后把自己的马群赶了回来。

札木合早就想教训成吉思汗,只是一时找不到合理的借口,现在弟弟绐察儿被成吉思汗所属百姓杀死,自然就有了再好不过的动武理由。

于是,札木合立即兴师动众,从所属十三个哈邻中召集了三万兵马,向成吉思汗发动进攻,企图把成吉思汗和他的合穆黑蒙古国消灭在襁褓之中。

哈邻,是札木合所属各部落的行政单位,哈邻的实行,是对草原上部落体系的一次重大改革,也是削弱各部落首领权力的一个大胆尝试。他在自己的管辖区内实行哈邻建制,用哈邻来代替部落,从而打破了以部落为单位的古老模式,从根本上消除了部落首领们各自为政的割据局面。

不过,札木合的改革并不彻底,他的哈邻仍以部落为基础,实际上一个部落就是一个哈邻。

札木合的十三个哈邻是:札答阑部一个哈邻,泰赤兀惕部一个哈邻,亦乞列思部一个哈邻,斡鲁兀惕部一个哈邻,那牙斤部一个哈邻,巴鲁剌思部一个哈邻,豁儿罗思部一个哈邻,巴阿邻部一个哈邻,弘吉剌惕部一个哈邻,哈达斤部一个哈邻,撒勒只兀惕部一个哈邻,朵儿边部一个哈邻,塔塔儿部一个哈邻。

成吉思汗的妹妹帖木仑的丈夫孛都是亦乞列思部人,此时住在泰赤兀惕部哈邻里。帖木仑的公公听说札木合要攻打铁木真,经与儿子孛都商议,即以帖木仑跟娘家有事为由,派亲信穆勒客·脱塔黑、孛罗勒歹两人前往成吉思汗处,将札木合召集兵马的情报及时送了出去。

其时,成吉思汗驻扎在一个叫古连勒古的地方。

成吉思汗一获得这一情报,便疾速从自己所属的十三个古列延里调集了三万兵马迎战。

成吉思汗的十三个古列延情况如下:

第一个古列延,由诃额仑、从斡勒忽讷惕部过来的诃额仑娘家亲属、诃额仑斡耳朵成员组成。

第二个古列延,由成吉思汗本人及孛儿帖兀真和子女、亲密那可儿、重要幕僚、随从及近亲组成。

第三个古列延,由合不勒可汗的哥哥家后裔,客列亦惕部的秃蛮、秃亦卜安,豁儿罗思部的薛乞沽儿组成。

第四个古列延,由晃豁坛部的雪亦客秃及其部族、布答阿惕部少数部众组成。

第五个古列延,由阿儿孩合撒儿及札剌亦儿部少数部众组成。

第六个古列延,由斡勤·巴儿合黑之孙撒察别乞以及主儿乞部少数部众组成。

第七个古列延,由合不勒可汗三子忽秃黑秃·蒙古儿的后裔及其亲属组成。

第八个古列延,由把儿坛把阿秃儿长子芒格秃乞颜及其部族、敝失兀惕部及巴牙兀惕部少数部众组成。

第九个古列延,由把儿坛把阿秃儿的小儿子塔里台·斡惕赤斤及其部族,捏坤台吉之子忽察儿以及秃古勒歹、捏古斯豁里罕、撒孩亦惕、温斤等四个氏族组成。

第十个古列延,由忽图剌可汗长子拙赤及其部族组成。

第十一个古列延,由忽图剌可汗小儿子阿剌坛·斡惕赤斤及其部族组成。

第十二个古列延,由塔海等速勒都思部少数部众组成。

第十三个古列延,由赤那思部察合安兀洼、捏兀岱及捏古斯部少数部众组成。

从上述札木合的哈邻和成吉思汗的古列延对比中可以看出,双方兵力资源有很大差距。札木合的十三个哈邻,实际上是十三个完整的部落,其人数、财力和兵力,应该是很雄厚的。

可是,成吉思汗的十三个古列延,是十三个极小的行政建制。如果按部落来划分,孛儿只斤部虽然完整些,却分散在八个古列延(第一、第二、第三、第七、第八、第九、第十、第十一)之中。其他部落如晃豁坛部、布答阿惕部、札剌亦儿部、速勒都思部、赤那思部、捏古斯部,都只有少数部众。

有史料称,成吉思汗的古列延,每个古列延为一千兵丁,十三个古列延应该是一万三千兵丁,而非三万人。即便双方都有三万人,札木合的三万兵力是从各部里挑选出来的,而成吉思汗的三万兵力是倾其全力临时征集的,可见双方力量之悬殊。

就是这样的两支队伍,在一个叫答阑·巴勒主惕的地方相遇,发生了激战。

此次战役中的双方,除了兵力悬殊之外,又在如下几个方面有明显差距:札木合有备而来,成吉思汗被迫应战;札木合为旧主,成吉思汗为新立;札木合是久经沙场的老将,成吉思汗是第一次单独出阵的新手。

史称这次战争为"十三古列延之战"。

成吉思汗将队伍排成一字长阵,十人为一个小方阵,阵前是穿着重型铠甲的兵马。所谓重型铠甲,指士兵身穿铁皮制作的铠甲,战马身披生牛皮制作的铠甲,任何利箭难以穿入。

成吉思汗的左翼为合撒儿率领的预备队,重点防备敌人从侧后翼迂回偷袭。右翼为密林,不易穿插大队人马,相对安全。

札木合的队伍由泰赤兀惕人打头阵,他们的第一梯队和第二梯队全部为轻骑兵。所谓轻骑兵,是指士兵身穿生牛皮连缀而成的铠甲,便于行动。札木合的轻骑兵一边雨点般地射来利箭,一边一窝蜂似的冲将过来。

成吉思汗的兵马沉着应战,箭无虚发,很快阻止了敌人的第一轮和第二轮进攻。

札木合的队伍又组织第三次进攻,成吉思汗仍然岿然不动,坚守阵地。

可是,札木合的兵力毕竟占优势,他们见正面进攻难以奏效,便用大队兵力从左翼包抄前进,使得合撒儿的次阵地变成主阵地,其身份由防备偷袭的预备

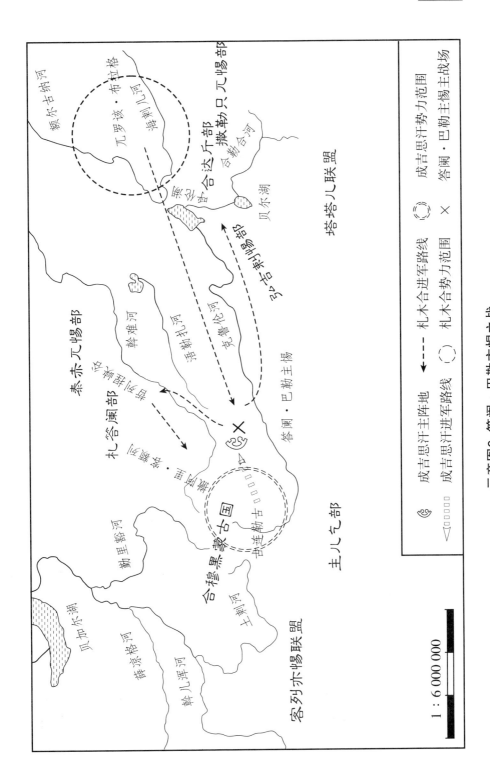

示意图6 答阑·巴勒主惕之战

队变成了掩护主力后撤的前线部队。

战争的结果是,成吉思汗败北。他的队伍且战且退,一口气撤退了三百里,最后退入斡难河边一个叫哲列捏的峡谷里,准备凭借那里的险要地形做最后的抵抗。

札木合取得了预期战果,极为得意,班师回返。

札木合在回去的路上,遇到了成吉思汗第十三古列延赤那思部的溃散兵马。赤那思部原为札木合的主力兵马,但因不满札木合实行的改革,在铁木真与札木合分手后的最初几天,背叛札木合,投靠了铁木真。

今天,昔日冤家狭路相逢。札木合将他们围困在一个叫答阑·脱豁韩的地方,毫不手软,在那个有很多像锅一样的洼地的地方将他们全歼,还从尸堆里找出赤那思部头领捏兀岱和察合安兀洼两人的尸体,割下他俩的头拴在马尾上,一路拖走。

　　关于札木合歼灭赤那思部一事的叙述,此前的表述有严重错讹。譬如《蒙古秘史》中,将"答阑脱豁韩惕不察勒合周"的"答阑"旁注为"七十","脱豁韩"旁注为"锅每","不察勒合周"旁注为"教滚着"。于是译文便成了"教七十锅都煮了",并以讹传讹,各类史书、教科书、绘画影视作品及普及读物,也都循此说法。其实,这是个非常错误的解读。

　　蒙古语中,答阑,是数量词,即"七十"。但"答阑"也可以做形容词"很多"之用,如答阑努合素(很多补丁)、答阑席勒塔格(很多借口、很多理由)、答阑布勒乞日亥(很多粉瘤)、答阑扎答盖(很多小湖)、答阑捏木儿格(很多的山前湾地)、答阑脱豁韩(有很多像锅一样的洼地的地方)等。《蒙古秘史》本节叙述中,除了"答阑脱豁韩"外,还有"答阑巴勒主惕"一词,旁注为"地名"。此处的"答阑"除"七十"外,也有"很多"之意。"巴勒主惕"一词,与"脱豁韩"类似,指小土岗,"答阑巴勒主惕"就是"有很多小土岗的地方"。同一个地方,具有两个以上同一类型的叫作"答阑"的地名,即有很多小土岗的地方,也有很多像锅一样的小洼地的地方,这很正常。因此,"答阑脱豁韩",就是"有很多像锅一样的洼地的地方"。"不察勒合周",既有"教滚着"之意,也有"践踏""折腾""歼灭"等义。那么,"答阑脱豁韩惕不察勒合周"

这句话,除了书中旁注之义外,还可以有在"答阑脱豁韩"这个地方歼灭之意。《蒙古秘史》中的"答阑脱豁韩惕不察勒合周"中的"惕",是复数"特"与指示格"伊"的组合形式。《蒙古秘史》把"惕"注为"每","每"在《蒙古秘史》中一直以复数用;指示格"伊",具有"将""使"等义,组合为"惕",就变成"将锅们""使锅们"之意。假如不是"惕",而是"秃儿"或"突儿",才会有"在里边"之意。所以,"不察勒合周"是对"锅"的指示格,而不是给予格。由此证明,原文之义应为"把答阑脱豁韩惕"或"将答阑脱豁韩惕"或"使答阑脱豁韩惕",而不是"在答阑脱豁韩惕里"。因此,当初做旁注的人把地名"答阑脱豁韩惕"误读为物名"七十锅",从而写错了旁注。

另外,从当时蒙古军队的装备来讲,也不可能在行军打仗时,随时携带能够煮得下一个活人的七十口大锅。即便临时从百姓家里去找,逐水草而游牧的牧民家里谁家会有如此大的七十口铁锅呢?从居住分散的牧民家里找来七十口大锅,得需要多长时间啊?

所以,"教七十锅都煮了",完全是误读,历史上并没有札木合用大锅煮赤那思部七十个人这一事实。

特此补记,以正视听。

二

塔塔儿部建寨子的那个地方,是成吉思汗祖先祭祀的圣地。成吉思汗从那个营地捡到了一个小男孩儿,送给诃额仑母亲抚养。

答阑·巴勒主惕之战,札木合胜利,成吉思汗失败了。

但战争的后续影响是,札木合属下许多部族陆续离开札木合,投奔成吉思汗。

札木合回去后,兀鲁兀惕部的朱儿车歹带所属部族,芒忽惕部的忽余勒答儿带所属部族,离开札木合,投奔成吉思汗来了;曾离开诃额仑出走的晃豁坛部蒙力克也领着他的七个儿子过来了。

有这么多人离开札木合,投奔自己而来,成吉思汗非常高兴,便邀请诃额仑母亲、合撒儿和主儿乞部的撒察别乞、泰楚等,在斡难河边的树林里举行了盛大的筵宴予以庆祝。

成吉思汗端来马奶酒,先为诃额仑母亲、合撒儿、撒察别乞各敬了一碗,接着为撒察别乞的姨妈额别该敬了一碗。

对此,主儿乞部的豁里真合敦和忽兀儿臣合敦很不高兴,说:"为什么不给我们先敬,给额别该敬呢?"遂动手将伙夫失乞兀里打了一下。

失乞兀里是也速该把阿秃儿时期的老人,他挨了打觉得很委屈,说:"也速该把阿秃儿、捏坤台吉俩不在了,我才如此被打。"说罢便放声大哭。

本次筵宴,本来由别勒古台主持。但筵宴开始后,他为料理成吉思汗的坐骑,到外边去了,所以临时改由主儿乞人布里孛阔主持。

这时,一个新到的主儿乞人从拴马处偷了一根马缰绳,被别勒古台捉住了。可是布里孛阔竟然袒护那个主儿乞人,与别勒古台争执起来。

别勒古台是搏克手,习惯于脱掉右边的衣袖光膀子走,布里孛阔却拔剑砍伤了他的右肩,但别勒古台并不在乎,若无其事地该干什么还干什么。

坐在一边的成吉思汗发现别勒古台的肩膀在流血,忙问:"谁把你伤成了这个样子？"

"早晨起来就这样。"别勒古台掩饰着，"我没事，皮肉之伤，一会儿就会好起来。弟兄们好不容易坐在一起筵宴，哥哥您就别当回事了。弟兄们之间，不要因为我伤了和气。"

可是成吉思汗身边的人将实情告诉了他。

别勒古台就是这样，为了哥哥成吉思汗不惜赴汤蹈火，宁愿抛头颅洒热血，每次打仗都挥刀冲在前，让敌人望别勒古台而丧胆，只要见他冲来便抱头鼠窜。他大度、宽容，从不计较个人得失，绝不当着铁木真的面提别克帖儿的事儿，好像他从来就不曾有过别克帖儿这个哥哥似的。

蓦地，成吉思汗眼前呈现出别克帖儿盘腿而坐、从容迎箭的身影。

别克帖儿！他曾发誓，一定要全力保护别勒古台，不让任何人触碰他的一根毫毛。可他的誓言受到了挑战，今天布里孛阔伤到的不只是他的毫毛！本来，他一直为那次征讨篾儿乞惕人时只救了孛儿帖，未能救出别勒古台的母亲索乞格勒合敦而深深内疚，其后，他只要看见别勒古台冲篾儿乞惕人发火，心里便剧烈地疼痛。今天，主儿乞人竟然女的动手打伙夫失乞兀里，男的拿刀砍别勒古台，岂有此理！

面对主儿乞人的无理，成吉思汗近乎失去了理智，他并不理会别勒古台的掩饰，随手折断一根树枝，又抽出搅动马奶的木杵与主儿乞人打了起来。

合撒儿和其他随从见状也加入进来，他们一起动手，即刻打败了主儿乞人，并抢来了动手打失乞兀里老人的豁里真合敦和忽兀儿臣合敦。

主儿乞人撒察别乞和泰楚两人觉得事情闹大了，赶紧认输求和。

成吉思汗看他们软下来了，也就把两位合敦还了回去。

到丙辰年（1196 年），合穆黑蒙古国重建有七年了。

札木合可能觉得已经教训过成吉思汗了，所以没再动武挑起事端。

脱斡邻勒可汗与成吉思汗依然保持着亲密关系，前几年还派人帮助成吉思汗建立起合穆黑蒙古国的子弟学校，于是成吉思汗的孩子们就在这个学校里念书。

不过，在此期间，脱斡邻勒可汗有过一次大起大落。前文说过，脱斡邻勒可汗杀死父亲的几个弟弟和自己的哥哥弟弟们，篡夺了汗位，并与其叔叔古尔汗闹翻，之后古尔汗在乃蛮部首领亦南察的帮助下打败了脱斡邻勒可汗。脱斡邻勒可汗被打败后，只带百余骑，投到也速该把阿秃儿麾下。也速该把阿秃儿亲自带兵，把古尔汗赶往唐忽惕（西夏），并收回客列亦惕部百姓和财产，如数归还给脱斡邻勒可汗。后来，脱斡邻勒可汗的弟弟额儿客哈喇投靠了乃蛮部的亦南察可汗，并请亦南察发兵来打脱斡邻勒可汗。听说亦南察要来打，脱斡邻勒可汗知道自己打不过，便急忙躲走，经过三个城堡跑到哈喇契丹（西辽）。可是没过不久，又跟哈喇契丹闹翻，独自一人逃出来，经回鹘、唐忽惕之地，沿路乞讨，仅靠挤五只山羊的奶吃和放骆驼血喝来维持生命，最后来到古泄兀儿湖，找到了成吉思汗。成吉思汗念其与也速该把阿秃儿的旧情，特派塔海把阿秃儿、速客该二人迎接，并亲自到克鲁伦河源头与其会面，请他与自己一起住，还从自己所属百姓中抽赋接济他的生活。那年冬天，他们还一同迁徙到忽巴合牙驻扎，一直到第二年春天。从此，他和成吉思汗之间的关系更加亲密无间了。

这时，东部的金国那儿出了情况。被金国豢养的塔塔儿部首领蔑古真·薛兀勒图造了金国的反，被金国大军一直追赶到蒙古草原。

一天，探兵来报：塔塔儿部首领蔑古真·薛兀勒图不听从金国之命，金国皇帝派完颜襄丞相征讨蔑古真·薛兀勒图，蔑古真·薛兀勒图抵挡不了，便与其部落百姓驱赶他们的畜群，此刻已来到合穆黑蒙古国境内一个叫浯勒扎的地方。

　　　　塔塔儿（也称鞑靼）是个古老的部落，唐时就有关于塔塔儿人的记载。9世纪初，塔塔儿走向强盛，一度联合蒙古、札剌亦儿、客列亦惕、汪古、篾儿乞惕、弘吉喇等部，建立强大的塔塔儿联盟，势力曾到阴山、贺兰山一带。蒙古兴起以前，中原人只知道辽金以外有鞑靼，不知有蒙古，所以，中原人习惯将匈奴、鲜卑之后的北方民族，笼统地称之为"鞑靼"，直到近代也未能改过来。

　　　　公元732年建立的《阙特勤碑》文所记载的"三十姓塔塔儿"，并非专指塔塔儿部，而是突厥人对蒙古语系诸部的统称。而公元735年建立的《毗伽可汗碑》所记载的"九姓鞑靼"，才是较为准确的称谓。

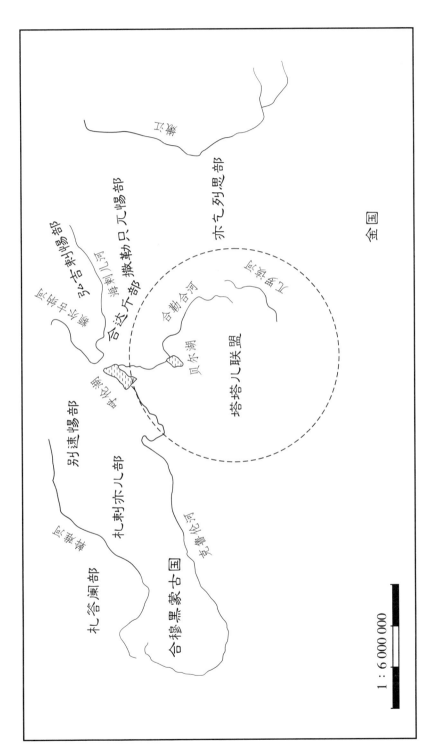

示意图7 塔塔儿联盟

1:6 000 000

　　九姓塔塔儿,即指辽金时期九部塔塔儿,他们是拓跋鲜卑的后裔。九姓塔塔儿,《辽史》称"达旦国",十世纪初与辽建立使臣往来关系。十一世纪初,向辽称臣纳贡。金灭辽后,隶属于金,负责戍守兴安岭边境。九姓(部)塔塔儿虽然向辽金称臣纳贡,但各部之间敌对不合,部落之间连年开战。所以,九姓(部)塔塔儿长期保持着松散的联盟关系,并未像蒙古、客列亦惕、乃蛮那样建立过自己的兀鲁思(国)。

　　塔塔儿部臣属金国之后,成为金国实行"以夷制夷"政策的主要力量,与草原部落,尤其是与蒙古长期为敌。他们听命于金国,先后捉走客列亦惕国脱斡邻勒可汗的祖父马儿豁思可汗、蒙古国俺巴孩可汗,以及合不勒可汗长子斡勤·巴儿合黑等,送给金国钉死在"木驴"上,后来又毒死了成吉思汗的父亲也速该把阿秃儿,欠下了草原部落累累血债。

　　塔塔儿部居于金国边界,得到与金国通商的好处,经济实力迅速提高,各部势力日渐强大,相对于蒙古本部各方面发展较快。对于塔塔儿部的崛起,金国统治者也怀有戒心,经常性地伺机给予打击。1194 年,蒙古哈达斤部和撒勒只兀惕部进犯金边,金国决定进行打击,并下令塔塔儿部出兵参加。第二年(1195 年),金国派移剌敏、完颜安国进军呼伦贝尔,占领了哈达斤部、撒勒只兀惕部的 14 个古列延。在这次作战行动中,塔塔儿部蔑古真·薛兀勒图也出兵参加,并抢走了大量的财物和牛马羊。这件事引起移剌敏、完颜安国的不满,遂派兵去收缴塔塔儿部所掠财物,但塔塔儿部并不顺从,奋起反抗,将来者击溃打退。这就是塔塔儿人反叛金国的经过。

　　1196 年,金国派尚书省右丞相完颜襄带重兵,由临潢出发,进剿塔塔儿部。但金国的讨伐作战并不顺利。当完颜襄与完颜安国分两路进兵,到达克鲁伦河时,反而被塔塔儿人包围。双方相持几天之后,完颜襄趁夜幕突围出去,然后掉头,从外围打败了塔塔儿部,掳走了他们的大量畜群和百姓。

　　塔塔儿部兵败西逃,完颜安国便尾随其到了浯勒扎河。

　　毋庸置疑,塔塔儿部是孛儿只斤部和客列亦惕部共同的仇敌。

　　听说蔑古真·薛兀勒图逃窜到浯勒扎河一带,成吉思汗认为这是个极佳的报仇时机,他立即叫来合撒儿、孛斡儿出、者勒蔑等手下大员,共同商议协助金

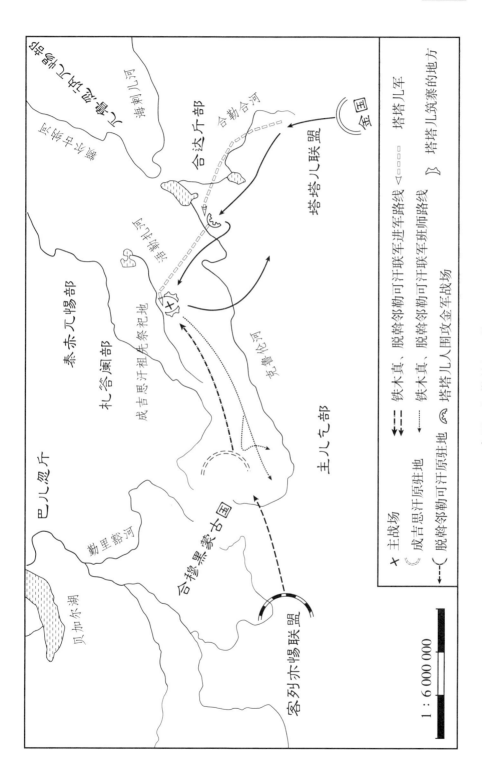

示意图8 浯勒扎河之战

国奸灭蔑古真·薛兀勒图事宜。

成吉思汗说："塔塔儿部是屠杀我祖先和父辈的世仇。这次，他们把自己送来了，我们要趁此机会，将他们一网打尽。"

蒙古国已有好几年没有打仗，大家一听便来了情绪，纷纷请缨。

成吉思汗做好了战斗部署，然后派使者去客列亦惕国告诉脱斡邻勒可汗："据报，塔塔儿人蔑古真·薛兀勒图被金国完颜襄丞相追赶着，已来到浯勒扎河一带。为了替祖先和父亲报仇，我欲出兵打他们。塔塔儿部是你我共同的仇敌，请脱斡邻勒可汗父亲从速前来助孩儿！"

脱斡邻勒可汗得到情报，回话："我的孩儿说得对。我出兵。"

第三天，脱斡邻勒可汗带兵马前来与成吉思汗会合。

成吉思汗与脱斡邻勒可汗会合后，派人告诉主儿乞部："请速来，与我们一起奸灭杀害我们祖先的塔塔儿人。"但等了六天，他们没来。

成吉思汗与脱斡邻勒可汗不再等他们，带领兵马直奔浯勒扎河而去。

其时，蔑古真·薛兀勒图已在那里驻扎，并修筑了工事。

成吉思汗和脱斡邻勒可汗经过激战，很快攻破了碉堡，并进入碉堡内俘获了蔑古真·薛兀勒图，将他就地杀死，终于报了世仇。成吉思汗还缴获了蔑古真·薛兀勒图的银摇篮车和镶嵌着大粒珍珠的被子。

成吉思汗与脱斡邻勒可汗立即派人，把杀死蔑古真·薛兀勒图的消息告诉了金国丞相完颜襄。

完颜襄丞相闻而大喜，遂封成吉思汗为"札兀惕忽里"（意为前锋司令官），封脱斡邻勒可汗为"王"，并说："你们协助奸灭了蔑古真·薛兀勒图，为大金国皇帝立了大功。你们的功劳，我一定禀报大金国皇帝。"

从此，脱斡邻勒可汗便有了王汗的称谓，人们也就叫他为"王汗"或"王汗脱斡邻勒"。

完颜襄丞相满怀喜悦而归。

成吉思汗与脱斡邻勒可汗瓜分了这部分塔塔儿人，回到了各自的驻地。

塔塔儿部建寨子的那个地方，是成吉思汗祖先祭祀的圣地。成吉思汗在那个地方捡到了一个小男孩儿，那男孩儿戴金项圈，穿貂皮里子背心，很是不一般。成吉思汗便将他作为大礼，送给诃额仑母亲抚养。

　　诃额仑母亲见了,很是高兴,立即收作亲儿子,取名叫失吉忽秃忽,并说：
"这个孩子,一看就是个名门之后、贵人子弟,把他排在我的第五个儿子之后,做
我的第六个儿子吧！"

三

然而，即便是如此桀骜不驯的一群人，此时也被更为气宇不凡的成吉思汗所制服，他们从此成为他的附属。

当年成吉思汗与札木合分手以后，主儿乞部的撒察别乞、泰楚两兄弟合为一个古列延，来投奔铁木真。后来，铁木真将所属百姓编为十三个古列延时，把他们编入了第六个古列延。

札木合与成吉思汗之间的"十三古列延之战"结束后，兀鲁兀惕部的主儿扯歹带着所属部落，芒忽惕部的忽余勒答儿带着所属部落，晃豁坛部的蒙力克领着他的七个儿子，离开札木合，投奔成吉思汗而来。为此，成吉思汗在斡难河边的树林里举行了盛大的筵宴予以庆祝。宴请时，特别邀请了主儿乞部的撒察别乞、泰楚以及他们的合敦和随从。席间发生了冲突，成吉思汗与主儿乞人打了一架，但很快又和解了。

不过，这只是成吉思汗一方的态度，主儿乞一方不但没有真正和解，反而为此结下了深仇大恨。这次，成吉思汗让主儿乞部出兵攻打塔塔儿部蔑古真·薛兀勒图，主儿乞人不但不出兵参战，反而趁成吉思汗在前线之机偷袭成吉思汗扎在哈㳠力海子边的斡耳朵（后宫），扒光了五十个人的衣服，杀死了十个人。

消息传来，成吉思汗非常震怒："主儿乞人怎能如此对待我们？曾在斡难河边宴请时，他的人无故打了我的伙夫失乞兀里，砍了别勒古台的肩膀。事后他们提出和解，我们归还了豁里真合敦和忽兀儿臣合敦。这次，为了向塔塔儿人报仇，要他出兵一起打，等了他们六天，他们也没来，还竟然与我为敌，到我后院放火！"说完，亲自率领人马前去惩戒。

其时，主儿乞人住在克鲁伦河上游阔朵额·阿剌勒一带一个叫朵罗安·孛勒塔兀惕的地方。

成吉思汗带人马冲入了他们的营地。

撒察别乞、泰楚俩带少数几个随从逃走。

成吉思汗紧追不放，追到一个叫帖列秃·阿马撒剌的地方，将他俩捕获。

将他们捕获以后，成吉思汗问："你们还记得曾经是怎样发誓的吗？"

撒察别乞和泰楚是合不勒可汗长子斡勤·巴儿合黑的孙子。当初，推举铁木真做合穆黑蒙古国成吉思汗的时候，参加呼剌勒台会议的贵族成员中就有撒察别乞和泰楚。选举结束之后，与阿剌坛·斡惕赤斤、塔里台·斡惕赤斤、忽察儿一起向成吉思汗发誓效忠的人中，也有撒察别乞和泰楚。

成吉思汗是在质问他们，当初的誓言还算不算数！

那年，推选成吉思汗做合穆黑蒙古国可汗的时候，成吉思汗就预见到将来有一天会发生今天这样的事情，所以他才让他们当场发誓。

现在，成吉思汗担心的事情终于发生了，该怎样处置他们呢？他们是孛儿只斤部的望门贵族，也是他的手足兄弟，而且曾推举他做了合穆黑蒙古国的可汗，功不可没，完全有理由赦免他们。可是一旦赦免了他俩，其他人效仿怎么办？合穆黑蒙古国岂不乱了纲常，变成一盘散沙？退一万步说，即使这次赦免了他俩，但根据主儿乞部近来的表现，他们绝不会就此善罢甘休，肯定会继续找碴儿作对。所以，与其留下祸根，还不如就此了断，这样能起到杀一儆百，敲打一头牛的犄角让一千头牛的犄角疼痛的效果。

成吉思汗就让他们重复说一遍当初的誓言。

撒察别乞、泰楚也不是等闲之辈，他们当然知道他们的行为后果，所以毫无惧色地说："誓言，我们没有忘。我们没有做到自己的承诺，现在，就请兑现我们说过的话吧！"

兑现承诺是残酷的，不仅要处死他们，还要没收他们的财产、占有他们的女人和属民。但为了合穆黑蒙古国的千秋大业，成吉思汗必须狠下心来，果断处置。

"让他们不流血而死吧！"成吉思汗发出了命令。

不出血而死，是一种有尊严的死。成吉思汗时期，对犯事的贵族成员执行死刑时常常采用"不流血而死"。

了结了撒察别乞、泰楚二人之后，成吉思汗便去安抚主儿乞部的百姓。

他见到人群中有札剌亦儿部帖列格秃伯颜的儿子古温兀洼、赤剌温·孩亦赤、者布额三个人。

古温兀洼领来他的两个儿子木华黎、布合,对成吉思汗说:

"让他们啊——

从此

做您

门槛的奴才

如果

将您的门槛

胆敢舍弃

您就

挑了他们

脚后跟的筋

从此

做您

门户的奴隶

如果

从您的门户

擅自离走

您就

刨了他们

胸腔里的肝"

赤剌温·孩亦赤领来他的两个儿子筒格、合失,对成吉思汗说:

"让他们

时刻守护

您的金门

为此

我

木华黎

将他们领来

他们
要是
放弃了
您的金门
就请
了断了他们
蚂蚁般小命

让他们

永远顶起

您的门楣

为此

我

将他们领来

他们

要是

舍弃了

您的门楣

就请

结束了他们

虫子般小命"

　　成吉思汗当即将布合交给了合撒儿,并把从主儿乞部营地捡到的一个叫孛罗忽勒的小男孩儿,交给诃额仑母亲收下。

　　这样,诃额仑母亲已经有了从篾儿乞营地收养的曲出,从泰赤兀惕营地收养的阔阔出,从塔塔儿营地收养的失吉忽秃忽,从主儿乞部营地收养的孛罗忽勒这四个儿子。

　　诃额仑母亲让他们日夜跟自己在一起,说:

"就让他们

做我的

白天里

观望的

眼睛

黑夜里

谛听的

耳朵吧"

孛罗忽勒

主儿乞部原来是合不勒可汗长子斡勤·巴儿合黑的族属,斡勤·巴儿合黑的儿子叫莎儿合秃主儿乞。

当年,合不勒可汗为长子斡勤·巴儿合黑挑选了一部分

拇指上

有定力的

胸怀里

有心力的

胆识过人

易于震怒的

人人

才气超群

个个

膂力无比的

男子汉

分给了他。如此一群易于震怒、心力超群的骁勇之辈到了一起,当然会显得与众不同,故有了主儿乞(直译为心脏,喻有心力、胆识过人)之名。

然而,即便是如此桀骜不驯的一群人,此时也被更为气宇不凡的成吉思汗所制服,他们从此成为他的附属。

不过还有一件事让成吉思汗耿耿于怀,那就是布里孛阔砍伤别勒古台一事。他曾对别克帖儿的灵魂发誓,将全力保护别勒古台,不许任何人触碰他的一根毫毛,可是布里孛阔竟然砍伤了他。他不敢想象,假如那刀再往里偏一点,会是什么结果? 他越是这么想,越觉得对不起别克帖儿,越觉得布里孛阔是个潜在的危险。主儿乞部覆亡了,他会甘心吗? 布里孛阔是个大力士,他一旦寻衅滋事,一个人能胜过几十个人,后果简直不堪设想。所以,成吉思汗下决心除掉布里孛阔。

有一天,成吉思汗让别勒古台和布里孛阔角力,要看看谁更厉害。事先,成吉思汗嘱咐别勒古台说:"我要让你跟布里孛阔角力,你赢了,就看我眼色行事!"

搏克,是蒙古男子自小苦练的三项基本功之一,也是蒙古国法定的军事训练内容。蒙古男孩儿只要会走路,就要习练搏克、射箭、骑马。

所以,任何一个蒙古男子,都是出色的搏克角力悍将。

布里孛阔以前是主儿乞部的人,力大无比,膂力过人,是国家级搏克手,很少有人能够摔过他。

别勒古台也是位久负盛名的搏克手。但以往他与布里孛阔角力时,布里孛阔只用一只手与一只脚就可以将他轻松摔倒,要是布里孛阔把他压在身下,他就一点也动弹不了。

今天,他俩又一次相遇。

本来,布里孛阔摔倒别勒古台根本不在话下,这次却被别勒古台摔倒了。

别勒古台赢了，他用肩膀将布里孛阔压在身下，又扫了一眼成吉思汗。

成吉思汗狠狠咬了一下牙关。

别勒古台会意，他以自己的膝盖顶着布里孛阔的后腰，用两只手搂住其肩膀向后猛力一拽，噶地折断了布里孛阔的脊梁骨。

布里孛阔被折断了脊梁骨，说："本来，我不会输给别勒古台。我是惧怕可汗，故意让给别勒古台才丢了性命。"

布里孛阔说完就死了。

别勒古台将他拖出去，拉到野外下了葬。

合不勒可汗有七个儿子。长子斡勤·巴儿合黑，其子莎儿合秃主儿乞；次子把儿坛把阿秃儿，其子也速该把阿秃儿；三子忽秃黑图蒙古儿，其子就是布里孛阔。

布里孛阔是搏克场上的骄子，在搏克场上总比把儿坛把阿秃儿家族的人更胜一筹，也喜欢跟斡勤·巴儿合黑家族的骁勇子孙结交，但此次，这位国手被别勒古台折腰而亡。

四

　　成吉思汗的主力与札木合的先遣队在一个叫阔亦田的地方相遇。可是,双方还未来得及交手,天气骤变,黑压压的乌云像铅块似的压下来,先是一阵暴风骤雨,接着是狂风横扫,最后是雨雪交加,那铺天盖地的风雪让人无法睁眼。

　　辛酉年(1201年)。

　　刚过了几年太平日子,草原枭雄札木合又坐不住了。他要进行一场决定草原命运的空前大决战。

　　札木合的所属部落(哈邻)比之以前的庚戌年(1190年)"十三古列延之战"时期,发生了很大变化。原有的部落(哈邻)依然保留的有札答阑部、撒勒只兀惕部、朵儿边部、弘吉喇部、塔塔儿部、亦乞列思部、豁儿罗思部,他们各一个哈邻,泰赤兀惕部由原来的一个哈邻扩大为两个哈邻;离开的有斡鲁兀惕部、那牙斤部、巴鲁剌思部、巴阿邻部,各一个哈邻;新增的有哈达斤部、乃蛮部、篾儿乞惕部、斡亦剌部,各一个哈邻。合起来仍为十三个哈邻。

　　可以说,经过十年的风雨磨砺,札木合的势力不增不减。可是,经过十年的岁月积累,札木合的野心却膨胀了,他怎么也不相信曾经归顺他、后又被他打垮的铁木真会有什么出息。铁木真能够做到建国称汗,我札木合怎么就不可以做到呢? 那年铁木真称可汗,我札木合并没有首肯,草原上还有好多人都不赞成,可他居然做了十二年的可汗,而且越来越像那么回事,甚至连金国都封他什么"扎兀惕忽里"。我札木合是什么人? 岁数比铁木真大,阅历比铁木真广,还曾手把手地教他学问,教他打仗,教他开眼界,难道就不比他强? 那年我稍稍一动,就把他打得稀里哗啦,他逃得连个影子都不见了。所以,他做可汗,让我做他的下属,这是不可能的。相反,我做可汗,他做我的部属,倒是很合情合理。酸奶已经发酵,我当可汗的时机已经成熟了。他想。

札木合手下有那么几个喜欢琢磨他心思的人，他们看出了札木合的野心，便故意挑唆他，让他建一个比合穆黑蒙古国的范围还要广泛的兀鲁思，让他当一个比成吉思汗还要大的可汗。札木合是一个最经不起忽悠的人，他越想越觉得这事天经地义，顺理成章。

然而蒙古草原就那么大，不可以有多个可汗，他札木合要想独霸草原，必须首先歼灭成吉思汗。但是，要攻打铁木真，与其父子相称的脱斡邻勒可汗一定会出面支援，所以要歼灭，就要将他俩一起歼灭才行。一不做二不休，既然他俩是他札木合称霸草原的绊脚石，那么就把他俩一起搬掉。

经过反复琢磨和精心准备，札木合把行动的时间定在战马肥壮的这年深秋季节。

额尔古纳河支流刊沐沦流域一个叫阿剌惠·布拉克的地方。

这天，札木合聚集了哈达斤部首领巴忽搁罗吉，撒勒只兀惕部首领赤儿吉歹，朵儿边部首领合只温别乞，塔塔儿部首领阿勒赤、扎邻布合，亦乞列思部首领土格马合，弘吉喇部首领迭儿格克、额蔑勒·阿剌灰，豁儿罗思部首领绰纳黑·察合安，乃蛮部首领古出兀惕·不亦鲁黑汗，篾儿乞惕部首领脱黑脱阿别乞之子忽图，斡亦剌部首领忽都合别乞，泰赤兀惕部首领塔儿忽台·乞邻秃黑、豁敦斡儿长、阿兀出把阿秃儿，召开了一个呼剌勒台大会。在这次的呼剌勒台会议上，各部首领共同推举札木合为合穆黑蒙古国的"古尔可汗"（普天之下可汗）。

举行完呼剌勒台大会，他们义愤填膺，群情激昂，呼喊着口号，踩脚塌陷河沿泥土，挥刀砍断林中树枝，乱剑砍死一匹公马与一匹母马，饮血盟誓，要一举歼灭合穆黑蒙古国成吉思汗和客列亦惕国脱斡邻勒可汗，还放出狠话说："谁要是泄露了我们盟誓之事，便如同脚下此土、刀下此树，让他粉身碎骨，碎尸万段！"

举行盟誓仪式的时候，豁儿罗思部的豁里岱也在场。

目睹眼前这个气势汹汹的场面，他想，札木合做合穆黑蒙古国的"古尔可汗"，就意味着要将成吉思汗取而代之，也就是说，"普天之下可汗"（古尔可汗）将取代"四海之内可汗"（成吉思汗）。一个可汗取代另一个可汗，有什么意义呢？他想不通。可他心里明白今天这个盟誓的后果，十三个哈邻（部落）一起向成吉思汗发起进攻,成吉思汗能顶得住吗? 如不提早防备,肯定会吃亏的啊! 在成吉思汗那里也有他们豁儿罗思部的人,一旦战事起,他们也将跟着被歼灭,那也太残酷了。思来想去,他决定要把这消息告诉成吉思汗。

此时,成吉思汗依然驻牧在那个叫古连勒古的地方。

豁里岱骑一匹马又牵一匹从马,趁乱溜出军营,日夜兼程,于第四天凌晨终于到达古连勒古,将十三个哈邻如何集会,如何推举札木合为古尔可汗,如何盟誓要进攻成吉思汗和脱斡邻勒可汗的消息,无一遗漏地告诉了成吉思汗。

成吉思汗闻讯,火速通知了脱斡邻勒可汗。

脱斡邻勒可汗收到情报,立即率兵前来与成吉思汗会合。他们仅用了三天,就完成了集结。

成吉思汗与脱斡邻勒可汗根据豁里岱提供的情报,详细研究了双方的兵力情况以及札木合可能要使用的战术,迅速制定了迎战札木合的作战方案。首先组织一个先遣队,成吉思汗方面派阿剌坛、忽察儿、塔里台三人参加,脱斡邻勒可汗方面派桑昆、札合敢布、必勒格别乞三人参加。在先遣队前方,又设了三重前哨。第一个前哨在先遣队前方的额捏坚归列秃山上,第二个前哨在第一个前哨前方的彻客彻儿山上,第三个前哨在第二个前哨前方的赤忽儿忽山上。

部署完毕,所有人员立即进入战争状态,进入战斗岗位,先遣队和三重前哨陆续出发。

当阿剌坛、桑昆他们的先遣队行至一个叫兀惕乞牙的地方的时候,设在最前方赤忽儿忽山上的前哨飞马来报:"敌人来了!"

为了掌握更准确的消息,先遣队并不下马,继续向前行,很快遭遇了敌人的兵马。

"你们是什么人?"先遣队发问。

他们是札木合的先遣队,由泰赤兀惕部的阿兀出把阿秃儿、乃蛮部的不亦鲁黑汗、篾儿乞惕部的脱脱阿之子忽图、斡亦剌部的忽都合别乞四个人组成。

两支先遣队相遇时天色已晚,于是双方说好第二天开战,各自回返。

那天晚上,成吉思汗和脱斡邻勒可汗向兀惕乞牙方向运动,前进到一个叫合剌温只敦的地方扎营。

桑昆的兵马却前进到另一侧山坡,依山扎营。

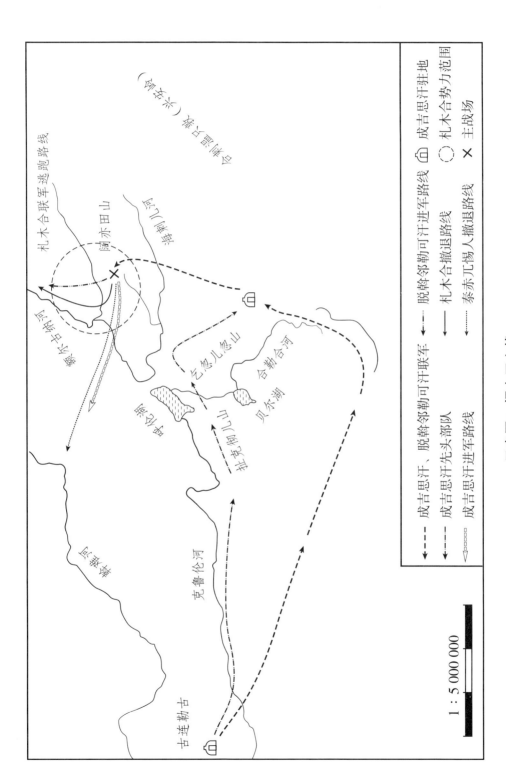

示意图9 阔亦田之战

札木合联军逃跑路线
成吉思汗、脱斡邻勒可汗联军
脱斡邻勒可汗进军路线
成吉思汗势力范围
成吉思汗先头部队
札木合撤退路线
札木合驻地
成吉思汗进军路线
泰赤兀惕人撤退路线
主战场
成吉思汗驻地

1:5 000 000

敌方的乃蛮部孛亦鲁黑汗见状,说:"成吉思汗的兵马也太分散了,不如我们集中兵力,各个击破。"他想在主力兵马到来之前,主动进攻,取得战果,便派阿兀出把阿秃儿、忽图两个人孤军深入,前去突袭。

可他俩望见桑昆的人马正威风凛凛地等待他们靠近,不敢妄动,折返回来。

成吉思汗见状,将辎重移往别处,与脱斡邻勒可汗一起,将兵马依山势做了部署。

桑昆的兵马则翻过山,直接前进到兀惕乞牙准备迎战。

第二天,成吉思汗的主力与札木合的先遣队在一个叫阔亦田的地方相遇。

可是,双方还未来得及交手,天气骤变,黑压压的乌云像铅块似的压下来,先是一阵暴风骤雨,接着是狂风横扫,最后是雨雪交加,那铺天盖地的风雪让人无法睁眼。

哦,长生天!

成吉思汗再次感悟到长生天对自己的特别呵护。他仰望着头上密布的厚厚的云层,右手抱胸,默默地表达对长生天的感恩之情。

成吉思汗的大将、兀良合人忽鲁兀安的兵马,依托山势,以岩石作掩护,向敌阵射去雨点般的箭矢。

桑昆向敌人侧面发起攻击。

开始的时候,札木合的先遣队显得很勇猛,与忽鲁兀安针锋相对地对射了一阵,还发起了几次显然没有多少底气的冲锋,都被挡了回去。

天气状况越来越恶劣,札木合的先遣队丧气地说"上天不予我们方便"。他们无心恋战,开始向阔亦田后方的旷野撤退。因为遭遇恶劣气候,他们在撤退途中首尾难顾,冻伤无数,溃不成军。刚刚海誓山盟,推举札木合为"古尔可汗"的十三哈邻的那些头领,此时像是吹了气的膀胱被扎破了,一个比一个发蔫,各奔东西,只顾自己逃命了。

乃蛮部不亦鲁黑汗向老家阿勒台方向撤走。

篾儿乞惕部的脱脱阿之子忽图往老家薛凉格河方向开拔。

斡亦剌部的忽都合别乞奔他的故地失思吉思森林去了。

泰赤兀惕部的阿兀出把阿秃儿也向斡难河方向逃窜。

此时,札木合才带领主力兵马匆匆赶到,但已经无济于事。

成吉思汗一方,由于豁儿罗思部人豁里岱将战争情报提前告诉了成吉思汗,使得成吉思汗与脱斡邻勒可汗赢得了宝贵的时间做了战斗部署,在战场上占据了主动。

札木合一方,札木合的先遣队在主力队伍没有到达以前,孤军深入,提前投入了战斗,由于力量悬殊,一开始便处于劣势,加之天气原因,造成士气涣散,中途退出战斗。

札木合看到战场形势已经无法挽回,气急败坏地掉头回返。

在回返的路上,他看到溃散的人马连绵一路,气不打一处来,也不管各哈邻的头领们曾如何推荐他做可汗,如何在阿喇惠布拉克地方饮血盟誓,放开军队将他们一路劫掠而去,最后逃往额尔古纳河流域。

脱斡邻勒可汗和成吉思汗乘胜追击,毫不放松。

成吉思汗追击泰赤兀惕部阿兀出把阿秃儿,向斡难河进发。

脱斡邻勒可汗追击札木合,一直追入金国边界。

札木合进了金国边界,引起金国的恐慌。金国皇帝立即调动兵马包抄而来,欲将其彻底消灭在金国境内。

札木合感到,仅凭他的这点残兵败将,根本不是金国的对手,便派人与脱斡邻勒可汗取得联系,表示愿意归顺,做他的一名手下随从。

脱斡邻勒可汗当然同意。与对手交战,要么消灭,要么降服,此刻札木合要投降,那么蒙古草原上又少了个独霸一方的山头。

从此,札木合就成了脱斡邻勒可汗的一员部将。

五

成吉思汗："当年,我遭受三支篾儿乞人袭击时,你救我一命。这次,你用嘴吮吸我伤口的血,又救我一命。在我又渴又饥的时候,你豁出性命进入敌营给我找来酸奶喝,又救我一命。你的三次救命之恩,我永远也不会忘记。"

泰赤兀惕部阿兀出把阿秃儿回到自己的营地后,与豁敦斡儿长联手,整合剩余兵马,再将留守的百姓集中起来,准备迎战成吉思汗。

成吉思汗随后赶到,与泰赤兀惕部开战。

战斗非常激烈,打了一整天,双方死伤惨重,难分难解,处于胶着状态。

到了晚上,双方军队均在战地宿营,泰赤兀惕部的百姓们与成吉思汗的作战军人混杂在一起过夜。

白天在阔亦田战场上,成吉思汗的脖子中了一箭,在追击泰赤兀惕的路上一直流血不止。跟随他的者勒蔑看他已无力支持,入夜后就露宿在战地护理。

成吉思汗因失血过多,晚上昏迷过去了。

者勒蔑信不过旁人,整个晚上亲自守护,寸步不离其身边。他见成吉思汗的伤口有瘀血,就上前用嘴吸,嘴里吸满了,就往旁边吐一口再吸。就这样,到了后半夜,成吉思汗才醒过来,轻轻地说:"我好渴,我要喝水。"

可是,跟前没有可喝的东西。

宿营地前面有条河,河的那面是泰赤兀惕人的营地。那里,傍晚时分还火光密集,人头攒动,这阵儿却悄无声息,静谧异常。

者勒蔑想,那里既然有百姓住,说不定会有马奶,要是能搞来一点马奶给成吉思汗喝,那是再好不过了。于是,他脱掉衣帽和靴子,赤裸着身子渡河而过,溜进泰赤兀惕人的古列延里,爬上他们的勒勒车寻找马奶,可是没有找到。原来,此时已是深秋,加上这几天兵荒马乱,牧民们已将骒马和马驹归群,不挤马奶了。

没有找到马奶,他就找来了一桶发酵的牛奶。

者勒蔑一路来去,竟无人发现,一定是长生天在相助。

抱来发酵奶后,者勒蔑又找来水,与发酵奶兑好了,给成吉思汗喝下去。

成吉思汗喝发酵奶时,中间歇了三回。

"心里亮堂多了。"成吉思汗说着欠身往外看。

天已大亮。

成吉思汗看到者勒蔑吐出的血积在旁边的地上,变成一片小汪洋。

成吉思汗很是奇怪,问:"这是什么?为什么不吐到远处呢?"

"我见可汗那么痛苦,丝毫不敢离开,心里更紧张,吸在嘴里的血,有的吐了,有的咽进肚子里,现在肚子里还有呢。"

"我成了这样,你为什么要脱光衣服跑呢?你要是被捉住了,不就供出我在这里了吗?!"

"我已经想好了。要是被捉住了,我就说'我想投靠你们,可是被他们发现了,他们要杀我,脱掉了我的衣服,他们转身去拿刀的时候,我脱开身跑出来了'。我这么说,他们肯定会相信,还会拿衣服给我穿。那时,我就可以骑上他们的一匹马,瞬间工夫就会跑回来。"者勒蔑说,"所以,为了找喝的,在可汗闭眼休息的时候,我就一口气跑过去了。"

成吉思汗听了,感慨地说:"我该说什么好呢?当年,我遭受三支篾儿乞惕人的袭击,逃入布儿汗山,他们绕山三遍搜捕我时,你救我一命。这次,你用嘴吮吸我伤口的血,又救我一命。在我又渴又饥的时候,你豁出性命进入敌营,给我找来酸奶喝,又救我一命。你的三次救命之恩,我永远也不会忘记。"

第二天早晨,成吉思汗到阵地前察看,发现昨晚在河那边露宿的泰赤兀惕人的兵马,已不见了踪影。他们丢弃了百姓、毡房和辎重,连夜逃走了。而那些古列延里的百姓,无法像军队那样迅速行动,所以还留在原地。

成吉思汗从露宿的地点起身,准备去收容那些饱受战争动荡的泰赤兀惕百姓的时候,忽然看见一个穿红袍的女人边哭边喊着他的名字:"铁木真!铁木真!"

成吉思汗听了,对身边的士兵下令说:"那个哭喊的女人是什么人?去看看！"

士兵走过去问那女人："你是什么人，为什么要哭喊？"

女人答："我是锁儿罕失剌的女儿，叫合答安。你们的兵捉了我的丈夫，还要杀他，我是为救我的丈夫，哭着喊了铁木真的名字。"

士兵返回来，将女人的话告诉了成吉思汗。

成吉思汗闻声，策马而去，找到合答安，与她拥抱在一起。可惜的是她的丈夫已经被士兵杀死。

那天，成吉思汗收容了留在那里的泰赤兀惕百姓，在那里住下，并把合答安请来，跟自己一起过夜。

翌日，泰赤兀惕部的锁儿罕失剌和只儿豁阿歹两个人，从泰赤兀惕部脱朵格的哈邻过来了。

成吉思汗见了锁儿罕失剌，非常高兴，说：

> "将我
>
> 脖子上
>
> 沉重的枷锁
>
> 扔到地上
>
> 将我
>
> 肩膀上
>
> 上锁的横木
>
> 解开扔掉
>
> 与我
>
> 有相救之恩的
>
> 你们
>
> 父子二人
>
> 为什么
>
> 姗姗来迟"

锁儿罕失剌说："我心中，始终对你深信不疑。急什么！如果我匆忙来投奔你，说不定啊，泰赤兀惕部的那颜们会将留在那里的我的妻儿和牲畜一扫而光，所以，我没有急着来。现在，终于跟可汗在一起了。"

"说得对。"成吉思汗说。

成吉思汗又问："在阔亦田的战场上，当我骑马冲锋时，是谁从山上放箭，射伤了我的战骑白嘴黄马的脖颈？"成吉思汗不愿直言其受伤，以白嘴黄马来作托词。

只儿豁阿歹说："从山上放箭的人是我。

> 现在
> 可汗要是
> 杀了我
> 只会弄脏
> 巴掌大点的
> 地方而已
>
> 假如
> 可汗开恩
> 留我
> 一条命
> 我愿做
> 可汗的马前卒
> 遇深水
> 将其横断
> 碰顽石
> 将其震碎
>
> 可汗指哪儿
> 我冲到哪儿
> 将青石
> 击成沙砾
>
> 可汗提哪儿

我打到哪儿

将黑石

踩成烂泥"

成吉思汗说："为敌者,总隐瞒自己干过的坏事,可你如实坦言,毫不隐讳与人为敌的行为,这种人可以相交。你用箭矢(者别)射伤了我的白嘴黄马,所以我将你只儿豁阿歹之名,改叫者别。以后你就留在我身边,像一支箭矢,做我的护身!"

成吉思汗安顿好滞留在这里的泰赤兀惕部百姓之后,继续追剿已经逃窜的泰赤兀惕人,很快找到了阿兀出把阿秃儿、豁敦斡儿两个人,将他们彻底歼灭。从此,泰赤兀惕部完全归附了成吉思汗。

这次战斗,成吉思汗不但歼灭了泰赤兀惕部,还从他们那里找回了失去多年的乞颜苏力德。

这枚乞颜苏力德在他幼小的心灵里留下了太深刻的影响。

当年,泰赤兀惕人撇下诃额仑母亲,强行掳走也速该把阿秃儿旧部百姓时,诃额仑母亲便是靠着这枚乞颜苏力德召回来一部分部众,使幼小的铁木真第一次领略到这枚苏力德的号召力。所以,当诃额仑母亲将乞颜苏力德交给他护卫时,他特别高兴,感到握在手里的是整个一个兀鲁思。可是没过多久,塔儿忽台·乞邻秃黑又一次前来洗劫时,把乞颜苏力德也抢走了。

从此,他虽然再也没有见到这枚乞颜苏力德,但每次有重要行动时,都会想起这枚苏力德。1179 年,铁木真、脱斡邻勒可汗、札木合三方联盟进攻篾儿乞惕部时,札木合的话提醒了他,使他得以建立自己的军麾哈喇苏力德。1189 年恢复合穆黑蒙古国,他被推举为成吉思汗时,又建立了自己的国纛察干苏力德。尽管这样,他依然没有忘记这枚乞颜苏力德。这次,当全歼泰赤兀惕部后,他特意嘱咐合撒儿,一定要想办法找回这枚乞颜苏力德。

其实,塔儿忽台·乞邻秃黑也曾以这枚苏力德为正统,将其当神物来供奉。当年抢到乞颜苏力德后,他对泰赤兀惕人说："山水轮流转,合穆黑蒙古国的权柄又回到泰赤兀惕人手里了。"并从此自称是合穆黑蒙古国可汗。

时光如水。

从也速该把阿秃儿去世算起,已经过去了三十年。如今,乞颜苏力德终于回到了孛儿只斤人的手里。

"从哪儿找到的？"成吉思汗问。

"从塔儿忽台·乞邻秃黑的斡耳朵门前找到的。"合撒儿答。

苏力德依然熠熠闪烁，威风凛凛。

合撒儿说："现在，咱们有三枚苏力德了。一枚察干苏力德，一枚哈喇苏力德，这枚正好是阿拉克苏力德，黑白相间，就立在中间吧？"

这枚苏力德到底要立在哪儿，成吉思汗早已想好。

"乞颜苏力德是咱们家族的苏力德，以后就交给你，由你合撒儿世世代代护卫和供奉吧！"

"交给我？"

"是的，就立在你家驻地门前！从此以后，乞颜子孙都到你那里供奉阿拉克苏力德！"

合撒儿被委以如此重任，心里既光荣又沉重，并感受到了可汗哥哥对自己多么信任。有这么多个弟弟，偏偏让他承担这一光荣职责，可见他合撒儿在成吉思汗心目中的位置。

"记住！"成吉思汗特别提醒合撒儿，"父亲也速该把阿秀儿是在虎年去世，把乞颜苏力德留给我们的。所以，今后每到虎年的时候，一定要举行威猛大祭，以重振乞颜精神。"

阿拉克苏力德每逢虎年举行威猛大祭的习俗，即从那时开始。

于是，合撒儿将阿拉克苏力德拿回家，安排专人管理和供奉。

泰赤兀惕部阿兀出把阿秀儿、豁敦斡儿被歼灭时，与他们在一起的塔儿忽台·乞邻秃黑知道，如果自己被成吉思汗捉住了不会有好下场，所以，当他发现阿兀出把阿秀儿他们已无路可逃时，便悄悄离开他们，躲到一片大森林里，独自一人毫无目标地行走。

这时，尼出兀惕巴阿邻部人失儿古额秃老汉和他的两个儿子阿剌黑和那牙阿看到自己所在的泰赤兀惕部被打散，已无家可归，便决定出去归附成吉思汗。他们从森林里往外走，意外地与塔儿忽台·乞邻秃黑相遇。

父子仁知道塔儿忽台·乞邻秃黑是成吉思汗的敌人，他们想把他交给成吉思汗，便捉住了他。

塔儿忽台·乞邻秃黑胖得出奇,他的外号塔儿忽台,就是胖的意思。他们带他往外走,可他太胖无法骑马,他们只好把他放在牛车上拉。

这时,乞邻秃黑的儿子和弟弟们闻讯追来,要抢回乞邻秃黑。

失儿古额秃老汉看见他们人多,就把两个儿子打发走,让他们在森林深处躲起来,自己一个人等他们过来。

乞邻秃黑的儿子和弟弟们见现场只有失儿古额秃老汉和乞邻秃黑两个人,便挥舞刀剑冲过来,要杀死失儿古额秃,抢走乞邻秃黑。

失儿古额秃老汉一看,急了,他将行动不便的乞邻秃黑推倒,让他仰面躺在车上,自己坐在他的肚子上,刀尖对着他的脖子,说:"你的儿子和弟弟们抢你来了。现在,我杀了可汗,他们一定会杀我。我不杀可汗,他们说我冒犯了可汗,也一定会杀我。所以,我只好先杀你,做个垫背。"

乞邻秃黑瞅着那把顶着他喉咙的明晃晃的刀尖,大声哭喊道:"失儿古额秃要是真的杀了我,你们光拿走我的尸首有何用啊!趁他还没杀我,你们回去吧!他们是想把我送给铁木真,我想,铁木真他不会杀我的。铁木真小时候,我看他脸上有光、眼中有火、脑子聪明,就当他是匹小马驹,曾用心调教来着。那时我可以轻易地让他死掉,但我没有这么做,还是把他养大成人,铁木真他一定会记着这些,会想到我的好处的。铁木真不会杀我,你们,我的儿子、弟弟们,你们就回去吧!要不然失儿古额秃真的会杀了我。"

他的儿子和弟弟们商议,道:"我们是来救人的,如果被失儿古额秃老汉一刀杀了,我们拉回去一个没有生命的身子有何用呢?现在趁他还没杀,我们回去吧。"

等他们走远了,藏在林子里的两个儿子跑过来,与父亲一起拉着乞邻秃黑继续往前走。

当他们来到一个叫忽秃忽勒讷兀苔的地方时,小儿子那牙阿说:"我们把他送到成吉思汗那儿,成吉思汗会以为我们对自己的主子不忠诚,不但不信任我们,还有可能说我们是冒犯主子的贱民而杀掉我们。我们还不如把他放了,自己去见成吉思汗。见了成吉思汗,我们就说,我们是来为您效力的。本来我们在来的路上捉住了塔儿忽台·乞邻秃黑,想把他送来,但走在路上,忽然觉得他也是我们的可汗,捉住自己的可汗送给外人,我们于心不忍,便放走了他,自己来了。"

听了那牙阿的话，父亲和哥哥觉得很有道理。于是父子三人就在那个叫作忽秃忽勒讷兀苔的地方放走了乞邻秃黑，来到了成吉思汗身边。

成吉思汗召见了他们，问为何而来。

失儿古额秃老汉答："我们是为您效力而来。本来我们捉住了塔儿忽台·乞邻秃黑，想把他拉来交给您。可是走在路上，忽然觉得将自己的可汗捉了送给外人，于心不忍，便放走了他，我们自己来了。"

成吉思汗说："如果绑来了你们的可汗塔儿忽台，你们就犯下了冒犯自己的可汗之罪，你们将与你们的可汗一起被杀掉。你们能够心疼自己的可汗，这很好。"遂将那牙阿留在了身边。

那牙阿父子归顺后，成吉思汗转移到一个叫帖儿速惕的地方驻扎。

一天，脱斡邻勒可汗的弟弟札合敢布来投奔成吉思汗。当年，成吉思汗与篾儿乞惕人作战，夺回孛儿帖兀真时，札合敢布与脱斡邻勒可汗一起参战。

接着又有客列亦惕部的土绵·秃别干、斡栾·董合亦惕等一些溃散的百姓来投奔成吉思汗。

札合敢布前来投奔成吉思汗的前因后果是这样的：一天，脱斡邻勒可汗的弟弟札合敢布和几个人私下议论，说："我们这位汗兄，对我们心存恶意，得罪了所有的弟兄，还投降哈喇契丹，背弃了自己的兀鲁思。我们对他该如何是好呢？他七岁时被篾儿乞惕人捉去，在薛凉格河边的卜兀剌·客额列地方，身穿黑山羊羔皮袄，以为篾儿乞惕人舂米为生，他的父亲忽儿察忽思·不亦鲁黑可汗打败了篾儿乞惕人，才把他救回来。十三岁时，他与母亲一起又被塔塔儿部阿泽汗捉去，为他们放骆驼，他与他们的牧羊人结伴逃了回来。后来为躲避乃蛮部亦南察的攻打，又跑到撒儿塔兀勒国，投奔哈喇契丹的古尔汗。在那里待了一年后，又与他们闹翻，离开那里，经回鹘、唐兀惕之地逃难，骑一匹黑鬃黄尾独眼马，身边只有一峰骆驼和用绳索相连的五只山羊，他挤五只山羊的奶吃，放骆驼的血喝，疲惫不堪，穷困潦倒，来找铁木真，铁木真从自己的百姓中抽赋养活了他。可是如今，他把这一切全忘了，又开始使坏心眼。"

有个叫阿勒屯·阿修黑的人，将上述议论传到脱斡邻勒可汗的耳朵里。他说："他们议论时，我也在场，但我不想背弃可汗您，所以特来禀报。"

脱斡邻勒可汗派人逮捕了背后议论他的额勒忽秃儿、忽勒巴里、阿邻台吉等人，只有脱斡邻勒可汗的弟弟札合敢布一个人脱身出来。

脱斡邻勒可汗把捉来的几个人关进一个毡包里，说："是你们私下议论，说我在回鹘、唐兀惕之地如何逃难的吧？"说完就往他们的脸上吐唾沫，还让在场的所有人都往他们脸上吐唾沫。

就这样，将他们羞辱了一阵，才为他们松了绑。

六

战斗开始前，成吉思汗颁布了几条法令：
"与敌人作战时，不得贪图钱财物。战场上需要
撤退时，必须回到开始出发的地点，不归者斩。"

壬戌年（1202 年）。

这年秋天，成吉思汗在一个叫苔阑捏木儿格的地方，与察阿安塔塔儿、阿勒赤塔塔儿、都塔兀惕塔塔儿、阿鲁孩塔塔儿联军开战。

塔塔儿是成吉思汗和合穆黑蒙古国的仇敌，找到塔塔儿主力予以歼灭，是成吉思汗多年的夙愿，现在终于等到了这个千载难逢的机会。

然而，成吉思汗心里清楚，打好这一仗有多么重要，他最担心的是歼敌不彻底而留下后患。

所以，这个仗一定要打胜，决不能出现任何疏忽和闪失。

战斗开始前，成吉思汗颁布了几条法令，规定："与敌人作战时，不得贪图钱财物。仗打胜了，战利品永远都是我们的，到时再分也不晚。战场上需要撤退时，必须回到开始出发的地点，不归原出发地点者斩。"

这场战斗，成吉思汗占绝对优势。

仗，打了一整天，塔塔儿人节节败退，已经退到了最后一道防线。突然，他们急了，丢下所有辎重，分好几路，冲出了包围圈。

成吉思汗立即兵分数路追击，分头包围了他们分散的兵力，彻底摧垮了他们，并俘虏了一多半人马。

可是在战斗中，阿剌坛、忽察儿、塔里台三个人违犯军纪，贪图财物，只顾拾捡和掳掠沿途的财物，贻误了战机，放跑了他们追击的那部分塔塔儿人。

他们仗着自己是成吉思汗的长辈和哥哥，根本没有把成吉思汗放在眼里。

刚刚颁布的法令就被他们触犯了，成吉思汗非常生气。他严厉批评他们没有遵守战场纪律，没有兑现自己的承诺。这里提到的承诺，是指阿剌坛、忽察儿、

塔里台他们曾在推举成吉思汗做合穆黑蒙古国可汗时所发的誓言。

但成吉思汗还是给他们留了面子,处理得较轻,只派者别、忽必来两个人前去执行军纪,以没收他们抢掠的财物和牛马羊了事。

但阿剌坛、忽察儿、塔里台三个人却耿耿于怀,认为他们是推举成吉思汗做合穆黑蒙古国可汗的功臣,但成吉思汗却不给他们面子,也不把他们当人看,并由此后悔当初不该头脑发热,推举成吉思汗做合穆黑蒙古国可汗,更不该对他发誓效忠。为此,他们三个人决定,离开成吉思汗。

塔塔儿部终于被歼灭了。

但是如何处理那些俘获的塔塔儿人,成了一个棘手的问题。

塔塔儿人害死了合穆黑蒙古国太多的祖先和精英。他们害死了俺巴孩可汗,害死了斡勤·巴儿合黑,害死了也速该把阿秃儿,欠下了太多的血债。俺巴孩可汗被害时曾留下遗言:"所有合穆黑蒙古国的人都要记住,塔塔儿人是我们不共戴天的世仇,你们即使把五个手指甲抠没了,十个手指头磨秃了,也一定要为我报仇雪恨!"

那么该如何报仇呢? 这事不能由成吉思汗一个人做决定,需要大家共同商量。

为此,由成吉思汗主持召开了所有黄金家族成员参加的呼剌勒台会议。

会议开了好长时间。对于报仇雪恨,大家意见一致,但怎样报仇雪恨,却有各种不同意见。有的说,杀掉所有的塔塔儿人;有的说,杀掉塔塔儿人的所有头领;有的说,杀掉塔塔儿人的所有男丁;有的说,杀掉塔塔儿人的所有成年男丁。

经过长时间的讨论,最后决定:"祖先和父辈们的仇一定要报,不能留下让他们将来寻机复仇的祸根。因此,必须杀掉所有身高超过车辖的塔塔儿男丁,其余的塔塔儿妇孺,全部分给各家各户世代为奴。"

会议结束了。

营地里的人们都知道他们开会讨论的内容是什么。

塔塔儿人也可车连拦住从会场里走出来的别勒古台,问:"你们做什么决定啦?"

别勒古台说："杀掉你们当中所有身高超过车辖的男丁。"

也可车连听了别勒古台如此说，立即告知所有塔塔儿人，说："横竖都是死，不如起来反抗，多找几个垫背的！"遂将他们集中起来，筑起工事，进行反抗。

结果，为了攻取他们的工事，死伤了很多人。好不容易把工事攻下来了，到了用车辖一一对比的时候，那些塔塔儿人抽出事先藏在衣袖里的短刀拼命厮杀，又死伤了很多人。

事后，成吉思汗查清，是别勒古台泄密走漏了风声，才造成如此大的损失。

假如此事是别人干的，成吉思汗不会手软，肯定会从严惩处。可是一说是别勒古台干的，他就软下来了。他曾有誓在先："将全力保护别勒古台，不许任何人触碰别勒古台的一根毫毛，别勒古台犯下任何罪责绝不追究。"况且，这些年来别勒古台用自己的行动在成吉思汗心目中赢得了重要地位，让成吉思汗无法开口指责他。所以，成吉思汗没有提出任何批评，只规定了一条限制："这次，我们孛儿只斤家族内部开会讨论重大事情，因别勒古台泄露，造成了军队的严重损失。今后，召开呼剌勒台会议，商议'也可额耶'，不得让别勒古台参加。开会期间，别勒古台负责外边的事情，审理争吵、打架、偷盗方面的诉讼，待'也可额耶'商议结束了，敬过了第一遍酒，方可让别勒古台进来。"

处置了塔塔儿男丁之后，塔塔儿妇孺分给了各家各户，其中塔塔儿首领们的女人由成吉思汗和各位头领优先挑选。

成吉思汗将塔塔儿首领也可车连的女儿也速干收做自己的合敦。

也速干进入大帐，跪谢成吉思汗，说："多谢可汗开恩让奴婢在您床前伺候。不过我的姐姐也遂比我强，她有着堪与可汗相配的美貌，只是刚才一阵混乱，不知她的去向。"

成吉思汗说："要是你的姐姐长得果真比你美，我就派人把她找回来。不过你姐姐来了，你愿意让出你的位子吗？"

也速干说："要是可汗开恩，让我姐姐来了，我即刻把位子让给她。"

于是，成吉思汗下令去寻找也遂。

派去的人很快查清，也遂跟着丈夫逃进了树林里，遂到树林里搜捕，把她捉了回来，可是她的丈夫已经逃脱。

也速干见姐姐来了，便兑现此前所言，站起来将座位让给姐姐，自己移到下首坐下。

正如也速干所说,也遂长得的确光彩照人。

成吉思汗赐恩,让她也做了自己的合敦。

一天,成吉思汗坐在毡包外与也遂、也速干两位合敦一起喝茶,也遂合敦莫名地叹了一下。

成吉思汗起了疑心,叫来孛斡儿出、木华黎两个人,说:"你俩去把营地里的人全部按部落分开,不是本部落的人不许插入里边。"

结果,将所有人按部落分开后,多出了一个小伙子。

孛斡儿出问他:"你是什么人?"那个小伙子说:"我是也可车连的女婿。上次开杀的时候,我得以脱身,逃走了。后来,见这里恢复了平静,我以为别人不见得能认出我,就回来了。"

成吉思汗听了报告,说:"此人心怀叵测,竟然一个人悄悄溜进军营里来。他这种人早就该比着车辖杀掉,为何还留着?不要让我看见他!"

于是立即将他杀死。

还有个叫合儿吉勒·失剌的塔塔儿人趁乱逃出去,在外面游荡了一些日子,后来找不到东西吃,饿极了,就从野外回到营地,闯进诃额仑母亲的毡包,对她说:"请给我弄点吃的吧!"

诃额仑母亲说:"想吃东西,就坐到那边去!"便让他坐在右首的床头等候。

这时,成吉思汗最小的儿子,刚五岁的拖雷从外面跑进来,在毡包里绕了一下又要出去时,合儿吉勒·失剌起了邪念,忽然从座位上站起,一把抓住拖雷夹在腋下,边往外走边抽刀要杀他。

诃额仑母亲见状忙喊:"他要杀我孙子!"

诃额仑母亲的养子孛罗忽勒的妻子阿勒塔尼,正在毡包左首坐着,听到诃额仑母亲的喊声,冲出毡包,从合儿吉勒·失剌身后赶过去大喊一声,一只手揪住他的发辫,另一只手奋力拽他抽刀的手,使抽出的刀滑落在地上。

在毡包后面的哲台、者勒蔑二人宰杀了秃角黑牛正在解牛,听到阿勒塔尼的喊声,用沾满牛血的手攥着杀牛刀斧急忙赶来,一阵刀扎斧砍,将合儿吉勒·失剌杀死,救出拖雷。

事后,三个人相互争夺救孩子的功劳。

哲台、者勒蔑二人说："若不是我们及时赶来杀死他,你一个妇道人家能救得了孩子吗? 孩子早被他杀了。救孩子的功劳归我俩。"

阿勒塔尼说："如果我没有喊,你俩能过来吗? 如果不是我揪住他的发辫,拉他拔刀的手,让刀滑落在地上,你俩过来时,孩子早没命了。"

成吉思汗听完双方的争辩,最后给阿勒塔尼记了头功。

七

于是在土剌河边黑森林里的脱斡邻勒可汗
驻地举行隆重仪式，成吉思汗与脱斡邻勒可汗
正式确定了父子关系。

当成吉思汗歼灭塔塔儿的时候，脱斡邻勒可汗进攻篾儿乞惕部，把脱黑脱阿别乞赶往巴儿忽真·脱窟木地区，并杀死了脱黑脱阿别乞的长子脱古思别乞，掳来脱黑脱阿别乞的两个女儿忽秃黑台和察合仑，占有了脱黑脱阿别乞的两个儿子忽图、赤剌温及其所有百姓。不过，听了札木合的谗言，他没有分给成吉思汗任何战利品。

札木合投降以后，在与脱斡邻勒可汗日夜相处的过程中，他发现脱斡邻勒可汗虽然很重感情，特别讲义气，但头脑简单，胸无大志，是个典型的草包可汗。所以，他开始破坏成吉思汗与脱斡邻勒可汗的关系，想方设法在他们之间制造矛盾，企图以此来削弱他们双方的势力。

对于脱斡邻勒可汗的不义行为，成吉思汗没往心里去，还跟往常一样，仍叫脱斡邻勒可汗为父亲，并继续保持与他的合作关系，与脱斡邻勒可汗一同去攻打乃蛮部古出古惕可汗。

当他们到达一个叫兀鲁黑塔浑·溯豁黑兀孙的地方时，古出古惕可汗无力抵抗，急忙越过阿勒泰山西去。

成吉思汗与脱斡邻勒可汗继续追赶，越过阿勒泰山，沿忽木升吉仑·兀泷古河而下。但乃蛮部一个叫也迪·土布鲁黑的那颜，却因马肚带断了而被捉。

他们继续沿兀泷古河追赶，将古出古惕可汗追入乞湿泖巴失湖，并在那里将其消灭。

成吉思汗与脱斡邻勒可汗从那里班师，在回来的路上与乃蛮国猛将可克薛兀·撒剌卜黑·把阿秃儿相遇。后者在巴亦苔剌河边一个叫黑别勒赤列的地方严阵以待，准备决战。

成吉思汗与脱斡邻勒可汗列队准备迎敌。

这时天已近黄昏,脱斡邻勒可汗说:"今天已经很晚了,就地宿营,明天交战吧!"

成吉思汗也觉得有道理,便派使者到对方阵地,与对方讲好,第二天再交手。

然后,成吉思汗与脱斡邻勒可汗相隔一个山头,分别扎营,放马休息。

到了夜晚,札木合找到脱斡邻勒可汗,说:"可汗啊,我听说乃蛮国的这个可克薛兀·撒剌卜黑·把阿秃儿的手下,个个都是勇猛无比的亡命徒,我担心明天我们会吃亏。"

"那你的意思是?"脱斡邻勒可汗问。

"我们开走吧。"札木合说。

脱斡邻勒可汗本来就有些犹豫,经札木合这一鼓捣,也就同意了。

"那成吉思汗呢?"脱斡邻勒可汗问。

"当然要同时撤离。这您就甭管了,我派人通知他。"札木合一口答应下来。

半夜时分,脱斡邻勒可汗燃起多堆篝火留在宿营地上,带了兵马,逆着合剌泄兀渺河悄悄开走。

札木合与脱斡邻勒可汗一边走着,一边不时地朝后观望。

脱斡邻勒可汗发现他有点不对劲,问他:"你在看什么呢?"

札木合假装一脸疑惑:"这,铁木真安答怎么没有动静呢?"

"是啊,怎么看不到他的动静呢?"脱斡邻勒可汗也觉得奇怪。

其实,趁夜撤走这事,札木合压根儿就没通知成吉思汗,这会儿,他是故意做戏给脱斡邻勒可汗看。

札木合趁势对脱斡邻勒可汗讲:"我看哪,铁木真安答素与乃蛮部有染,所以才不跟我们一起开拔。

　　可汗啊,可汗

　　我是一只

　　从不飞远的

　　合翼鲁合纳鸟

　　安答是一只

随时飞走的

鹘勒都兀儿鸟

我看

安答他

要向

乃蛮投降

所以

才抛弃您

留在了原地"

随行的兀布赤黑台·古邻·把阿秃儿,对札木合之言颇为不满,说:"你为何要出此谗言,伤及无辜的好人呢?"

脱斡邻勒可汗没有任何感觉,完全被蒙在鼓里。

成吉思汗住了一宿,第二天一早起来捉回战马,准备出战,却见脱斡邻勒可汗的驻地已经空空如也。

"原来你耍滑头故意撇下我,叫我单独跟乃蛮人打仗!"

成吉思汗也不开打,立即拔营,翻过额桎儿·阿尔泰山谷口,马不停蹄,来到一个叫撒阿里·客额儿的地方住下。

出发时,成吉思汗和合撒儿都发现了乃蛮的新动向,但他们假装没发现,没有告诉脱斡邻勒可汗。

乃蛮的可克薛兀·撒剌卜黑·把阿秃儿早晨起来后,发现要跟他打仗的两拨人马都不见了,心想,他们是怕打不过我连夜逃走了。

他派人侦探两拨人马,发现成吉思汗的人马走的时间不长,且有所防备,一直保持战斗队形不变,而脱斡邻勒可汗的人马毫无警觉,脱斡邻勒可汗和儿子桑昆分两路行进,整个队伍稀稀拉拉,拖了十几里长。

因此,他不理会近前的成吉思汗,反而追击已经走远的脱斡邻勒可汗和桑昆的兵马。结果,旗开得胜,先是冲垮了桑昆的兵马,抢走了桑昆的妻子儿女、百姓及财产,然后又追赶脱斡邻勒可汗,追到一个叫帖列格秃·阿麻撒剌的地方时,将其打散,抢到了部分百姓和牲畜。

看到队伍被打散,跟随脱斡邻勒可汗的脱黑脱阿别乞的两个儿子忽图、赤刺温两人趁机带着自己的部众脱离了脱斡邻勒可汗,找他们的父亲去了。

脱斡邻勒可汗被可克薛兀·撒刺卜黑·把阿秃儿打败以后,派使者到成吉思汗处请求,道:"我被乃蛮人抢走了妻儿、百姓和牲畜,请我儿派你的四库鲁格(指成吉思汗的四骏)来,把我的百姓和牲畜再抢回来吧!"

成吉思汗二话不说,派孛斡儿出、木华黎、孛罗忽勒、赤刺温等四位库鲁格带领兵马,去支援脱斡邻勒可汗。

此时,桑昆正在一个叫忽刺安忽惕的地方与乃蛮人作战,他的战马被砍伤了大腿,眼看就要落入敌手,恰遇成吉思汗的四位库鲁格赶到,及时把他救出,然后又帮他夺回了被抢的妻儿和牲畜。

事后,脱斡邻勒可汗弄清了事情的来龙去脉,激动地发誓道:"从前,铁木真的父亲也速该把阿秃儿,帮我重新收拢失散的兀鲁思,如今儿子铁木真派他的四位库鲁格把阿秃儿,夺回我被抢的兀鲁思。此等大恩,我将一定相报,请天地作证!"

又说:

"上一回

安答也速该把阿秃儿

将我

失散的兀鲁思

收拢起来

还给了我

这一次

铁木真儿子

把我

失去的兀鲁思

抢夺回来

还给了我

你们
父子俩
凭什么
要为我
这般奔波
收拢我
失散的
兀鲁思

如今
我老矣
当我
蜷在地之高处
归去时
躺在山崖之上
长眠时
我的
这个兀鲁思
将由
谁来掌管

我的
弟弟们
无德又无能
我的
独生儿子桑昆
更无相伴之人
只有让
铁木真儿

与桑昆儿

做了兄弟

我才

能够放得下

这颗

悬着的心"

于是,在脱斡邻勒可汗的提议下,在土剌河边黑森林里的脱斡邻勒可汗驻地举行仪式,脱斡邻勒可汗与成吉思汗正式确定了父子关系,并针对札木合的所作所为,父子俩做出承诺:

"遇到

敌人的时候

一起作战

需要

狩猎的时候

一同畋狝

从今往后

我们哪——

别人

因嫉恨而

用毒蛇般

谗言

离间的时候

须经

当面对质

绝不上当

他人

因仇视而

用蛇蝎般

奸佞

挑拨的时候

一定

及时沟通

不要轻信"

　　脱斡邻勒可汗是一位极重感情的人,对于他的诚心,成吉思汗深信不疑。所以,为了亲上加亲,成吉思汗提出两家换亲,将桑昆的妹妹察兀儿别乞娶给自己的长子术赤,将自己的女儿豁真别乞嫁给桑昆的儿子秃撒合。

　　但是,黑森林里的承诺,是脱斡邻勒可汗与成吉思汗之间做出的,而不是桑昆与成吉思汗之间做出的,所以,札木合立即找到桑昆挑拨离间,告诉他说:"脱斡邻勒可汗与铁木真结为父子,却不让你跟铁木真结为安答,你知道这意味着什么吗?那就是意味着,脱斡邻勒可汗把整个客列亦惕兀鲁思交给了铁木真,其中已经没有你桑昆的什么事了!"

　　在这种情况下,桑昆宁肯相信札木合说得对。

　　蓦地,桑昆对成吉思汗厌恶起来,觉得他的一举一动都是冲着父亲的家业而来的。

　　他坚决反对成吉思汗提出的换亲建议,以不屑的口吻说:"我们家的女子嫁到他们家里,其身份是蹲在毡包门槛上看坐在毡包上首的人;他们家的女子嫁到我们家里,其身份是坐在毡包的上首看蹲在毡包门槛上的人。"并以此为借口,拒绝将察兀儿别乞嫁给术赤。

　　听了桑昆之言,脱斡邻勒可汗也对这门亲事自缄其口,不做明确表态。

　　从这件事情上,成吉思汗彻底看清了脱斡邻勒可汗父子内心的龌龊,心里很鄙视他们,从此不再理会他们。

　　自那以后,成吉思汗再也没跟脱斡邻勒可汗主动取得过联系。

八

札木合知道了桑昆和脱斡邻勒可汗未响应成吉思汗提出的换亲建议，从中嗅出成吉思汗和脱斡邻勒可汗的政治联盟出现了裂痕，便鼓动桑昆和脱斡邻勒可汗攻打铁木真。

癸亥年（1203 年）春天。

阿剌坛、忽察儿俩因为不满成吉思汗的责备和没收他们抢掠的财产，带着所属百姓，投靠了脱斡邻勒可汗羽翼下的札木合。

札木合一下子增加了这么多兵马，头脑又开始膨胀，觉得自己在脱斡邻勒可汗手下很窝囊，打算再干出一番惊天动地的事情。他知道，由于阿剌坛、忽察儿的离开，成吉思汗的兵马又少了很多，他由此想到，要是在这个时候突袭成吉思汗，他肯定难以招架，说不定就此能够一举歼灭他。

尤其当札木合知道了前不久桑昆和脱斡邻勒可汗未响应成吉思汗提出的换亲建议，他从中嗅出成吉思汗和脱斡邻勒可汗的政治联盟出现了裂痕，认为是个绝好的翻盘机会。他心想，凭他札木合的能量，只要略施小计，鼓动桑昆和脱斡邻勒可汗攻打铁木真，一定能够达到一石双鸟的效果。

他先找到了阿剌坛和忽察儿，向他们透露了他的神机妙算，说："当年，你们离开我去投奔铁木真安答，实际想的是要做合穆黑蒙古国的可汗。可是塔里台·斡惕赤斤、撒察别乞他们也想当，结果铁木真安答从中占了个便宜。过去铁木真安答之所以耀武扬威，全靠脱斡邻勒可汗给他撑腰。可惜呀，现在他跟脱斡邻勒可汗闹翻了，靠山没了，此时要是跟桑昆和脱斡邻勒可汗联起手来突袭成吉思汗，可以不费吹灰之力地彻底消灭他。这样，你俩也可以出出一肚子的恶气了。"

阿剌坛和忽察儿被札木合挠到了痒处，立刻跳起来，满口答应愿意跟札木合一起干。

　　札木合又去说服了哈喇·合儿苔乞惕部的额卜格真·那牙勤、薛格额歹·脱斡邻勒、合赤温别乞,他们也愿意跟他一起干。

　　这天,札木合、阿剌坛、忽察儿、额卜格真·那牙勤、薛格额歹·脱斡邻勒、合赤温别乞等人,浩浩荡荡地前往者折额儿·温都儿山前一个叫别儿客·额列惕的地方跟桑昆会面。

　　札木合挑唆桑昆说:"我那安答铁木真,与乃蛮兀鲁思的太阳可汗之间常有使者往来。虽然他口头上说跟脱斡邻勒可汗是父子关系,但实际上心里另有打算。时至今日,你还信他吗? 要是不趁早行动,错过了机会,你知道后果是什么吗? 如果你想除掉铁木真,我愿助你一臂之力。"

　　阿剌坛、忽察儿两个人帮腔,说:

　　　"咱们
　　　联起手来
　　　去消灭
　　　诃额仑母亲的
　　　儿子们

　　　我们愿意
　　　替你
　　　杀死
　　　那做哥哥的
　　　吊死
　　　那做弟弟的"

　　合儿苔乞惕的额卜格真·那牙勤说:

　　　"我们愿意
　　　助你
　　　把他们的手
　　　绑起来
　　　将他们的脚
　　　捆起来"

看到这么多人要帮助他除掉成吉思汗，桑昆真是喜出望外，他立即表态说："就让我们灭了他铁木真的兀鲁思吧！没有了兀鲁思，他就什么本事也没有了。"

合赤温别乞说："我们都是替你桑昆着想啊！

如果

不把那

远的

走到头

深的

探到底

我们

绝不回头"

桑昆派了一个叫撒亦罕脱迭的人，将这帮人说的话转告给住在土剌河边黑森林里的父亲脱斡邻勒可汗。

脱斡邻勒可汗听了很生气，说："你们怎能这样对待我儿铁木真呢？我们一面靠他，一面背后说他坏话，天将不容啊！札木合的话一向不着边，你们不要听他的！"便把来人打发走了。

桑昆又一次派人来说："我们这么一大帮大活人在跟您说，您怎么就不信呢？"

脱斡邻勒可汗依然不予理睬。

最后，桑昆亲自跑过去，说："现在您健在，他不把我们放在眼里。一旦可汗父亲您，吃白食呛住了，吞红食噎住了，到了那时，您的父亲忽儿察忽思·布亦鲁黑可汗辛辛苦苦打下来的兀鲁思，我们想管也管不了啦！"

脱斡邻勒可汗还是反对："怎么能自己灭自己的孩子呢？随便怀疑我们所依靠的人，真的，天将不容啊！"

桑昆说不通父亲，嗵地摔门而出。

桑昆毕竟是自己的亲生儿子，见他摔门而出，脱斡邻勒可汗又把他叫回来，心疼地说："我是怕害死了自己的孩子，天理难容啊！如果你们真的有那能耐，就由你们去吧！"

得到了父亲的首肯,桑昆开始着手下一步的行动,说:"前时他不是说,将我妹妹察兀儿别乞嫁给他儿子术赤吗? 我们就说一起吃'羊脖子肉',约个日子请他过来,他一来,就捉住他。"

吃"羊脖子肉",是蒙古人的婚俗之一。羊脖子肉,骨节连接紧密,难以分解,青年男女举行婚礼时,一定要吃羊脖子肉,以示婚约牢固,白头偕老。吃了羊脖子肉,就意味着已经确定了婚姻关系。

桑昆拿定了主意,便派人邀请成吉思汗,说:"我们同意将察兀儿别乞嫁给术赤,请成吉思汗过来吃'羊脖子肉'吧!"

成吉思汗依约,带十个人前往,路上住在蒙力克父亲处。

蒙力克父亲很是疑惑,说:"以前,我们提亲,他小看我们,拒绝了亲事,怎么现在又要吃'羊脖子肉'了? 过去,我们换亲,他蔑视我们,回绝了亲事,怎么忽然同意嫁察兀儿别乞了? 这其中恐怕有诈。我儿,你要小心才是。如今是春荒时节,你就说现在马瘦,等马上了膘再去,拖延一下为好。"

成吉思汗听了蒙力克父亲的话,派布合台、乞剌台两个人代他去吃"羊脖子肉",自己从蒙力克父亲处返回去了。

布合台、乞剌台两人去了以后,桑昆自知事已败露,便做出决定,说:"我们的事情暴露了。干脆明天一早,我们出发去捉铁木真!"

晚上,阿剌坛的弟弟也可车连回家,告诉妻子阿剌黑赤惕说:"桑昆说,明天一早出发去捉铁木真。如果把这个消息送到铁木真那儿,他高兴得不定送给你什么呢!"

他妻子阿剌黑赤惕说:"这种道听途说之言,你还相信? 别让人听了当真。"

他们的交谈,被送奶进来的放马人巴歹听到了。

巴歹回去后,告诉了另一个放马人乞失里合。

乞失里合听了,说:"我去打听打听。"便去军营察看。

军营里,也可车连的儿子纳邻客延坐在毡包外,边擦拭箭矢边对身边人说:"刚才说什么来着? 要管好舌头,闭住嘴巴啊!"见纳邻客延走来,他交代道:"今晚,你把那匹篾儿乞惕人的白马和白嘴栗马捉来拴好! 我们明天一早出发。"

乞失里合回来告诉巴歹说:"你说得对,咱们马上给成吉思汗报信去。"说罢,他俩捉回那匹篾儿乞惕人的白马和白嘴栗马,在主家毡包门前拴好,又从羊群里逮来一只绵羊羔煮熟了带上,然后跨上那匹现成的篾儿乞人惕的白马和白嘴栗马,连夜出发去给成吉思汗报信。

乞失里合和巴歹两人跑了三天,来到成吉思汗处,将也可车连如何说、他的儿子纳鄰客延擦拭箭矢时如何说、如何让他捉来篾儿乞惕人的白马和白嘴栗马的事,一五一十地告诉了成吉思汗。

然后又说:"请成吉思汗开恩,我们说的绝无半点假话。他们要捉您,这事绝对是真的。"

九

当晚,成吉思汗离开交战的地方到别处去扎营。宿营前,成吉思汗清点人数,发现少了窝阔台、字罗忽勒、字斡儿出三个人。

乞失里黑、巴歹两人说得有鼻子有眼儿,成吉思汗不得不信。

可是目前正值春天,草枯马瘦,加上阿剌坛、忽察儿俩叛逃而去,损失不小,是最不宜兴师动众的时候。特别是脱斡邻勒可汗、桑昆、札木合三人,各自的势力都很强大,他们联手来进攻,对成吉思汗非常不利。但是,事已至此无可改变,只好想办法应对。

成吉思汗不想让更多的人听到这一消息而造成军心动摇,只告知了几位亲近之人,然后留下辎重,带了部众,当晚就离开了营地。

他们走到一个叫毛温都儿梁的地方,让者勒蔑留下来做观察哨,其余人继续前行。

第二天日头偏西的时候,他们到达一个叫合剌合勒只惕梁的地方休整。

刚休息了一会儿,在不远处青草滩上放牧战马的阿勒赤歹家的牧马人赤只歹、牙德尔两人,看到一缕显然是马队扬起的尘土从毛温都儿梁阳面一个叫忽剌安布鲁黑惕的地方飘起,并渐渐走来,急忙驱赶马群跑来报信。

成吉思汗朝他们所指的方向看去,毛温都儿梁阳面的忽剌安布鲁黑惕一带果真扬起一股冲天的尘土。

成吉思汗看到扬尘,知道是脱斡邻勒可汗追来,便捉来放开吃草的战马,继续前行。

来的正是脱斡邻勒可汗与札木合的兵马。假如没看到那股扬尘,没提前发现敌人行踪,结果还真的难以预料。

脱斡邻勒可汗问札木合:"铁木真手下能够抵挡我们的有哪些人?"

札木合说:"兀鲁兀惕部和芒忽惕部部众与他同行,想必他们会首先跟我们交战。

　　他们

　　自小

　　精通刀枪

　　从幼

　　习练武艺

　　作战时

　　包抄而来

　　朝中军冲锋

　　迂回而至

　　从侧翼进攻

　　他们是

　　手擎

　　合刺苏力德

　　高举

　　阿刺克苏力德

　　敏捷而

　　善战的

　　部众"

　　脱斡邻勒可汗讲："如果是这样，咱们就让以合荅吉为首的只儿斤勇士们当先锋，其后让以阿乞黑失鲁为首的土绵土别根勇士们出击，土别根之后让斡阑董合亦惕的勇士们出击，董合亦惕之后让豁里失列门台吉带领我们的千人卫队出击，千人卫队之后咱们的主力跟上！"

　　脱斡邻勒可汗又说："札木合兄弟，由你来指挥我们的全军吧！"

　　一听此言，札木合从前对脱斡邻勒可汗的一切好感顿然消失。札木合早就发现脱斡邻勒可汗头脑简单，胸无大志，是个典型的草包可汗，但没有想到竟然草包到这个程度，对作战既外行又怯场。蓦地，他开始厌烦起这个称兄道弟多年的客列亦惕人，一时间竟忘了筹划多日才促成的这次联合攻打铁木真的事情，瞬间他竟莫名其妙地想到，索性戏弄一番这个草包可汗。同时他又想到：成吉思汗每次打仗都能出奇制胜，从目前状况看，脱斡邻勒可汗和桑昆这一方的实力远远超出成吉思汗一方，成吉思汗失败是铁定无疑的了。可是谁能说准成吉思汗就不会死里逃生呢？成吉思汗一旦幸存，一定会把账记在我身上，所以，不如趁早给我的安答一点顺水人情算了，反正现在谁也不可能扭转已经形成的战争局面。

于是，札木合对他的几个亲信说："脱斡邻勒可汗叫我指挥他的全军呢！我要是打得过铁木真安答，就不来投靠他脱斡邻勒可汗了。看来，脱斡邻勒可汗连我都不如，不是个长久的那可儿。我得告诉铁木真安答，让他打起精神来。"遂派人告诉成吉思汗，说："脱斡邻勒可汗问我，铁木真手下能够抵挡我们的有什么人？我说，兀鲁兀惕部和芒忽惕部的部众与铁木真同行，想必是他们跟我们打。脱斡邻勒可汗就让合荅吉带领只儿斤勇士们当先锋，只儿斤之后让阿乞黑失鲁带领土绵土别根勇士们出击，土别根之后让斡阑董合亦惕的勇士们出击，董合亦惕之后让豁里失列门台吉带领脱斡邻勒可汗的千人卫队出击，千人卫队之后我们的主力出击。脱斡邻勒可汗还说，札木合兄弟，请你来指挥我们的全军。由此看来，他是个粗人，连自己的军队都不会指挥。从前我跟你铁木真安答打仗，从来打不过你，可他连我都不如，所以，安答你不要惧怕，一定要打起精神来！"

这就是真实的札木合——脚踩两只船，自高自大，又无所作为，一事无成。

得到札木合的情报，成吉思汗问身边的主儿扯歹，说："兀鲁兀惕的主儿扯歹叔叔，依你看呢？你当先锋怎样？"

没等主儿扯歹回答，芒忽惕部的忽亦勒荅儿抢先说："我愿做铁木真安答的先锋。我一旦回不来，就请安答替我照顾留下的孤儿寡母！"忽亦勒荅儿曾与铁木真结为安答，所以喜欢叫他安答，而不叫成吉思汗。

主儿扯歹说："为成吉思汗，我们兀鲁兀惕部和芒忽惕部同做先锋吧！"

于是，主儿扯歹、忽亦勒荅儿列队部署，准备做先锋出击。

这时，敌人的先锋只儿斤人冲上来了。

兀鲁兀惕部和芒忽惕部的人马迅速迎战，很快将只儿斤人打败。

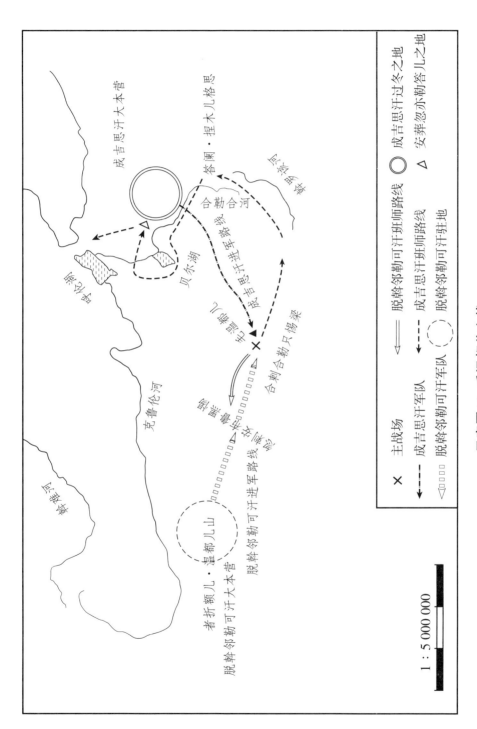

示意图10 毛温都儿之战

接着,土绵土别根冲上来,他们的阿赤黑·失仑砍伤了忽亦勒苔儿,把他挤在一条石缝里落下马。芒忽惕部的人马急忙回头,去救忽亦勒苔儿。

主儿扯歹指挥兀鲁兀惕部的兵马打退了斡阑董合亦惕的进攻,转入反攻。

于是,董合亦惕停止了后撤,组织抵抗。

主儿扯歹很快挫败了敌人的抵抗。

接着,豁里失列门台吉带领脱斡邻勒可汗的千人卫队来进攻。

主儿扯歹再次打退了董合亦惕,并顶住了豁里失列门台吉的进攻。

这时,桑昆未经脱斡邻勒可汗的同意,冲到阵前较量,结果脸部中箭受伤,落下马来。

见桑昆落下马,客列亦惕的军队把注意力全部集中到他那里去,不再组织进攻。

毛温都儿梁之战就这样结束了。

战斗结束的时候,太阳已经到了山顶。

受伤的忽亦勒苔儿被士兵们救出,但已是奄奄一息了。

成吉思汗见状,下令杀了一头牛,剖出牛的内脏,将忽亦勒苔儿赤条条地放入牛腹中疗治。过了不大一会儿工夫,牛腹中的忽亦勒苔儿就苏醒过来。

成吉思汗见他活过来了,对他说:"你没事了,不过从今往后一百天内不能参加战斗,也不能参加打猎!"

当晚,成吉思汗从交战的那个地方起身,到别处去扎营。

宿营前,成吉思汗清点人数,发现窝阔台、孛罗忽勒、孛斡儿出三个人不见了。

成吉思汗说:"孛斡儿出、孛罗忽勒是我最信赖的那可儿,窝阔台与他们一起掉队,不论生与死,绝不会分开。"

那天夜里,成吉思汗让队伍做好随时战斗的准备,说:"敌人一旦来,我们立即投入战斗。"因此,士兵们手里都攥着马缰绳睡觉。

天亮时分,从后面追上来一个人,是孛斡儿出。

不见窝阔台追来,成吉思汗捶胸顿足地喊道:"长生天,请开恩!"遂问究竟。

孛斡儿出说:"战场上,我的战马受伤,我落下马,变成了徒步人。凑巧桑昆受伤,客列亦惕人涌向桑昆时,有一匹无人管的驮行李马走过我身边,我割断了行李系绳,骑在光板马鞍上,跟踪你们而来。"

过了一会儿,又有一个人骑马走来。

说是一个人,马肚底下另有一双脚耷拉着。等马来到近前才看出,窝阔台在马鞍上趴着,孛罗忽勒骑在马鞍后的光马背上,双手抱着窝阔台,他的嘴里和身上都是鲜血。原来窝阔台颈脉中箭,流血不止,孛罗忽勒一路上用嘴吸吮伤口的瘀血而来。

成吉思汗见状,心情无比沉重,禁不住流出了眼泪。

他让人燃起火,烧红烙铁烙了伤口,又找来酸奶给窝阔台喝下去。

仗,打得很惨烈,双方死伤惨重。

成吉思汗一方因为仓促应战,损失更大。

成吉思汗见自己的军队被打得七零八落,死的死,伤的伤,心里很难受。他更担心,如果敌人再次进攻,还能不能顶住。

这时,孛罗忽勒报告了一个好消息:"我看见敌人扬着细尘,朝着毛温都儿梁阳面的忽剌安布鲁黑惕方向走远了。"

听了孛罗忽勒的话,成吉思汗想,敌人见我们损失惨重,已无还击能力,所以放松警惕,不再防备。如果这时我们发起进攻,打他个措手不及,肯定能打个大胜仗。便下令道:"本来,我们是准备迎接敌人的再次进攻,可这会儿敌人撤走了,那我们就立即出发,追击他们!"

兵马就此出发,朝浯栗灰湿鲁格沥只惕河方向前进,来到了一个叫荅阑揑木儿格思的地方。

此时,合荅安·荅勒都儿罕也与妻儿失散,单枪匹马找到了成吉思汗,将他听到的脱斡邻勒可汗那边的情况,告诉成吉思汗说:

"桑昆脸部受伤后,脱斡邻勒可汗到他跟前,对他说:

　　'你呀

　　为了

　　征服别人

　　却搭进了

　　自己

为了

扭转乾坤

却将自己

弄伤

我们哪

为了

突袭别人

却让

儿子的脸

受了箭伤

为了

进攻他人

却让

儿子的命

遇到危险

我要

豁出老命

去冲锋'

可是随行的阿赤黑·失仑却规劝道：

'可汗啊

可汗

且慢

从额真可汗

到庶民百姓

泪洗面

心祈祷

一心一意
前来相救
终于
找到了
您的儿子

此时就让
桑昆儿
治好伤口
静心休养

蒙古国
多数百姓
归顺了我们
有的
跟札木合而来
有的
随阿剌坛
和忽察儿而来

那些
还跟随
铁木真的
蒙古人
还能逃到
哪里去呢

他们
只有马骑

没有家住

或在马背上
过夜
或在树荫下
避风

他们
如不归顺
我们
就像
捡马粪蛋一样
将他们
兜在袍襟里
悉数收来'

　　脱斡邻勒可汗听了阿赤黑·失仑的话,改了主意,说:'那好!那就为他小心疗伤,千万不要有什么闪失!'然后便下令收兵,撤出战场回去了。"

　　知道了脱斡邻勒可汗已经回去,成吉思汗也决定不再追击,撤出了战场。

十

合撒儿肩负重任,带着家眷前往位于土剌河畔黑森林里的脱斡邻勒可汗的斡耳朵做人质去了。

成吉思汗从答阑捏木儿格思班师,向合勒合河下游出发。

临行前,他清点了人马,发现仅剩下二千六百人。

于是,成吉思汗率领其中的一千三百人移往合勒合河以西地区,其余一千三百人与兀鲁兀惕、芒忽惕一起,移往合勒合河以东地区。

途中,他们一路狩猎以补充食物。

忽亦勒荅儿不听成吉思汗劝阻,伤口未愈就去追杀野兽,造成伤口崩裂而殁,其尸骨葬于合勒合河岸斡儿讷兀山的半崖上。

军队到了新驻地安顿好之后,成吉思汗派主儿扯歹率领兀鲁兀惕人前去招降驻牧于合勒合河注入贝尔湖入口处的弘吉剌惕部百姓。

主儿扯歹出发时,成吉思汗交代说:"弘吉剌惕人当中有这样一首歌谣:我们弘吉剌惕人啊,自古以外甥之俊光宗耀祖,以女子之美走遍天下。你们以此歌谣相说,他们想必愿意归顺。若要反抗,即以兵戎相见!"

主儿扯歹唱着弘吉剌惕人的歌谣前去劝降,弘吉剌惕人没有反抗,归顺了主儿扯歹。对归顺的弘吉剌惕的人丁和财物,成吉思汗分毫未动。

弘吉剌惕归顺后,成吉思汗迁到统格黎溪以东地区下营。

在这里,他们驻扎了整整三个月。

这三个月时间里,成吉思汗没有闲着。经过深思熟虑,他制定了合穆黑蒙古国今后的战略方针,决定尽快征服客列亦惕国和乃蛮国。

这时,蒙古草原上还剩下三股主要势力:合穆黑蒙古国、客列亦惕国、乃蛮国。

其中,客列亦惕国又分脱斡邻勒可汗、桑昆、札木合三股人马,各领自己的人马,分别驻在三个地方。不过,脱斡邻勒可汗和桑昆相距不远,札木合住得稍微远一点。上次他们在毛温都儿梁之战中受到了重创,大伤元气,桑昆疗治脸伤就用了两个月,所以,他们再也没能组织起对成吉思汗的军事行动。

到了那年的夏末,战马养得腰圆体壮,百姓也从毛温都儿梁之战的创伤中完全恢复过来。

成吉思汗先礼后兵,首先派阿儿孩合撒儿、速格该·者温二人出使客列亦惕国,捎话给脱斡邻勒可汗:"请告诉可汗父亲,我在统格黎溪东边住。这里水草丰美,我们的战马也已长膘。现在我要问,上次可汗父亲为什么要生我的气,将我惊吓? 为什么吓得您的儿子们和儿媳们,不能睡个安稳觉呢?

　　　可汗父亲啊
　　　您将我们
　　　惊吓得
　　　胯下的座位
　　　变低了
　　　升起的炊烟
　　　散淡了

　　　可汗父亲啊
　　　您为何
　　　要听
　　　旁人之言
　　　要信
　　　外人之语

　　　可汗父亲啊
　　　在勺儿黑勒忽山的
　　　忽剌阿讷孛勒荅兀惕地方
　　　我们曾
　　　如何盟誓

我们曾
怎样承诺？

'别人
因嫉恨
而用毒蛇般
谗言
离间的时候
须经
当面对质
绝不上当'

可如今
可汗父亲啊
为何
未经
当面对质
就要
分道扬镳

'他人
因仇视
而用蛇蝎般
奸佞
挑拨的时候
一定
及时沟通
不要轻信'

可如今
可汗父亲啊
为何
没有
及时沟通
就要
与我决裂

可汗父亲啊

我虽人少
曾胜似势众
辅佐与您

我虽弱小
曾胜似强大
救助与您

两个车辕
一个断了
牛怎能拉得动
难道
我不是那一个
断了的
车辕?

两个车轮
一个坏了
车怎能走得动

莫非

我不是那一个

坏了的

车轮?

昔日,您作为忽儿察忽思·不亦鲁黑可汗四十个儿子中的长子,继承了您父亲的汗位。做了可汗后,您害死了台帖木儿、不花帖木儿两个弟弟,您的另一个弟弟额儿客·合剌怕遭您毒手,逃到了乃蛮国亦南察·必勒格可汗的帐下。因为您残害了弟弟们,您的古儿汗叔叔讨伐您,您只带百余人逃出,顺薛凉格河而行,钻入合剌温山峡谷。为了讨好篾儿乞惕部的脱黑脱阿,您把女儿忽札兀儿兀真嫁给了他。不久,您走出合剌温山峡谷,前来找我也速该把阿秃儿父亲,乞求说:'请将古儿罕叔叔抢去的兀鲁思,再给我夺回来!'我的父亲也速该把阿秃儿为夺回您的兀鲁思,让泰赤兀惕部的忽难、巴合吉两个人率军出征,在忽儿班帖列之地打败了古儿汗,使他仅带二十三人逃往合申地区,最终将您的兀鲁思夺回来交予您。其时,在土剌河边的黑森林中,您与我父亲也速该把阿秃儿结为安答,并对我父亲感恩道:'此恩大如天地,我子子孙孙永世不忘予以报答,若不报答,愿天诛地灭!'后来,您的弟弟额儿客·合剌借乃蛮国亦南察·必勒格可汗的军队来征讨您,您丢下家国百姓,与少数几个手下逃往合剌乞答惕古儿罕在撒儿塔兀勒附近的垂河边的营地。到那里不到一年,您背叛古儿罕,流浪到畏兀惕、唐兀惕的地方。您一路流浪,挤羊奶吃,放骆驼血喝,奔我而来。我念您昔日与我父亲也速该把阿秃儿结为安答的情谊,派塔孩、速客该二人前去迎接。我自己也从客鲁涟河岸的布而吉·额儿吉出发,赶到古泄兀儿湖与您会合。看您一路劳顿,衣食无着,我从百姓中征赋来赈济您,又延续您曾与我父亲结为安答的情谊,在土剌河边的密林中,我们结成父子。那年冬天,我还将您请到我的营帐中过冬。在那里过完冬夏,到了秋天,我们出兵征讨篾儿乞惕部的脱黑脱阿别乞,在合迪黑里黑岭一个叫木鲁彻薛兀勒的地方展开激战,迫使脱黑脱阿别乞败逃巴儿忽真,并将掳得的篾儿乞惕部百姓、马群、营帐及田禾都送给了可汗父亲您。难道说

在您

饥饿之时

我未曾

接济

让您度过

每一天吗?

在您

受困之时

我未曾

救助

让您熬过

每一个月吗?

　　还有,我们经兀鲁黑塔黑山莎豁黑水,越过阿勒台山追击古出古儿台部的不亦鲁黑罕,追至吾笼古河,在乞赤泐巴石湖边将其捉杀。自那返回时,乃蛮战将可克薛兀·撒卜勒黑在我们必经的拜答剌黑河谷布下兵马,做好了截击的准备。得此消息后,我们二人集合队伍准备与之战斗,但因天色已晚,双方约好翌日再战,各自下营休息。当夜,可汗父亲您在驻地上留下许多火堆,独自撤出战场,向合剌泄兀勒退去。第二天早晨,我们才发现被您无情地抛弃了,就像被您抛弃的那一堆堆篝火。所以,我们不再交战,经额迭儿阿勒台退至撒阿里·客额列下营。这时,乃蛮战将可克薛兀·撒卜勒黑追您而去,尽掳您的儿子桑昆的妻女、百姓及财物,又把您追到帖列格秃之口,掳去您一部分百姓和牲畜。跟随您撤退的篾儿乞惕部脱黑脱阿之子忽都、赤剌温二人,趁机率其百姓丢下您,向巴儿忽真方向寻其父亲而去。陷入困境的您派人向我求助:'乃蛮战将可克薛兀·撒卜勒黑掳去了我的百姓与财物,望吾儿速派手下四位库鲁格来救助!'我不计较您弃我而去,立即派我孛斡儿出、木华黎、孛罗忽勒、赤剌温四名库鲁格率兵出发。我的四位库鲁格尚未到达,在一个叫忽剌忽惕的地方,您的儿子桑昆在混战中战马受伤,在即刻被敌人活捉之际,我的四位库鲁格及时赶到救出了桑昆,为他夺回了被掳去的妻女、百姓及牲畜。那时,可汗父亲您感慨地说:'吾儿铁木真派来四位库鲁格,为我夺回了失之将尽的兀鲁思。'

　　可汗父亲啊,如今我不知做错了什么,惹您发怒?

请您派忽巴里忽里、亦都儿坚两位使者，来告诉我您发怒的原因。如不派此二人，另派他人亦可。"

脱斡邻勒可汗听了成吉思汗捎来的这番话，悔恨地说：

"唉

真是的

我呀

背弃了

我儿

背弃了

道义

更是

败落了

自己的

家业啊"

并说："从今往后，我若对我儿心存恶意，就让我的血如这般流淌吧！"遂拿起削箭矢的刀扎破了小指头，将流出的血滴入一只用桦树皮制成的小木筒里，交给使者带走。

成吉思汗也给札木合安答捎话，道："你心怀不轨，恶意离间可汗父亲与我的关系。昔日，我俩在可汗父亲那里念书时，谁起得早，谁就用可汗父亲的青盅子喝酸马奶，我起得早，总能用青盅子喝上酸马奶，想必你因此而忌恨于我。现在，你尽情享用可汗父亲的那只青盅子吧，我看你能喝多久！"

成吉思汗还给阿刺坛、忽察儿俩捎话，说："你们两人，是想杀我呢？还是想骗我呢？忽察儿，你是捏坤台吉的儿子，当初我们让你做可汗，你不做。阿刺坛，你曾在你父亲忽图刺可汗时期在可汗手下当过差，所以我们让你做可汗，你不做。还有撒察别乞、泰楚俩，是把儿坛把阿秃儿的哥哥斡勤·巴儿合黑的孙子，所以也让他们俩做可汗，我说了多次，他们也不做。你们谁都不做可汗，我才被你们推举做了可汗开始管事。假如当初是你们做了可汗

我呀

一定会——

屡次作战时
在长生天的
护佑下
冲锋在前
杀向敌人
掳来
美貌的女子
和名马快骑
献给
至上的额真您

山里狩猎时
将猛兽
驱赶到
您的跟前

沟里狩猎时
将野兽
后臀挨着后臀
集中起来
让您射杀

滩里狩猎时
将野生
肚皮贴着肚皮
聚集起来
让您捕获

现在,你们就好好为可汗父亲效力吧! 你们一向朝三暮四,以后就不要再背弃了。你们都是札兀惕忽里(金国完颜襄丞相给成吉思汗的封号)的亲戚,绝不要让他族人住进三河之源来。"

成吉思汗还给义弟弟脱兀邻勒捎话,说:"你做我弟弟的由来如下:昔日,秃木必乃、察剌孩领忽两人外出作战,掳来一个叫斡黑苔的奴隶。斡黑苔的儿子叫速别该,速别该的儿子叫阔阔出·乞儿撒安,阔阔出·乞儿撒安的儿子叫也该·晃塔合儿,也该·晃塔合儿的儿子就是脱兀邻勒你。如今你想占有谁的兀鲁思,竟做出这般奸佞之事? 我的兀鲁思,阿剌坛和忽察儿两人也不会让你去管。所以,你这个弟弟,是先祖的门奴、高祖的家奴。"

成吉思汗还给桑昆安答捎话,说:"我是穿着完整胎衣出生的男孩儿,你是脱掉胎衣后出生的男孩儿,可汗父亲对我俩一样疼爱,但你心生嫉妒将我们离间。现在,请你让可汗父亲过上几天人不悲、心不累的日子吧,一早一晚进他的毡包里看一看,经常为他宽宽胸、散散心。你不要还跟以前一样,为可汗父亲还健在时就想当可汗而折磨自己。桑昆安答,请你让必勒格别乞、脱朵延两个人做使者,派到我这儿来。"并对阿儿孩合撒儿、速客该特别交代,道:"他们若要派使臣来,请告诉他们,要可汗父亲派两个使臣来,桑昆安答派两个使臣来,札木合安答派两个使臣来,阿剌坛派两个使臣来,忽察儿派两个使臣来,阿赤黑·失仑派两个使臣来,哈赤温派两个使臣来。"

桑昆听了成吉思汗的劝告,并不买账,回话说:"你铁木真几时把脱斡邻勒可汗当父亲看了? 不是不久前还骂他是个屠夫老头吗? 你几时又把我桑昆当安答看了? 不是不久前还骂我是跟在脱黑脱阿博额(巫师)的撒儿答黑臣绵羊尾巴后面的跟屁虫吗? 你说的话很明白,就是打的意思。必勒格别乞、脱朵延你们俩,给我把出征的旗纛竖起来,把战马养肥了!"

阿儿孩合撒儿、速客该两人把话送到后,速客该因妻儿在脱斡邻勒可汗的营地,不敢得罪,留在了那里。只有阿儿孩合撒儿一个人回来,将他们的话转告给成吉思汗。

可以说,阿儿孩合撒儿、速客该·者温二人,是合穆黑蒙古国杰出的外交家,他们出使客列亦惕国,出色地完成了成吉思汗交给他们的任务。

成吉思汗通过一番外交周旋之后,进一步了解了客列亦惕国及札木合、桑昆、脱斡邻勒可汗几个人及其部下的情况,看出脱斡邻勒可汗的态度与其他人大相径庭,便做出了一个重要决定,即稳住脱斡邻勒可汗,避免他和札木合、桑昆再度联手用兵,干扰他成吉思汗的战略部署。遂派二弟合撒儿带着家眷去脱斡邻勒可汗那里暂住一段时间,其目的,一是回应脱斡邻勒可汗做出的血盟,让合撒儿做人质,以缓和此前毛温都儿梁之战留下的紧张气氛,并预防脱斡邻勒可汗再度受桑昆和札木合挑唆而挑起事端;二是刺探脱斡邻勒可汗的内部动态及兵马部署情况,为下次彻底灭掉客列亦惕国做准备。

于是,合撒儿肩负重任,带着家眷出发,前往位于土剌河畔黑森林里的脱斡邻勒可汗斡耳朵做人质去了。

十一

合撒儿完成了侦探任务,将妻子和三个儿子留在脱斡邻勒可汗处,带着几个随从逃了出来,一路啃吃生皮充饥,辗转多日,才找到了成吉思汗。

合撒儿走后,成吉思汗从那儿转移到一个叫巴勒渚湖的地方驻扎。

到巴勒渚湖驻扎不久,先后有两拨儿人马前来投靠成吉思汗。一是豁鲁剌思部,先是豁鲁剌思部首领搠斡思·察罕本人过来见了成吉思汗,随后带来整个豁鲁剌思部,归顺了成吉思汗。另一个是撒儿塔黑台人阿三。阿三骑着白骆驼,赶着一千只羯羊,从汪古部的阿剌忽失·迪吉惕忽里处来,准备去额尔古纳河向那里的百姓购买貂皮和青鼠皮,路过巴勒渚湖饮羊时与成吉思汗相遇,便就地留下,归顺了成吉思汗。

成吉思汗到巴勒渚湖驻扎,因为是临时决定,未及时通知合撒儿。

所以,合撒儿完成侦探任务后,将妻子和三个儿子也古、也松格、秃忽,留在脱斡邻勒可汗处,带着几个随从逃了出来,回到统格黎溪没有找到成吉思汗,于是沿着合剌温碅都山一带寻找,一路啃吃生皮充饥,辗转多日,才找到这里。

见合撒儿回来了,成吉思汗非常高兴,但又担心合撒儿的出走引起脱斡邻勒可汗的警觉,便决定派人安抚,遂派合撒儿的随从沼兀里耶歹人合里兀苔儿、兀良合歹人察忽儿罕,去告诉脱斡邻勒可汗,就说是合撒儿的话,说:"合撒儿我想见哥哥,就从您那儿出来了。可是哥哥他们早已从原来的地方搬走,我不知他们在哪里,结果迷了路,找不到回可汗父亲那里的路了,即使哭喊也无人能听到。现在,我是白天挖草根而食,夜晚枕草丛而卧,望星星而眠。可我妻儿还在可汗父亲处,请可汗父亲派可靠之人前来为我引路,我即刻便回可汗父亲处。"并告诉合里兀苔儿、察忽儿罕两人:"你们一走,我们就转移到克鲁伦河畔的阿儿合勒苟吉驻扎。到时,你们直接回那儿吧!"

合里兀苔儿、察忽儿罕两人走后,成吉思汗派主儿扯歹、阿儿孩合撒儿先去打前站,随后自己带百姓和兵马而动,转移至阿儿合勒苟吉住下。

合里兀苔儿、察忽儿罕见到脱斡邻勒可汗,将合撒儿的话转告给他。

当时,脱斡邻勒可汗正搭了金帐在筵宴。

听了合里兀苔儿、察忽儿罕的话,脱斡邻勒可汗说:"如果是那样,合撒儿回来吧!可靠之人,就派亦都儿格去吧!"

使者亦都儿格与合里兀苔儿、察忽儿罕一起到达阿儿合勒苟吉时,亦都儿格看到那里如星的毡帐和遍地的人马,即刻起了疑心,调转马头就跑。

合里兀苔儿的马好,立即追了过去。但两马追逐,忽前忽后,就是捉不到。察忽儿罕的马跑得慢,勉强跑到可放箭之距,遂一箭射中了亦都儿格金鞍黑马的大腿根。

合里兀苔儿、察忽儿罕两人捉住亦都儿格押到成吉思汗处。

成吉思汗并不问话,只说:"送到合撒儿处!"

送到合撒儿处,合撒儿二话没说,当即处斩。

合里兀苔儿、察忽儿罕报告成吉思汗,说:"脱斡邻勒可汗没有任何防备,搭建了金帐,正在举行筵宴。我们最好马上出发,连夜袭击才是。"

成吉思汗表示同意,先派主儿扯歹、阿儿孩两人侦探,随后全体人马昼夜行军,到了者折额儿·温都儿山前一个叫折儿合卜赤孩的地方,悄悄包围了脱斡邻勒可汗的斡耳朵。

战斗进行了三天三夜,客列亦惕人投降了。

但脱斡邻勒可汗和桑昆失踪了,他们于头天夜里逃走,竟没有被发现。

札木合的驻地离脱斡邻勒可汗远一些,所以没有在包围圈里。当成吉思汗与脱斡邻勒可汗打起来的时候,生性狡诈的他带领他的札答阑部百姓及跟随他的合塔斤部、撒勒只兀惕部、朵儿边部、泰赤兀惕部、翁吉剌部百姓,悄悄拔营,日夜兼程,投奔到乃蛮国太阳可汗的麾下。

客列亦惕国方面指挥作战的是个只儿斤人,叫合荅黑把阿秃儿。他投降后对成吉思汗说:"我们不愿意睁眼看着自己的可汗被人打死,所以拼命保护我们的可汗,抵抗了三天三夜,今天知道可汗已经逃走,就投降了。现在,让我死,我就死。如果饶我一命,我愿毕生为成吉思汗效力。"

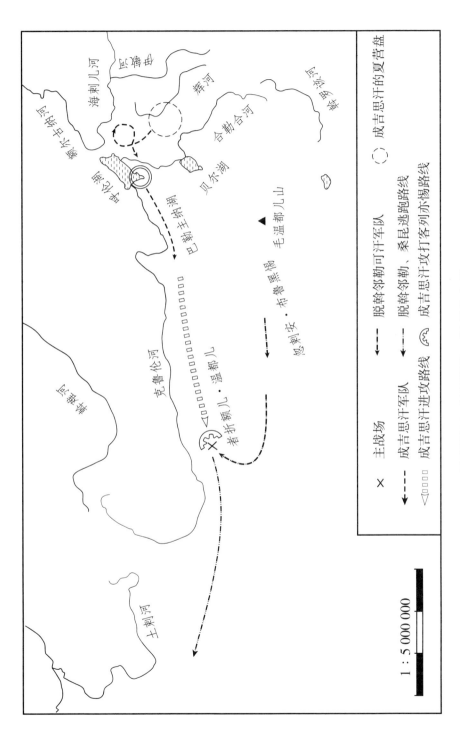

示意图11 者折额儿·温都儿之战

图例：

× 主战场

×---- 成吉思汗军队

◁◻◻◻◻ 成吉思汗进攻路线

----► 脱斡邻勒可汗军队

---·--- 脱斡邻勒、桑昆逃跑路线

🏴 成吉思汗改打客列亦惕亦惕场路线

◯ 成吉思汗的夏营盘

1 : 5 000 000

成吉思汗对合苔黑把阿秃儿的话表示肯定,说:"为保自己的可汗而拼命战斗的男人,没有可责备的,你是个可交之那可儿。"便饶了他的性命,并念着死去的忽亦勒苔儿薛禅的好处,下令将合苔黑把阿秃儿与一百个只儿斤人分给忽亦勒苔儿薛禅的遗孤做家奴。毛温都儿梁之战中,忽亦勒苔儿薛禅最先请缨作战,所以成吉思汗对他的遗孤给予特别的关照,下令:"念忽亦勒苔儿薛禅之功劳,他的子孙将永远享受遗孤的份额。"并说,"将来,这些家奴如果生儿子,世代报效忽亦勒苔儿家;如果生女儿,其亲生父母不得做主出嫁,须听从忽亦勒苔儿妻儿之命。"

打败了客列亦惕部后,成吉思汗将其百姓完全打乱,分给自己所属各部。还剩下一百个只儿斤人,分给了孙勒都歹人塔孩把阿秃儿做家奴。

脱斡邻勒可汗的弟弟札合敢布早年就已归附成吉思汗,所以未动他的百姓,成吉思汗命令他像车的另一个轮子一样,居自己左右而辅助。札合敢布的两个女儿,成吉思汗自己娶了姐姐亦巴合别乞,妹妹莎儿合黑塔泥别乞嫁给了儿子拖雷。

成吉思汗为了回报巴歹、乞失里黑两个人的功劳,下令道:"巴歹、乞失里黑二人救过我的命。如今承蒙长生天护佑,征服了客列亦惕百姓,让我终至权高位尊。从今往后,我的子子孙孙和继位者们,都要牢记像他们这样对我们有恩之人!"然后将脱斡邻勒可汗的金帐及筷子、刀叉、金酒具、餐具,全部赏给他俩,并将脱斡邻勒可汗身边的侍从和所属汪豁只惕、客列亦惕人赐给他们,做他们的客失克田(禁卫军),还准许他们从今往后将打仗所得战利品和打猎所得猎获物归自己所有,子子孙孙永久享有"举盏饮酒,佩带弓箭"的幸福而快乐的生活。

> 征服了
> 客列亦惕百姓
> 将其平分
> 谁都没少下
>
> 战胜了
> 土曼秃亦卜安部
> 将其均分

全体都有份

将那
斡阑董合亦惕部
不到黄昏
降服了

将那
只儿斤部勇士们
兵不血刃
瓜分了

就这样,成吉思汗彻底地歼灭了客列亦惕国。

那年冬天,成吉思汗迁徙到一个叫阿卜只阿·阔迭格里的地方过冬。

脱斡邻勒可汗、桑昆父子俩冲出重围,各自逃命。

脱斡邻勒可汗独自一人来到乃蛮国迪迪儿撒合勒地方一个叫涅坤的湖畔,因口渴,径直去湖边舀水喝,与乃蛮国哨兵豁里速别赤相遇,被他捉住。

脱斡邻勒可汗赶忙对豁里速别赤说:"我是客列亦惕国的脱斡邻勒可汗!"

可豁里速别赤不认识他,所以并未当真,把他杀了。

桑昆没去涅坤湖,跟他的马夫阔阔出和阔阔出的妻子共三人来到一片旷野中寻找水源,发现不远处有一群野马为躲避蝇虻叮咬聚集在一起垂头站着。桑昆很是喜欢这群野马,便跳下马,把坐骑交给马夫阔阔出牵着,自己蹑手蹑脚地朝野马群走去。

阔阔出接过桑昆的马缰绳,当即丢下桑昆,牵着马掉头往回走。

妻子不肯走,说:
"桑昆这个人啊
每当他
穿金戴银的时候
每当他

吃甜喝辣的时候

总能想起

你这个马夫

阔阔出

可是到了

这个时候

你怎能

丢弃主子

自己逃命呢？"

阔阔出说："你想做桑昆的女人吗？"

听他说这话，妻子讲："你在骂我是个像狗一样不要脸面的人吗？你把褡裢里的金盂拿出来留给他吧，好让他舀口水喝。"

阔阔出从褡裢里掏出金盂扔在地上，策马踢蹬，直奔成吉思汗而去。

见到成吉思汗，阔阔出说："我让桑昆成了个徒步之人，把他丢弃在了旷野之中。"并叙述一遍与妻子的对话。

成吉思汗听了，下令道："阔阔出的妻子可赦免。阔阔出身为桑昆的马夫，弃其主子而不管，这样的人，是不可信之人。"遂将其砍死。

后来，桑昆逃到唐兀惕之地，受到当地百姓挤压，便又逃到喀失喀儿了。到那儿后，当地一个叫客勒吉的那颜将他捕杀，并将其妻子儿女送到了成吉思汗那里。

十二

刚刚扎营,还没来得及开伙的乃蛮军队慌作一团,丢下正在煮水的铜锅,四向散开,去捉吃草的战马。他们一时间无人指挥,形不成队形,根本组织不起有效的抵抗。

这一年是甲子年(1204年)。

成吉思汗完成了对周边地区的统一战争,蒙古草原上只剩下乃蛮国和与他没有多少来往的汪古国,以及篾儿乞惕国的部分残余势力。

成吉思汗的很多对手都跑到了乃蛮国,其中有札木合及跟随札木合的札答阑部、合塔斤部、撒勒只兀惕部、朵儿边部、泰赤兀惕部、翁吉剌部,有篾儿乞惕部的脱黑脱阿及其部属,有客列亦惕部的阿兰太吉及其部属,有委剌惕部的忽图黑别乞及其部属。

尽管这些人时刻不忘伺机反扑,但成吉思汗尚无交战的打算,也未做进攻他们的准备。

然而乃蛮国却不消停,他实在容不下日益强大的合穆黑蒙古国,要将这个刚刚崛起的合穆黑蒙古国消灭在站立未稳之际。

但是乃蛮国与蒙古国之间有很长的距离,部族之间的联系也不十分密切,所以成吉思汗不太了解那里发生的一切。

乃蛮国哨兵豁里速别赤杀死脱斡邻勒可汗的消息,传到了太阳可汗那里。

太阳可汗的母亲古儿别速合敦听到这一消息,说:"脱斡邻勒可汗是多年的大可汗,快把他的头给我找来!如果真的是他的头,我们就祭奠他!"遂派人到豁里速别赤那里取来了那颗头,果真那是脱斡邻勒可汗的头。

古儿别速合敦命人将脱斡邻勒可汗的头供奉于白毡上,摆上绵羊背子,斟满大碗酒,让媳妇辈的女人们站立两厢,弹奏乐器,举行隆重的祭奠仪式。可没想到的是,正在祭奠之时,那颗头居然笑了一下。

太阳可汗因其笑而大怒,命人将其踏碎。

从此乃蛮国可汗斡耳朵里出现了一些不祥之兆。

一天,大将可克薛兀·撒卜剌黑煞有介事地对太阳可汗说:"将一个死去的可汗,割来其头,再去踏碎,这件事做得不怎么样。从那以后,我们的狗吠声就变得特瘆人。昔日,亦南察·必勒格可汗曾说过,'那时,我老了,可妻子年轻,天赐生了个太阳。只是不知道我这儿子能不能治理我的衰败的兀鲁思和弱小的百姓呢?'这些天的狗吠声不是吉兆。古儿别速合敦当权,国家变得脆弱不堪。太阳可汗您也太软弱,你除了打猎放鹰,真没有别的本事。"

太阳可汗说:"听说,东方之地有个蒙古,他们不断地征战当了多年大可汗的脱斡邻勒,将其恐吓而死,如今他们要做大可汗了。天上有太阳和月亮,是为了让天空明亮,可地上岂能有两个可汗?我们不如拿下那个蒙古吧!"

太阳可汗的母亲古儿别速合敦说:"不用。蒙古国的百姓身上有味,衣裳难看,还是离他们远点好。不过把他们当中好点的女人掳来,教她们洗净手脚,为我们挤牛奶、挤羊奶倒还可以。"

太阳可汗说:"我们还是拿下那个蒙古吧!"

可克薛兀·撒卜剌黑听了这话,说:"唉,好我的可汗啊,您的口气也太大了,万万使不得!"

太阳可汗不理会可克薛兀·撒卜剌黑的劝说,派一个叫脱尔必塔夫的人做使者,去到汪古国阿剌忽失·迪吉惕忽里处,说:"在我们这个东方有个蒙古国,咱们去把那几个蒙古人的箭筒没收了吧!请你做右翼从你那里出发,我从这里接应你!"

当时能够与蒙古国抗衡的还有远在阴山北麓的汪古国。

与敌人作战,必须具备绝对优势的兵力,这是草原上每一个大小指挥员都明白的浅显道理,而且,在战争中借用友邦的兵马,也是草原上每一个作战集团都曾采用过的惯例。乃蛮国觉得自己的兵力并不具备单独开战的条件,于是想到了千里之外的汪古国,便派使者前去求援。

阿剌忽失·迪吉惕忽里听了使者的话,心里很反感。乃蛮国南面与汪古国接壤,可对他们并不友好,经常在边境一带滋事。而离他们较远的蒙古国对他们倒很友好,成吉思汗多次遣使送礼,可他一直没机会回报。

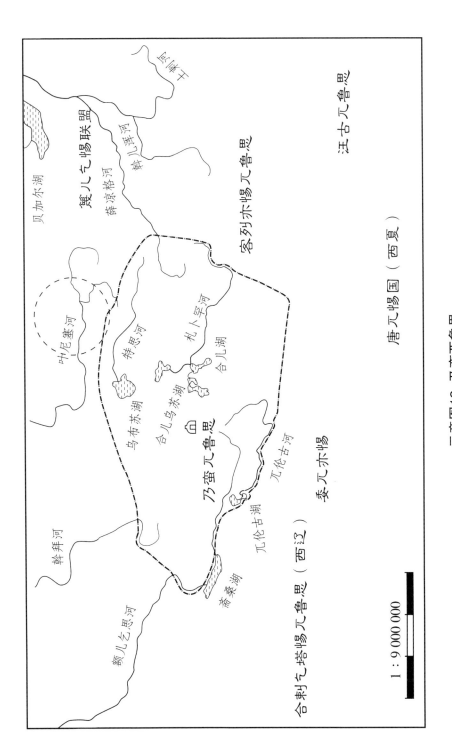

示意图12 乃蛮兀鲁思

所以,阿剌忽失·迪吉惕忽里拒绝了太阳可汗,回话说:"我做不了你的右翼。"同时派一个叫月忽难的使者到成吉思汗那里,说:"乃蛮国太阳可汗派使者来,要没收你的箭筒,让我做他的右翼,我没答应。现在,我派人提醒你,可别叫他把你的箭筒没收了!"同时,还送去几十桶用粮食酿造的白酒,整整装满了九辆牛车。

其时,成吉思汗在一个叫帖蔑延·客额列的地方的围猎场上。

阿剌忽失·迪吉惕忽里的使者月忽难把消息送来后,成吉思汗就在狩猎场上召集大家商议对策。

人们说:"现在,我们的战马还很瘦,没法打仗啊!"

这时,斡惕赤斤那颜说:"怎能把马瘦当作理由而坐以待毙呢?现在我们已经知道了情况,就该马上出征,以攻为守,抢先攻打他们才是。如果我们不动,等着他们来攻打我们,有人就会说,太阳可汗来攻占蒙古了。只要跟他打起来了,是我们胜,还是他们胜,只有长生天知道。"

别勒古台也说:

"身为

一个大活人

没有比那

让人

收走了箭筒

更大的耻辱

听了

这般大话

怎能

按兵不动?

生作

一个男子汉

没有比那

头枕
箭筒而亡
更好的死

乃蛮兀鲁思
仗着地大
说此大话
凭着人多
出此狂言

当下
他们
正在大意中
我们
进攻吧

此刻
他们
还在睡梦里
我们
突袭吧

此刻
他们的战马
还在草场
来不及收拢

他们的宫殿
还在原地

来不及搬迁

他们的百姓
还在家里
来不及集结

这就出师
发起攻击
反过来没收
他的箭筒"

　　成吉思汗赞成别勒古台之言，立即撤出猎场，离开那里，来到合勒合河边一个叫客勒帖该·合答的地方，重新整合兵马。

　　他清点了百姓，将兵马整合为若干个千户，重新委任千户长、百户长、十户长，并设更高一层的察儿必之职，任命多歹、多豁勒忽、斡格列、脱仑、布察阑、雪亦客秃六人为察儿必。

　　军队按照千户、百户、十户编制好以后，挑选八十人组成客卜帖兀勒，充任夜哨；挑选七十人组成土儿合兀惕，充任先锋；挑选有技能、身体强壮、骁勇善战的千户长、百户长子弟和头面人物子弟组成客失克田，充任禁卫军。

　　命令阿儿孩·合撒儿："由你指挥客失克田，挑选一千名勇士组成一个千户，作战时走在最前面，平日守在我身边。"又命令斡格列指挥七十户土儿合兀惕，命令忽都思·合勒潺做其副手。

　　成吉思汗还为客卜帖兀勒、土儿合兀惕、客失克田等进行了详细分工："可汗斡耳朵的安全，白天由豁儿臣、土儿合兀惕、客失克田、保兀儿出、额阔阗赤、阿黑搭赤轮流守卫，日落之前交给客卜帖兀勒，放马过夜。夜间，由客卜帖兀勒轮班在门外站岗，绕营地巡逻。早晨，我们用完早餐之后，由豁儿臣、土儿合兀惕、客失克田、保兀儿出、额阔阗赤、阿黑搭赤接客卜帖兀勒班，回到原来的岗位轮流守卫。一次三天三夜，三天之后睡三夜。豁儿臣与客卜帖兀勒轮换站岗巡逻。"

　　就这样，编好了千户，委任了察儿必那颜，选拔了八十人的客卜帖兀勒、七十人的土儿合兀惕及千户客失克田之后,让阿儿孩·合撒儿带一千人的骁勇之士做先锋,成吉思汗自己率领本部兵马,离开合勒合河边那个叫客勒帖该·合答的地方,全军出师,前去征讨乃蛮国。

这次整编,具有划时代的重要意义。从此,对所属百姓不再以部落称呼,而是以千户、百户、十户来划分,第一次彻底打破了延续千百年的以部落为单位的古老建制,使其真正成为军民一体的军事组织。从此,其部落名称失去了某一群体名称的功能,只作为姓氏而存在。从前,札木合也进行过这样的改革,但并不彻底,只将原来的部落改为哈邻,哈邻的首脑仍为部落首领,只是换了称谓而没有伤筋动骨。此次成吉思汗的改革,完全打乱了旧有的部落划分,全国三级建制,每个千户管辖若干个百户,每个百户管辖若干个十户,一级管一级,一级对一级负责,原有的部落首领不再有任何权力,每个百户听千户长的命令,千户长听成吉思汗的命令,成吉思汗一声令下,全国通到底,不再有任何阻隔。这样不仅极大地提升了合穆黑蒙古国军队的战斗力,而且从根本上杜绝了部落首领们动辄带领部属反水的可能性。

甲子年(1204 年)夏季第一个月十六日。

清晨,成吉思汗举行了隆重的出师仪式,祭祀了出征的哈喇苏力德。

护旗手已经牵来两头大犄角黑公牛和两只大犄角黑公山羊,并准备好一应供品。

一位老者端来牛粪火置于哈喇苏力德前的祭台上。

立时,战鼓齐鸣,螺号震天。

成吉思汗从随从手里接过一个皮囊,从里面取出些许柏叶和香料撒在火上。小火堆里升起一缕细烟,柏叶的香味儿扑鼻而来。

别勒古台抬起右手,猛地一甩,刀手一个闪电般的动作,刀尖已刺入两头黑公牛两个犄角间的骨缝里,两头黑公牛应声倒下。

接着,护旗手边从胸腔里发出阿阿的呼声,边抖动握在手中的旗杆,站在旗杆两边的两只黑公山羊全身颤抖起来,仰起头朝苍天"咩"地叫了一下,倒地毙命了。

"胜利!""胜利!"人们欢呼起来。

欢呼声中,祭祀人员提来血淋淋的两副牛珠勒特和两副羊珠勒特,悬挂于旗杆上。

成吉思汗解下腰带置于颈上,脱下帽子捧在左手上,右手放于胸前,屈双膝跪下来。

在场的所有人也随之解带脱帽下跪,一直跪到这个称作客勒帖该·合答——顽石的山前草滩尽头。

于是,由别勒古台大声吟诵《哈喇苏力德祭词》:

"长生天之气力里

大地母亲恩佑下

肇始于布儿汗·合勒敦山的

合穆黑蒙古国

威猛无敌的哈喇苏力德啊

请赐予我们

用爱悯感化狠毒

将艰险化为喜悦的

神力吧

请赐予我们

披靡之时的

擂鼓

席卷之时的

速度吧

让合穆黑蒙古国的

威武之师

向深山进发

搜寻仇敌之时

像鹰隼俯冲般捕获他们
像猛虎下山般猎杀他们
向高山进击
围攻顽敌之时
像皂雕俯冲般袭击他们
像饿狼冲锋般撕裂他们
向平原奔袭
追击溃敌之时
像猛禽俯冲般横扫他们
像凶兽进攻般歼灭他们

将那些
凶恶的敌人
杀得横尸遍野
将那些
顽抗的敌人
砍得片甲不留

让我们
相会于
打败了敌人的
豪饮宴会上
让我们
聚会于
凯歌而还的
狂欢营地上

请赐予我们
浑身的

英豪之气

永远的

征服之力吧！"

这时，一轮红日从地平线上冉冉升起。

人们捧起双手，齐唱无词长调歌《太阳呜嗨》。

这是个奇特的战场动员令，将士们只要一唱起这首歌，就会被自己的歌声所打动，个个心潮澎湃，斗志昂扬，似乎冲锋陷阵在厮杀的战场，万马奔腾，刀光剑影，战马的铁蹄正在踏平乃蛮国。

歌毕。将士们重新回到出发阵地。

首先是者别、忽必来，前往克鲁伦河方向刺探乃蛮的动静。

他们穿过撒阿里·客额列平原，走上一个叫康合兀儿罕的山头，即与那里的乃蛮国哨兵遭遇，旋即相互厮杀。

厮杀中，者别、忽必来一方的一匹战马被对方缴获。

乃蛮的哨兵抢到这匹战马，惊讶起来：“蒙古的战马也太瘦了。"

成吉思汗的主力兵马也来到撒阿里·客额列平原，因天色已晚，决定就地扎营住宿。

当晚，成吉思汗召集察儿必们，讨论征讨乃蛮的战略战术。

多歹察儿必说："我们的兵马少，战马也瘦，最好在这个地方多住几日，让战马吃饱。为了迷惑敌人，让我们的兵马分成很多小股分散住到整个撒阿里·客额列平原，到了夜间，每人燃起五堆篝火，以造声势，让乃蛮人觉得我们的兵马很多。他们的太阳可汗是个没出过家门的懦弱之人，我们用火堆吓唬他们的工夫，战马也就吃饱了。战马吃饱了，咱们就进攻他们的岗哨。岗哨顶不住撤退时，咱们就跟随他们的哨兵，直接冲入他们的大本营，在他们受到攻击不知所措的时候，一举歼灭掉。"

成吉思汗赞成他的意见，立即命令军队分散开，把整个撒阿里·客额列平原住满，到了夜间每人点燃五堆篝火。

设在康合兀儿罕山上的乃蛮国哨兵看到那许多火光，不由地说："不是说蒙古的兵马不多吗？没想到他们做饭的火堆比星星还多呢！"便差人把那匹瘦战马送回去，并报告："蒙古兵在撒阿里·客额列扎营，把整个平原填得满满的。

白天,看见有新的兵马源源不断地从后面开来住下,夜里,看见燃起的炊火比星星还多呢!"

其时,太阳可汗住在康孩旷野上一个叫合赤儿乌孙的地方。

太阳可汗收到前哨的报告,捎话给他的儿子古出鲁克汗说:"听说,蒙古国战马很瘦,烧的炊火比星星还多,看来他们的兵马不少。我看,不要轻易跟那些扎伤了脸不知道眨眼、鲜血直流不知道回头的铁性蒙古兵交手了。跟他们交战,纠缠在一起,一时很难决出胜负。还不如带上我们的兀鲁思翻过阿勒台山向西退,把他们引到阿勒台山山根儿以后,整合我们的兵马,用我们有膘的战马对抗他们瘦弱的战马,迎面击溃他们!"

古出鲁克汗回话说:"哎呀,太阳可汗真是个女人般胆小的人,怎能说出这种丧气的话呢?蒙古国哪来那么多兵马?他们的大部分人马跟随札木合已经在我们这里了!这种话,只有从未去过比大肚女人小便处更远的地方、从未越过比小牛犊草场更远的草场的女人般的太阳可汗才能说出来!"

太阳可汗听说儿子将他比作女人,说:"古出鲁克你尽管有勇又有膂力,有可能还没等你跟他们交手,就败下阵来。你有能耐,就跟他们打呀!一旦打起来,跟他们纠结在一起恐怕脱不了身呢!"

太阳可汗手下管事的豁里速别赤那颜听了太阳可汗的话,说:"你的父亲亦南察·必勒格可汗,未曾让敌人看到他的项背,未曾让战马掉头向后跑,你为什么要为没有到来的事情而惧怕呢?要是早知道你会怕成这个样子,还不如请古儿别速合敦来指挥呢!可惜啊,大将可克薛兀·撒卜剌黑已经老了,乃蛮国的军法也已经松弛了,难道天下真的将归蒙古不成!唉,太阳可汗啊,你真是不中用!"说罢,敲打着箭筒离去了。

太阳可汗听了大怒道:"人啊,痛苦地活着,跟死有什么两样!既然这样,咱们就打吧!"说罢,离开合赤儿乌孙,渡过斡儿浑河,越过纳忽昆山的东坡,向着塔米尔河方向进发。

他们来到一个叫察乞儿马兀山的地方,被成吉思汗的前哨发现了。

成吉思汗获悉乃蛮国兵马打来,立即做了作战部署:者别、忽必来、者勒蔑、速别额台四骏和兀鲁兀惕部、芒忽惕部当先锋,在前面走,自己率领主攻兵马紧随其后,合撒儿做中军统帅指挥主力,斡惕赤斤殿后,负责替换备用战马。

做好了战斗部署,成吉思汗下令道:

"兵多

损失也多

兵少

损失也少

保持

合剌合纳(柠条丛般)队形

形成

纳兀儿(沼泽地般)态势

像那

一把把失兀赤(钢锥子)

杀向

敌人的阵营

冲啊!"

此时,乃蛮兵马已从察乞儿马兀山上下来,退到纳忽昆山崖阳面的开阔地上,并在那里扎营。

成吉思汗一声令下,兵马像洪水一般涌向乃蛮国的阵营。

乃蛮的前哨发现成吉思汗的大军像从地底下冒出来似的铺天盖地地涌来,调转马头,头也不回地跑回他们的军营。

蒙古国先锋紧随其后,冲入纳忽昆山崖阳面的开阔地,出现在乃蛮主力面前。

刚刚扎营还没来得及开伙的乃蛮军队慌作一团,丢下正在煮水的铜锅,四向散开,去捉吃草的战马。他们一时间无人指挥,形不成队形,根本组织不起有效的抵抗。

胆小如鼠的太阳可汗更是吓得双目长到了百会穴上,周身发抖,慌不择词,将在其一侧的札木合一把拽过来,结结巴巴地问:"那个……像饿狼追羊群般,从我们哨兵后面冲过来的……那是谁?"

札木合是何许人也?是久经沙场的宿将,什么场面都见过,就是没见过带

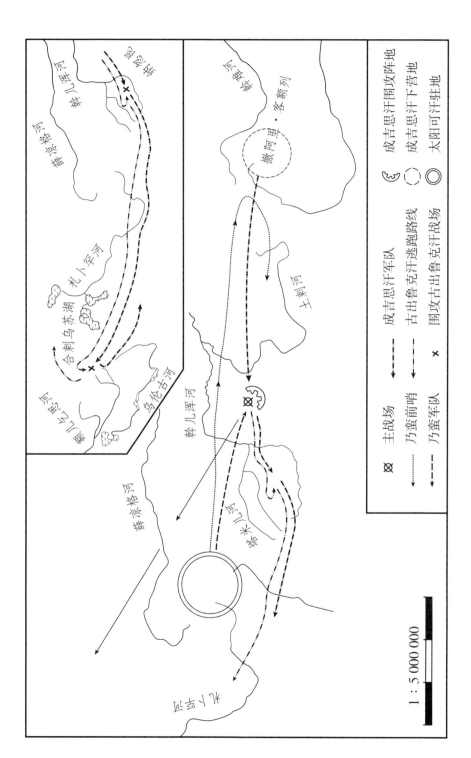

示意图13 纳忽昆之战

图例：

⊠ 主战场　　—·—·—·— 成吉思汗围攻降地

↑ 乃蛮前哨　　—·—·—·— 成吉思汗军队

— — — 乃蛮军队　　⊂⊃ 成吉思汗围攻降地

↑ 古出鲁克汗逃跑路线

◎ 围攻古出鲁克汗战场　　× 太阳可汗驻地

比例尺 1：5 000 000

领千军万马的战场指挥员,有哪一个像太阳可汗这样惊慌失措、毫无主见。他那怂包样儿,压根儿就不是打仗的料。再看那群龙无首的乃蛮兵马,没有号令,没有鼓声,旗纛没有动静,只见兵士摩拳擦掌,却不见头领发号施令。凭札木合多年的经验,他知道,今天这一仗,太阳可汗铁定大败无疑了。铁木真安答真有福气,乃蛮国又成他的囊中之物了。札木合开始后悔不该投到太阳可汗麾下,更后悔不该跟着太阳可汗来到这个倒霉的战场。

札木合毕竟是札木合,刹那间他想好了如何摆脱此刻的尴尬局面,如何向铁木真安达交代,就像上次跟着脱斡邻勒可汗与成吉思汗对阵时一样。同时,他也想到,一旦太阳可汗这样的人占了上风,霸主草原,草原将永远没有安定之日,可能很快又变得四分五裂、兵荒马乱。所以,与其帮助这个异族的草包,还不如帮帮同一个乞颜家族的铁木真安答。

札木合心里立马变得很轻松,旋即眉飞色舞地回答太阳可汗的问话,说:

"现在杀来的

　　正是我的

　　铁木真安答

　　他呀

　　有四只凶狗

　　成天

　　用人肉喂

　　用铁链拴

　　这会儿

　　放出来了

　　正在追赶

　　我们的哨兵

　　那四只凶狗啊

　　有着

　　生铁炼成的

躯体
有着
熟铁锻成的
长嘴
有着
钢锥磨成的
毒舌
有着
石头做成的
心脏
有着
铁刷变成的
鞭子

用那
露水充饥
乘那
气浪行走

厮杀之时
吃的是
人肉
交战之时
喝的是
人血

现在
弄脱了铁链
兴奋而来

挣脱了枷锁

高兴而来

为吞噬人马

垂涎而来

要问

四只凶狗

都是谁?

那是

者别、忽必来俩

还有

者勒蔑、速别额台俩

一共

这四个人"

太阳可汗听了此言,说:"如果是这样,离这帮东西远一些的好!"便开始后撤,向山上爬去。

此时,又有一股人马从后面奔突而来。

太阳可汗问札木合:"后面那像是提前归群的小马驹欲奶而围着母马撒欢般奔突而来的几个人,都是谁?"

札木合答:

"他们是——

攻杀

持枪之人

掳掠

驮载之物

歼灭

挥刀之兵

抢掠
辎重之物的

兀鲁兀惕人
和芒忽惕人
此刻
因为有仗打
兴高采烈
蹦跳而来"

太阳可汗说："那就离他们远一点的好！"便继续往山上爬去。

这时，成吉思汗率领的主攻兵马出现在阵前。

太阳可汗问札木合："这个像饿急的鹰隼觅食般俯冲而来的是谁？"

札木合答：

"现在杀来的
正是我的
铁木真安答
他呀——

生铁炼成的
身体
没有锥刺之孔
熟铁锻成的
身板
没有针扎之隙

铁木真安答他
就像只
饿急的鹰隼

觅食而来

乃蛮的那可儿们，你们不是说只要遇见了蒙古人，连只山羊羔蹄皮都不留下，要一股脑儿全部收下的吗？现在，就看你们的啦！"

听了此言，太阳可汗说："既然这样，继续上山吧！"便继续向上爬。

这时，合撒儿率领的中军赶来。

太阳可汗问札木合："那个从后面遮天盖日、汹涌而来的是什么人？"

札木合答："这是从小让诃额仑母亲用人肉喂大的家伙。他呀——

身材魁梧
足有三庹长
饭量惊人
一顿吞食
一头三岁母牛

一身披挂
三层甲衣
一人力比
三头公牛

吞下
一个荷弓人
喉咙里
不会打梗

咽下
一个大男人
心口儿
没有感觉

一旦
发起怒来啊——

搭起
昂忽阿箭
射出后
山那边的敌人
十个一团
二十个一片
纷纷倒地

拿起
客亦布儿箭
射出后
旷野里的敌人
一箭一对
两箭一串
频频毙命

用力发射
可射九百丈远
轻轻放箭
也射五百丈远

生得
跟人不一样
与那蟒忽思
不无两样

　　　　叫作合撒儿者
　　　　便是他也"

太阳可汗说:"如果是这样,就爬到山上去吧!"便又向上攀爬。
这时,殿后的斡惕赤斤也赶到了。
太阳可汗问札木合:"这个冲上来的又是谁呀?"
札木合答:

　　　　"诃额仑母亲
　　　　最小儿子
　　　　心肝宝贝
　　　　帖木格·斡惕赤斤
　　　　便是他也

　　　　睡得早
　　　　起得晚
　　　　凡事
　　　　缺不了他
　　　　凡是打仗
　　　　少不了他"

太阳可汗说:"如果是那样,就爬到山顶上去吧!"便往山顶爬去。
札木合对太阳可汗说完这些,便悄悄离开了太阳可汗,并派人给成吉思汗
捎话,道:"请告诉我的安答——

　　　　太阳可汗他
　　　　听了我的一些话
　　　　已经吓破胆
　　　　退向了高山

闻了我的几句言
似乎心已死
爬上了山顶

安答啊
他们兵马不少
上山进攻
须谨慎
他们已无斗志
与其交手
要放开

此时此刻
我已
离开乃蛮
奔向
遥远他乡"

天将晚。

成吉思汗停止进攻，就地布阵，在纳忽昆山崖下围山过夜。

当夜，乃蛮军队趁夜色偷偷突围，结果纷纷从纳忽昆山崖上滑下来，一个先坠崖，另一个从上面砸下去，人砸人，马踏马，不是断腿就是折胳膊，竟把匿大个沟壑填满了。

次日凌晨，成吉思汗一举拿下纳忽昆山，活捉了太阳可汗。

太阳可汗的儿子古出鲁克汗带着少数人马逃走了，他逃到塔米尔河畔，建了古列延准备抵抗，又担心力不支，便再次逃遁。

至此，在这个阿勒台山南麓，成吉思汗彻底歼灭了乃蛮国，将其悉数收拢在自己的麾下。其中有跟随札木合投奔到乃蛮国的札答阑部、合塔斤部、撒勒只兀惕部、朵儿边部、泰赤兀惕部、翁吉剌部，札木合离开太阳可汗时没能带走他们,此时也都归附了成吉思汗。

太阳可汗的母亲古儿别速合敦也被俘获。

成吉思汗对她说:"你不是嫌弃蒙古人身上有味儿吗? 现在感觉怎么样?"遂将其收为自己的合敦。

有一个乃蛮国的人,趁乱悄悄离开众人,欲躲往别处。

合撒儿发现了,着人将他捉回,发现那个人怀里揣着一枚印章。

合撒儿问:"你们整个兀鲁思都归顺了我们,你却怀揣这个东西,要逃往哪里?"

那个人说:"我是在坚守我的职责。我本想把这枚印章交给我的主人,却被你们捉住了。"

合撒儿问:"你是干什么的? 有什么职责要这般坚守?"

那个人说:"我叫塔塔统阿,从前是回鹘人。他们交给我这枚印章,命我专管饮食进出库之事。"

合撒儿又问:"这枚印章是干什么用的?"

塔塔统阿答:"发布命令。即使派可靠之人去办各种事物,也要盖这个章子。"

合撒儿问完,夸他是守信用之人,并呈报成吉思汗,让他依旧管那枚章子,并拜他为先生,很快就学会了怎样用那枚印章。

十三

速别额台不负重托,带铁车军远征,途经康
邻钦察兀惕草原,未出半年,终于找到脱脱阿别
乞三个儿子的藏身之处,将他们消灭。

同年秋天。

成吉思汗在一个叫合剌塔勒忽札兀儿的地方,发现了当年逃走的篾儿乞惕
人脱脱阿别乞。

脱脱阿别乞没想到成吉思汗来这儿找到他,吓得召集起部属,闻风而逃。

成吉思汗马不停蹄,立即追击,一直追赶到一个叫撒阿里·客额列的地方
将其击溃。就此,成吉思汗灭亡了篾儿乞惕国,收归了其兵马和百姓。

脱脱阿别乞只带着忽都、赤剌温两个儿子及少数几个人逃了出去。

战败了的篾儿乞惕国兀洼思部首领答亦儿兀孙欲将自己的女儿忽阑献给
成吉思汗,路上遇到蒙古骑兵总是反复盘问,于是答亦儿兀孙找到巴阿里歹·那
牙阿,说:"我想将我这个女儿送到成吉思汗那儿,请他瞧瞧。"

那牙阿说:"我们护送你和你的女儿一起去见成吉思汗吧!你们父女俩单
独前往,路上兵荒马乱的,恐有不测。"便留他们父女在自己营地住了三天三夜。

三天后,那牙阿将答亦儿兀孙和他的女儿送到了成吉思汗的斡耳朵。

成吉思汗知道那牙阿让忽阑在他那里滞留了三天,非常生气,便严加拷问,
要惩处他。

忽阑说:"当时,那牙阿那颜劝我们说,'我是成吉思汗的也可那颜,我们护
送你和你的女儿一起去见成吉思汗。你们父女俩单独前往,路上兵荒马乱的,
恐有不测。'如果没有遇到那牙阿,得到他的帮助,说不定我们中途会遭到乱军
的骚扰。唉,我们遇到那牙阿,真是件好事。现在,可汗与其审问这个那颜,请
就此开恩,先审验我这腾格里所赐、父母所生之肉身吧!"

被拷问的那牙阿也说:

"可汗

是我

唯一的

颜面

只要

掳来

别国美女

和良马

我都会

当作是

可汗之所有

小心看护

假如

我有

非分之想

我愿

就此死去！"

　　成吉思汗同意忽阑的恳求，就在当日白天验证了忽阑的贞身，确实与忽阑所言一致，便宠纳了忽阑合敦。同时，也证实了那牙阿所言，便开恩道："那牙阿是个诚实可信之人，可以委以重任。"

　　在收归篾儿乞惕国百姓时，成吉思汗将脱脱阿别乞大儿子忽都的两个妻子秃该、朵列格捏中的朵列格捏，赏给了儿子窝阔台。

　　还有一部分篾儿乞惕残余势力尚未收归，仍占据一座叫台合勒的山，在那里建了寨子，继续负隅顽抗。

　　成吉思汗下令，由锁儿罕失剌之子沉白，领左路军去攻打寨子里的篾儿乞惕人,成吉思汗亲自领右路军,前去围剿刚刚逃走的篾儿乞惕国脱脱阿别乞和他的两个儿子忽都、赤剌温及其兵马。

成吉思汗将他们追到阿勒台山南麓时已是冬天,便在那里扎营过冬。

乃蛮国的古出鲁克汗失去了兀鲁思,带少数几个人马,与逃窜的脱脱阿别乞会合,在额儿迪失河边一个叫布黑都儿麻的地方,整合人马,准备迎战。

到了乙丑年(1205 年)春天,在阿勒台山南麓过冬的成吉思汗从那里拔营,来到布黑都儿麻,攻打乃蛮国和篾儿乞惕国残余兵马。

脱脱阿别乞在战斗中被乱箭射中倒毙。他的三个儿子来不及将他就地安葬,也没有办法运走遗体,便把脑袋割下来带走。

乃蛮国和篾儿乞惕国联军无力抵抗,退往额儿迪失河,结果多数人马在渡河时掉入河里溺水而死。渡过河的少数乃蛮人和篾儿乞惕人,过了河便分道扬镳,各奔东西。

古出鲁克汗经过委兀儿台、合儿鲁兀惕的地盘,来到一个叫撒儿答兀勒的地方,投奔了居于垂沐沦河畔的合剌乞荅惕国(西辽国)的古尔汗。

篾儿乞惕国脱脱阿别乞的儿子们忽都、合勒、赤剌温等,途经康邻钦察兀惕而远遁。

成吉思汗由此回返,翻过阿来亦牙儿山,回到了自己的大本营。

领左路军的沉白也顺利讨平了在台合勒山上筑寨死守的篾儿乞惕残部,回到了大本营。

成吉思汗下令处死了掳来的篾儿乞惕人中该杀之人,将剩余百姓分给了各个千户。其时,已经投降留守在大本营的一部分篾儿乞惕人起兵反叛,被同在那里的阔脱臣军人当即镇压。

成吉思汗下令道:“本来,我没想将他们分开,可他们要反叛,我就没有办法了。”遂将这部分篾儿乞惕人也悉数分散到各千户之中。

这样,只剩下脱脱阿别乞的三个儿子忽都、合勒、赤剌温没有降服,成吉思汗让速别额台率领铁车军前去追讨。

临出发前,成吉思汗对速别额台说:

“脱脱阿别乞的

三个儿子
忽都、合勒、赤刺温
惊慌中逃离
对射中败退
就像
滑脱套杆的野马
受了箭伤的野鹿
已经远遁

他们啊——

假如
长了翅膀
飞上了天空
速别额台你
化作
海青鸟
扑过去
将他们抓捕

假如
变成旱獭
用利爪挖土
钻入地里
速别额台你
化作
铁凿子
掘地追踪
将他们挖出

假如
变成鱼儿
游入海洋里
速别额台你
化作
旋网和拖网
将他们捕捞

现在
委派你
翻过高山
渡过大江
去远征

你要
时刻想到
此行
路途遥远

战马易瘦
须惜马力
军粮易耗
须勤节俭

途中
野生很多
但是
不要忘

征途遥远
休得
迷恋狩猎
应适可而止
即使
贴补军粮
也要
按需猎捕

不是
狩猎之时
每个军人
马鞍
勿上后鞒
马嚼子
勿衔口中

从严整治
方能
养成纪律
对那些
违抗军令者
坚决惩戒
杖挞不殆

违者中
若有
与我相识者
遣我处

由我惩治

与我不相识者

不论人有多少

就地处斩

人在

万水之彼

均须

按此行事

身在

千山之外

莫有

越轨之想

借助

长生天的气力

若将

脱脱阿别乞的儿子们

亲手擒拿

不必

送到这里

就地

正法就是"

对速别额台,成吉思汗又说：

"为了

消灭篾儿乞惕人

你将要远行

在我小时
三支箭儿乞惕人
搜捕我
将布儿罕·合勒敦山
绕行三次
使我
惊吓不已
如此
深仇之敌
今却
逃往他处
须替我
报仇雪恨

遇长
须尽其头
遇深
须穷其底"

最后,成吉思汗嘱托道:

"你呀
人在他乡
就像
与我同在

远在天边
就像

近在咫尺

你要是
经常这样想
上天
就会
时时刻刻
保佑你"

速别额台不负重托,带铁车军远征,未出半年,途经康邻钦察兀惕草原,终于找到了脱脱阿别乞的三个儿子的藏身之处,将其消灭。

十四

他,到死也没有弄明白自己失败的真正原因,当然也就未能成为一个真正的英雄。这就是他,札木合的人生悲剧。

成吉思汗彻底歼灭了乃蛮人和篾儿乞惕人,曾在乃蛮国栖身的札木合随之成为孤家寡人,失掉了所有族人和百姓,身边只留下五个那可儿一起流浪。

一天,他和五个那可儿登上倘鲁山,射杀了一只公盘羊。

他们将那只公盘羊肉烤熟了要吃的时候,札木合说:"今天,何人之子在此这般享用公盘羊肉啊?"

已经预谋好的五个那可儿,将专心吃盘羊肉的札木合捉捕,押送到成吉思汗那里。

见了成吉思汗安答,札木合因被自己的那可儿捉捕而一肚子委屈,说:

"如今
乌鸦捕捉合蓝伯鸭子
庶民侵犯可汗之身

我的可汗安答啊
该如何是好呢?

现在
斑雀捕捉孛儿臣莎那鸟
家奴密谋捉拿自己的可汗

我的博格达安答啊

该如何是好呢？”

听了札木合所言，成吉思汗下令：“竟敢冒犯自己的汗主，谁能容得下这样的人？谁还敢跟这样的人交往？将这些冒犯自己汗主的人，立即斩首灭族！”遂当着札木合的面，处斩了他的五个那可儿。

然后，成吉思汗说：

“如今我俩
走到了一起
就让我们
重归于好吧！

你曾是
我车之一辕
不要再有
离异之心

现在
我们就让
车之两辕
合在一处
相互之间
提醒
所忘之事
叫醒
昏睡之时

虽然
你曾离我而去

依旧是
给我带来祥瑞的
好安答

我知道
真到了那
生死关头
你的心
便会
为我而揪
真到了那
厮杀的战场
你的肝
就会
为我而痛

曾几何时
在那
合刺合勒只惕地方
与客列亦惕交战
你派人告诉
脱斡邻勒可汗
作战部署
危难中提醒了我
此乃
你之恩德

曾用言语
让乃蛮人

胆颤

曾用话语

让太阳可汗

心惊

双方激战时

你派人通报

他们的情况

战场上辅助了我

此乃

你之大德"

听了成吉思汗所言,札木合说:

"在那

早先之日

在那

孩提时代

在那

豁儿豁纳黑·朱布儿地方

我与可汗安答你

结为安答

我们

同吃

不易消化之食物

同讲

不可遗忘之言语

同睡

一个被窝

相互争
你盖得多我盖得少

后来
信了别人的
蛊惑之言
中了他人的
离间之计

我离开了
昔日的安答
我背弃了
曾经的旧情

想起那
曾经的高谈阔论
我无地自容
就像是扒去了
这张黝黑脸皮
与你无脸相见
四处流浪

忆起那
当年的海誓山盟
我无处躲藏
就像是剥掉了
这张泛红脸皮
与你羞于相逢
到处游荡

如今

可汗安答你

念旧情

要与我重修旧好

可我

该相伴之时

未能与你相伴

如今

安答你

平定了

周边的兀鲁思

收复了

外边的兀鲁思

可汗之大位

已经属于你

普天之下

也已归于你

此时

我来与你相伴

还有何用场啊

恐怕

将会成为你

黑夜里的梦魇

白昼里的烦恼

衣领里的虱子

衣袖里的芒刺

我听从
几多谗言之人
为此
离开了安答
受尽
心灵的折磨

如今
安答和我
此生之年
享誉盛名
从日出到日落
已经传遍

安答
有圣明的母亲
有贤能的兄弟
有超凡的俊杰
和豪强的那可儿
他们
成为安答你的
七十三匹骏杰
聚集在安答的周围

可我
从小没有父母
也没有兄弟

妻子是个长舌妇

难以信赖

所以

顺应天意

败倒在

你这那可儿遍地的

安答手下

如果

安答肯赐恩

就让我

速死吧

这样

安答你

也可以

从此安心

如果

安答肯降恩

赐予我

不流血而死

我将

躺在高处

永远

佑助你

直到

你的

子子孙孙

本来
我源自
字端察儿旁支
如今
让安答的
乞颜苏力德
征服

我的话
请安答记住了
别忘
一早一晚
勤念叨

现在
请结束
我的性命吧！"

听了札木合的这番倾诉，成吉思汗说：
"我的安答札木合
虽说
背我而行
但是
不曾满口胡说
不曾听到他
加害我的性命
札木合安答
他是个
值得敬重的人

如今

我让他

与我相伴

他不肯

但要他死

占卜又无显示

无故杀人

于理不容

安答

他是个

重义之人

草原上

久负盛名

非有不可饶恕之罪

方能

结果其性命

这样吧——

昔日

搠只答儿马剌、绐察儿二人

因马群发生争端

札木合安答你

图谋不轨

前来

答阑巴勒渚惕地方

发动突然袭击

让我

损失殆尽
被迫躲入
者列捏峡谷
如今
我要重归于好
你又不肯答应

请告诉札木合安答
尽管我
非常爱惜你的性命
但别无选择

现在
依安答所言
就叫你
不流血而死
你的遗骨
不弃荒野
将依礼厚葬"

成吉思汗让人将札木合款待了三天,然后将其处死,并予以厚葬。

这年札木合四十七岁。一个天才诗人,就这样陨落了。他的一生,是奋斗的一生、充满梦想的一生、不断崛起的一生,同时也是悲剧的一生、彻底失败的一生、充满心灵痛苦的一生。

札木合的确是个难得的人才,更可以称得上是个乱世枭雄。假如没有成吉思汗,蒙古草原的主宰者很可能就是札木合。

探究札木合悲剧的深层原因,关键是他的年龄比成吉思汗大。因为他年龄大,所以成熟早,他的政治抱负成形的时间也早。这个政治抱负在他第二次跟少年铁木真结为安答时，已经显出端倪。本来，他跟铁木真已经结为安答，可不到半年他就后悔了，他认为用动物踝骨做信物太小儿科，于是又补了个用响箭做信物的男子汉式的结拜仪式。这是因为他的政治嗅觉告诉他，成吉思汗是个盖世英才，假如把铁木真弄到手，或者能够与铁木真联手，那么札木合之成功便唾手可得。可他就是没想过，假如成吉思汗霸主草原，他如何辅佐铁木真成就大业。他始终把自己想得比铁木真高明，甚至当他成为成吉思汗的阶下囚，也没有想过自己哪一点不如他。他把成吉思汗的成功和自己的失败归咎为成吉思汗有"圣明的母亲""贤能的兄弟""超凡的俊杰""豪强的那可儿""那可儿遍地"，而自己"从小没有父母""也没有兄弟""妻子是个长舌妇难以信赖"，他就是不去想成吉思汗"那可儿遍地"而自己"没有兄弟"的原因是什么。

　　他，到死也没有明白自己失败的真正原因，所以也就未能成为一个真正的英雄。

　　这就是他的悲剧！

十五

苏力德,可以代表一个人的元气、魂魄和时运,可以代表一个部族的生力、福祉和世运,可以代表一个军队的战斗力、锐气和胜利,可以代表一个国家的兴旺、繁荣和气数。

札木合的死,标志着成吉思汗的最后一个竞争对手消失,草原上只剩下一个太阳。

从1189年铁木真被推举为合穆黑蒙古国的成吉思汗到现在,历经多年艰苦卓绝的斗争和大大小小血雨腥风的战斗,如今已完全平定了蒙古高原所有的大小兀鲁思和部落。如今,蒙古高原上的毡帐百姓,全部聚集在成吉思汗的苏力德旗帜之下。合穆黑蒙古国的领土覆盖了东起大兴安岭,西至阿勒台山脉,北跨薛楞格河,南抵大漠,东西一千五百多公里,南北一千多公里的广大土地。

十七年前的合穆黑蒙古国,是个单一部落的兀鲁思,准确地讲,是蒙古乞颜部中的部分部落联盟,不仅不包括大部分蒙古部落,甚至不包括乞颜部中的泰赤兀惕、札答阑、只儿斤等各个部落,更不包括蒙古本部以外的篾儿乞惕、客列亦惕、塔塔儿、乃蛮等有自己世袭可汗的各个兀鲁思。

现在不一样了。经过多次分分合合、你来我往的争斗,那些大大小小众多的山头全部被削平,那些大小兀鲁思世袭的可汗、选举的可汗、自封的可汗,还有他们的子孙,都成了成吉思汗的手下败将被消灭殆尽,尚未落网的乃蛮国古出鲁克可汗逃到远方的合剌乞苔惕国(西辽),已派者别前去剿灭。

成吉思汗实现了"也可额耶",完成了蒙古草原的和平统一,现在到了向天下宣布他的胜利的时候。

丙寅年(1206年)孟夏十六日,是传统的苏力德祭祀日。

成吉思汗将这次的苏力德祭祀进行得格外隆重,宰牲九九八十一只。

祭祀了苏力德,成吉思汗发出了召开呼剌勒台大会的通知。

呼剌勒台大会如期召开。

参加这次大会的除了成吉思汗的几个弟弟合撒儿、别勒古台、合赤温、帖木格及诃额仑母亲的养子失吉忽秃忽、孛罗忽勒、曲出、阔阔出之外，有他最早的那可儿孛斡儿出、者勒蔑，有在他最困难的时候前来投奔他的各部落头领，有在各次作战中冲锋陷阵、杀敌立功的功臣，有父亲也速该把阿秃儿托付的蒙力克父亲，有孛儿只斤家族近亲，有重建合穆黑蒙古国时委以重任的各位大臣，有在出征乃蛮之前整编时任命的各位千户长、客卜帖兀勒、土儿合兀惕及客失克田的察儿必那颜，约有一百多人。

在这次呼剌勒台大会上，讨论决定了以下重大事项：

（一）统计了人丁和畜群。当时，聚集在成吉思汗苏力德之下的部众共有 95 个千户和 1 万人的禁卫军，每户按 6 口计算，总人口约 60 万左右。军队人数 10 万 5 千人。畜群分马群、大畜（驼、牛）、小畜（绵羊、山羊）几个种类，其中有马至少 90 万匹（每个兵丁拥有 3 匹战马，每 10 匹马的马群产 3 匹战马计算）以上，牲畜总头数约 2000 万头只。

（二）奖赏了功臣，所有功臣都获得奖赏。成吉思汗还将自己的亦巴合合敦赏给了主儿扯歹。豁尔赤因有言在先，准许他可以娶 30 个妻子。

（三）将毡帐百姓重新整编为 95 个千户。88 位功臣分别担任 88 个千户长，其中第 21 位功臣忽亦勒荅儿、第 25 位功臣察罕兀洼，因为已经去世，由他们的儿子担任千户长。别都温，因无故未参加呼剌勒台大会，所以没有任命他做千户长，让他暂作忽必来的副手。另外，为三个女婿（女儿）分了数量不等的百姓，其中阿勒赤分得 3 个千户，布秃分得 2 个千户，阿剌忽失·迪吉惕忽里分得 2 个千户，共 7 个千户。与前面的 88 个千户合起来是 95 个千户。

（四）将全国划分为左、右和中央 3 个万户。任命孛斡儿出为右翼万户万户长，木华黎为左翼万户万户长，那牙阿为中央万户万户长。

（五）扩编了客卜帖兀勒、土儿合兀惕及客失克田。将原来 80 人的客卜帖兀勒军、70 人的土儿合兀惕军及客失克田扩建为 1 万人，赋予客失克田国家政权机关功能。明确规定了客卜帖兀勒军、土儿合兀惕军及大斡耳朵的客失克田的兵源如下：每一位千户长必须出 1 个儿子、1 个弟弟和 10 个那可儿；每一位百户长必须出 1 个儿子、1 个弟弟和 5 个那可儿；每个十户长必须出 1 个儿子、

1个弟弟和3个那可儿。所有兵丁须自带马匹,他们所需粮食和用品,须由参加者所在千户、百户、十户供应。同时,重申了客卜帖兀勒、土儿合兀惕及客失克田的职责。

(六)授权忽必来为全军元帅。命名忽必来、者勒蔑、者别、速别额台为四狗,命名孛斡儿出、木华黎、孛罗忽勒、赤剌温为四骏。

(七)确定了各千户百姓构成,以及分配给黄金家族即诃额仑母亲、成吉思汗诸弟(含抚养的诸弟)、孩子们及功臣的百姓数量和管辖地区。

(八)制定并颁布了也可蒙古国《大扎撒》,下令将其造青册,用白纸青字一一记录在案,子子孙孙传下去,永世不得更改,若有更改者罪之。

成吉思汗《大扎撒》或《青册》,至今尚未发现流传下来的成书。关于《青册》的内容,1206年建立也可蒙古国时,成吉思汗交代给失吉忽秃忽的内容有:为成吉思汗母亲、诸弟及孩子们分配毡帐百姓(住毡包的百姓)和板门百姓(住房子的百姓)中的份额;失吉忽秃忽与成吉思汗商议或禀报之后下达的所有律令;全国百姓分布情况;全国诉讼案件的断案情况;举国之内惩处盗贼情况;举国之内断明是非情况;死刑案件;判刑案件等。不过,其中并未提及具体的律令和条款。

赛熙亚乐《成吉思汗史记》一书,根据《蒙古秘史》和其他史书记载,将《成吉思汗大扎撒》的内容归纳为6个方面54条。第一为总则,有3条;第二为朝政,有4条;第三为军事,有14条;第四为民法,有8条;第五为专门法,有6款18条;第六为刑法,有7条。

纳·朝克图《成吉思汗法》一书,根据《蒙古秘史》和《史集》的有关记载,将成吉思汗法从"扎撒""札儿里黑""毕力克""约孙""多罗""大扎撒""青册"等若干方面进行了深入探讨。还有其他很多著作和论文,也都进行了繁简不一的论述。也有研究者将其中一些内容汇集在一起,以《成吉思汗箴言》形式发表或出版。

(九)任命失吉忽秃忽为总断事官;封兀孙额卜根为负责礼仪的别乞那颜。别乞者,穿白衣,骑白马,通常坐丁上首位置,专司选择吉日良辰之事宜。封蒙力克父亲的儿子阔阔出为也可蒙古国通天大巫师——帖卜腾格里。帖卜腾格里者，为成吉思汗与长生天联系的唯一使者。

（十）明确呼剌勒台大会为最高决策机构，凡是重大事宜（包括选举可汗），均须经过"也可额耶"（经过充分商议，达成一致），做出决定。

在这里，"也可额耶"，既是形式也是内容，既是出发点也是结果。成吉思汗把召开呼剌勒台大会叫作"也可额耶"，把呼剌勒台大会做出的决议也叫作"也可额耶"，把要实现的宏大目标（理想）叫作"也可额耶"，把自己打下的江山也叫作"也可额耶"。所以说，"也可额耶"是成吉思汗治国治军思想的核心、本质和灵魂。

（十一）将合穆黑蒙古国改名为也可蒙古国，重新选举铁木真为也可蒙古国的成吉思汗。

"也可"，是大的意思，即大蒙古国。从"也可额耶"到"也可蒙古国"，成吉思汗崇尚的是一个"大"字。这个"大"字含义很广，从理念到国度，从抽象到具象，从长生天到天下百姓，从日出到日落，都可以用一个大字来形容、来概括、来体现。大，就是成吉思汗最终能够建立人类历史上最大版图的大帝国之出发点和落脚点。

（十二）制作代表成吉思汗圣旨的金牌、银牌。金牌用于战事和对外，银牌用于平时和对内。

（十三）确定察干苏力德为国纛，哈喇苏力德为军纛，阿拉克苏力德为乞颜族徽，并明确了各苏力德的崇奉与祭拜规则：

察干苏力德永远立于成吉思汗大斡耳朵门前，不得任意移动。

哈喇苏力德分"也可"（大）哈喇苏力德和普通哈喇苏力德两种。也可哈喇苏力德永远与成吉思汗在一起，不得片刻分开；普通哈喇苏力德，每有战事，由其最高指挥官携带出战，以号令全体作战兵马。

阿拉克苏力德，为部族苏力德。乞颜部阿拉克苏力德继续由合撒儿携带，并传至其子子孙孙；其他部族将阿拉克苏力德作为本部族的族徽竖立于自己的主营地上，并传至其子孙。

以上就是这次呼剌勒台大会上做出的"也可额耶"主要内容。

自从 1181 年四月十六日与札木合分手，成吉思汗便以"也可额耶"为尊，处处以"也可额耶"作为自己的行为准则。他认识到这个"也可额耶"思想威力无穷，是个万能的法宝。当年在与札木合相处的一年半中，他发现了前辈所推崇的"额卜额耶"思想的缺陷，找到了俺巴孩可汗自投罗网、忽图剌可汗屡屡不能获胜的真正原因，那就是过分强调了为"额卜额耶"而忍让、妥协的重要性，却严重忽略了为"额卜额耶"而斗争、征服的必要性。为此，他将原先的"额卜额耶"中的"额卜"（和好、和谐）两个字改成了"也可"（大、大型、宏观）两个字，使得"额卜额耶"（和谐一致）变成了"也可额耶"（和谐统一，即大和），将"也可额耶"所涵盖的范围，由人与人、部族与部族、兀鲁思与兀鲁思之间的和谐统一，拓展到了人与天、人与地、人与自然万物的和谐统一，以及苏力德精神的统一。苏力德精神的统一，指的是人与人的内心感知、内在动力和内在力量的和谐统一。

成吉思汗自从有了"也可额耶"思想的指导，确实从容应对了一些错综复杂的尖锐矛盾，大胆利用了一些来自敌对一方的有利因素，准确把握了一些稍纵即逝的宝贵时机。

细想一下，除了少数几个对手如篾儿乞惕、塔塔儿、乃蛮以外，成吉思汗都曾与他们合作和联手，尤其是他跟主儿乞人和客列亦惕人的分分合合，更加证明了"也可额耶"思想的正确性。

主儿乞部是他们乞颜家族的一个分支。合不勒可汗喜欢长得英俊的长子斡勤·巴儿合黑，便从所属各部百姓中挑选了一批体格健硕、力大无比、胆识过人、箭法好、武艺超群的勇士做他的部属。斡勤·巴儿合黑早年被塔塔儿人偷捕送往金国钉死在"木驴"上，此后其部众由他的儿子莎儿合秃主儿乞管理，主儿乞部即由此形成。后来斡勤·巴儿合黑的三弟忽秃黑秃蒙古儿的子孙也合并到了主儿乞部之中，使其力量更加强大。到了成吉思汗时期，莎儿合秃主儿乞的儿子撒察别乞和泰楚做了主儿乞人的头领,成为乞颜部中一支举足轻重的部族。1189 年选举成吉思汗做合穆黑蒙古国可汗时,撒察别乞和泰楚都参加了呼剌勒台会议,并都积极推荐了成吉思汗。十三古列延之战后,有很多部族前来投奔成吉思汗,成吉思汗为了庆贺这一盛事,在斡难河边的树林里举行盛大的筵宴,宴请了诃额仑母亲、二弟合撒儿、主儿乞部的撒察别乞、泰楚二人及其家眷。可是就在这次筵宴上,主儿乞人表现得极为傲慢,不仅蔑视成吉思汗,还砍伤了别勒古台。就是这一次,成吉思汗意识到必须打掉他们的嚣张气焰,否则难以建立孛儿只斤家族在整个蒙古草原上的威望,遂亲自拿起家伙跟他们打起来,并把他们打败。被打败的撒察别乞和泰楚主动认输,提出了和解。成吉思汗觉得已经达到了震慑的目的,就把抓起来的两个合敦还给了他们。然而主儿乞人由此记仇,不久成吉思汗出兵攻打塔塔儿,他们不但不按时报到,反而偷袭成吉思汗的后方斡耳朵,扒光了五十个人的衣服,杀死了十个人。这样,矛盾的性质就发生了变化。成吉思汗毫不犹豫地处死了违背诺言的撒察别乞和泰楚,同时也处死了曾无故砍伤别勒古台的主儿乞人布里孛阔,一举消除了来自主儿乞部的隐患。假如按照"额卜额耶"原则,宴请时,应该让他们一码;后来矛盾激化了,也应以惩戒为主,不必杀死他们。可是"也可额耶"不一样,一切皆以大是大非来做决断,在大是大非问题上,绝不做任何的妥协和让步。

客列亦惕的脱斡邻勒可汗,是成吉思汗父亲也速该的安答,曾帮助成吉思汗夺回被篾儿乞惕人抢走的孛儿帖合敦,并与成吉思汗一起歼灭塔塔儿部的蔑古真薛兀勒图。脱斡邻勒可汗被家族内部抄了后院,失去兀鲁思百姓的时候,成吉思汗将攻打篾儿乞惕所获的百姓与牲畜悉数送给他,使其重整旗鼓。可是不久,脱斡邻勒可汗战败篾儿乞惕人时,一人独吞了战争所获,而且,本与成吉思汗约好一起对乃蛮部开战,竟然弃下成吉思汗连夜躲走,却被乃蛮部追击而遭受重大损失。对于脱斡邻勒可汗的这些行为,成吉思汗并不计较,派人救出了脱斡邻勒可汗的儿子桑昆及其妻女。之后,他们还联手击退了泰赤兀惕人的进攻,又在阔亦田之战中战胜了札木合。他们就这样交往了二十五年,最终因脱斡邻勒可汗听信儿子桑昆的诡计,贸然与成吉思汗开战而被彻底歼灭。成吉思汗在歼灭脱斡邻勒可汗之前,派人到脱斡邻勒可汗处,历数了他背信弃义、变友为敌的整个过程,表明了自己仁至义尽的态度。这就是"也可额耶"的理念,没有永远的朋友,也没有永远的敌人,最终将以大是大非来区分敌友。

事实上,在蒙古草原,人们之间的关系不断发生着变化。有些人在敌人和朋友之间变换着角色,忽而是生死与共的朋友,忽而是你死我活的敌人。有时候,身在敌营心向友,表面上与敌人在一起,实际上却延伸着朋友的力量。札木合扮演的正是这样的角色。他与成吉思汗长期为敌,但是成吉思汗与外族进行较量的时候,他又往往站在成吉思汗一边,支持成吉思汗。在毛温都儿梁之战中,在与乃蛮的作战中,他都暗中支持成吉思汗,从而保证了成吉思汗在战争中的主动地位。因此当他被部下扭送到成吉思汗那里时,成吉思汗依然以朋友和安答相待,表示要重归于好,像车之两辕合在一处,一起共事。然而札木合也是个草原枭雄,宁做鸡头不做凤尾,更不愿坐享其成,干扰朋友的事业,遂请求以死了断一切恩怨。古时的蒙古人,不习惯将自己的意愿强加给别人,尤其是对朋友,尽可能满足其临终愿望。虽札木合死意已定,但人命关天,不能说死就让他死,所以成吉思汗只好算旧账,勉强定罪,处死后予以厚葬。这里,成吉思汗也在坚持一个原则,即严格区分朋友和敌人,只有犯下不可饶恕之罪才可杀,绝不杀无罪之人。

"也可额耶"思想也包括诚信原则。上述那些从前的盟友后来变成敌人的例子,其本质是诚信问题,是值不值得信赖的问题。在那战乱频仍的年代,面对各种势力相互拉锯、难分难解,一个普通人的朝秦暮楚并不重要,重要的是看他本质怎样,是否愿意弃恶从善,是否一以贯之。者别尽管射伤了成吉思汗,却因不隐瞒自己的行为而得到成吉思汗的宽恕和肯定;那牙阿尽管放走了成吉思汗的敌人塔儿忽台·乞邻秃黑,却因保护了自己的主子而受到成吉思汗的肯定和重用;桑昆的马夫阔阔出虽然前来投奔成吉思汗,却因残忍对待其主子桑昆,受到了严惩,而其妻子因坚持为桑昆留条活路而得到了赦免;札木合的五位亲密那可儿将札木合抓捕后扭送到了成吉思汗处,不但没有得到奖赏,反而被满门抄斩。这里,成吉思汗所坚持的原则和是非标准,就是诚信。

"也可额耶"思想也讲感恩,讲以人为本,尊重人,体贴人,体现人的生存价值,强调对待那些有功之人,一定要时刻铭记他们的好处,充分肯定他们的功劳,给予恰当的赏赐和任用。者勒蔑是成吉思汗最早的那可儿之一,先后三次救了成吉思汗。为此,成吉思汗说:"当年,我受到三支篾儿乞惕人的袭击,逃入布儿汗山被他们绕山三遍搜查时,你救了我一命。这次,你用嘴吮吸我伤口喷出的血,又救了我一命。在我又渴又饥的时候,你豁出性命进入敌营,给我找来酸奶喝,又救了我一命。你的三次救命之恩,我永远不会忘记。"在毛温都儿梁之战中,兀鲁兀惕部的忽亦勒荅儿自告奋勇,率先出战,并在战斗中受了重伤,后来在打猎时犯刀伤而殁。也可蒙古国建国时,成吉思汗将其列在八十八位功臣之第二十一位,并说:"忽亦勒荅儿安荅,曾在前线自告奋勇,率先出战,立过大功,为此让其子女享受遗孤份额。"捏古思部察合安兀洼是成吉思汗离开札木合之后第一批来投奔他的人,他在十三古列延之战中牺牲,札木合割了他的头系在马尾上拖走,遭受了凌辱。也可蒙古国建国时,成吉思汗将察合安兀洼列在八十八位功臣之第二十五位,并对其儿子纳邻·脱斡里勒说:"你的父亲察合安兀洼,一心杀敌,冲锋在前,在答阑巴勒渚惕地方被札木合所杀。现在由你承袭父亲的功德,享受遗孤份额。"这时,脱斡里勒说:"我们捏古思部人分散在各个部落中,如果可汗开恩,我想把捏古思部弟兄们集中到一起。"成吉思汗立即下令:"那就把你的弟兄们集中起来,由你管理,直到子子孙孙!"阿勒塔尼是孛罗忽勒的妻子,曾救过拖雷,为此成吉思汗在奖赏孛罗忽勒时特别提到阿勒塔尼,说:"孛罗忽勒的妻子,如同车之一辕辅助孛罗忽勒,还救过拖雷的命。"并由此引发,褒奖了一大批女杰。札木合是成吉思汗的安荅,长期跟他对着干,最后成了他的阶下囚,但成吉思汗当面陈述他曾给予自己的种种好处,仍希望他能够跟自己共事。还有,成吉思汗为了褒奖主儿扯歹,将自己的亦巴合合敦赏给主儿扯歹时,怕对亦巴合合敦造成伤害,特别解释说:"为大处着想,我要将你这位暖我前胸、披我被窝、体贴周到的合敦赏给主儿扯歹。不是因为我讨厌你脾气不好,也不是嫌弃你长相不美,而是为了奖赏主儿扯歹在鏖战中做我盾牌,收起我的部族;在激战中做我的盔甲,召回我百姓的大恩大德,才把你赏给他。"诸如此类,都体现了"也可额耶"思想的感恩和以人为本的理念,充分肯定每一个个体在群体中的价值、作用和地位,从而增强无数个体对这个庞大群体的依附性,让所有团队成员自觉地凝成一股劲,成为一个坚如磐石的坚强团队,夯实铜墙铁壁般牢不可破的内在基石,激活洪水猛兽般所向披靡的外延动力。

当然,在强调这种以人为本、尊重人、肯定人的价值的时候,须以严密的考察、严格的审查为前提。昏迷中的成吉思汗看到者勒蔑在暗夜里脱光衣服,擅自跑到敌营里找饮料,他不怀疑者勒蔑的动机,但他怀疑者勒蔑一旦被敌人发现而被俘,是否会供出自己。因为在蒙古人的传统习俗中,说谎是件见不得人的事情。成吉思汗《大扎撒》就明确规定,"说谎者,杀。"者勒蔑其实也知道这一点,但为了救成吉思汗,者勒蔑交代,他事先精心策划了此次行动,做好了可能被俘的准备,编好了被俘后的供词才脱光衣服而去。成吉思汗这才排除了对者勒蔑的嫌疑,向他表达了感恩之意。那牙阿因为前来投奔成吉思汗时放走了旧主塔儿忽台·乞邻秃黑而受到重用,做了"也可那颜"。篾儿乞惕部兀洼思部头领答亦儿兀孙失败后要将他女儿忽阑献给成吉思汗,那牙阿怕他们在途中遭遇不测,留他们在自己的营地住了三宿,三天后才将他们亲自送到成吉思汗处。成吉思汗知道了那牙阿居然让忽阑在他那里滞留了三天,心生疑窦,欲严加拷问,听忽阑诉真情并以贞身求验,方才解除了疑虑,对那牙阿更加信任,直至让他做了三个万户长之一。

成吉思汗在推行"也可额耶"的时候,是以其那可儿团队的诚信和所有部下及千户长、百户长、十户长们的忠诚作为基础的。但这个基础的建立,不是单方面的,不是单靠成吉思汗的威望或部属们的自觉,而是靠着一整套严密而苛刻的制约措施和监督机制。千户长和百户长是成吉思汗军队的中坚力量,是他的核心团队,蒙古军队之所以战无不胜攻无不克,是因为他们在第一线冲锋陷阵。然而,他们并不经常跟成吉思汗在一起,在很多情况下会单独扎营、单独行动、独立作战,随时都有可能与敌人或敌对势力接触,更有可能被敌人引诱、挑唆乃至策反。任何时期的政治力量,都是一定意义上的利益集团,利益集团里的成员随时都有可能受到更大利益的诱惑而变换自己的角色,对此,单靠每个集团成员的自觉性或利益集团的纪律约束,是远远不够的,这里除了依靠忠诚和纪律约束外,还须有更严厉的利益制约机制。成吉思汗在他的初创阶段并没有敏感地意识到这一点。他第一次正式拉起队伍以后,确实有不少慕名而来投奔他的人,甚至可以说投奔者络绎不绝,这使得他的兵马迅速壮大起来。然而这种壮大却不够巩固,投奔他的人经常随风向而变,一有风吹草动就会离他而去,甚至变成敌人回过头来打他。这样的事长期困扰着他,却始终拿不出一个彻底解决的办法。直到 1204 年决定攻打乃蛮部的时候,他才想出了一个万全的办法。在合勒合河边一个叫客勒帖该·合答的地方,成吉思汗清点军队和百姓,把兵马改编为若干个千户,委派了千户长、百户长、十户长及察儿必,之后又成立了一个禁卫军组织客失克田——由八十人组成的专做夜哨的客卜帖兀勒军和由七十人组成的专做前哨的土儿合兀惕军。而这个客卜帖兀勒军和土儿合兀惕军的兵源,是由从千户长、百户长的子弟和有头面之人的子弟中挑选出的有技能、身体强壮的勇士组成。可是为什么要挑选千户长、百户长的子弟而不是别人呢? 因为千户长、百户长是最信得过的人,同时也是最需要提防的人,让他们的子弟做成吉思汗身边的侍卫,一来他们最可靠,二来他们就是人质,一旦哪位千户长、百户长有异动,首先拿他们的子弟开刀。所以,考虑到子弟们的安全,那些千户长、百户长绝不会轻易背叛。请看,这不是一举两得的万全措施吗? 成吉思汗依托这一全新的制约机制,可以放心大胆地让他们自由行动了。后来建立也可蒙古国的时候,成吉思汗将客卜帖兀勒军、土儿合兀惕军及大斡耳朵的客失克田扩大为一万人,并明确规定,参加客卜帖兀勒军、土儿合兀惕军及大斡耳朵客失克田的人,必须是每一位千户长出一个儿子、一个弟弟和十个那可儿,每一位百户长出一个儿子、一个弟弟和五个那可儿,每个十户长出一个儿子、一个弟弟和三个那可儿,而且,所有参加者须自带马匹,所需用品须由参加者所在千户、百户、十户供应。这次,人质的范围更广,人数更多,与千户长、百户长、十户长的关系更为密切,因而其制约机制和监督作用更加全面和完善,从根本上消除了带兵打仗的那些人违抗命令或背叛国家的隐患。如今史学家们都认为成吉思汗手下的部将无一背叛是个奇迹,殊不知完全是因为成吉思汗创立的政体模式和监督机制,为此提供了最根本的保证。

还有,"也可额耶"思想时刻不忘坚壁清野,惩治内奸,以保证队伍内部的纯洁性。杀塔塔儿人,是最典型的一个例子。塔塔儿部是乞颜部的世仇,他们地处金国边缘地带,为金国所辖,对完颜朝廷趋炎附势,对女真人言听计从,经常拿远在草原深处的其他蒙古部落开刀,还创造性地为金国剪除可能继承合穆黑蒙古国汗位的未来精英。合不勒可汗时期,先后将合不勒可汗长子斡勤·巴儿合黑、六子合答安把阿秃儿偷袭并抓捕,送给金国邀功讨好,将他们钉死在"木驴"上。塔塔儿人的罪孽不止于此,尤其不可饶恕的是,他们将俺巴孩可汗以联姻为名骗到塔塔儿部营地,并送给金国钉死在"木驴"上。为此,俺巴孩可汗临终时留下遗言:"你们即使把五个手指甲抠破了,十个手指头磨没了,也要为我报仇雪恨！"此后，他们又以卑劣手段毒死当时合穆黑蒙古国的军国首领也速该把阿秃儿。后来，塔塔儿人被成吉思汗多次打击，彻底歼灭，降服人员被分散安置在成吉思汗所属各部之中。可是成吉思汗及其将领们与这些塔塔儿人朝夕相处，低头不见抬头见，心里总是不踏实，一种潜在的危险日夜伴随着他们。这些人中就有毒死也速该把阿秃儿的直接参与者，假如有一天有些人密谋起事，从内部攻击他们，后果将不堪设想。为此，成吉思汗经过反复掂量并经呼剌勒台会议讨论，最后决定将他们斩草除根，于是处死了身高超过车辕的全部男丁，从而解除了心头一大隐患。主儿乞人布里孛阔在一次筵宴上无辜砍伤了别勒古台，使成吉思汗纠结不已，而引起一场成吉思汗与主儿乞人的格斗。后来，主儿乞人与成吉思汗为敌，袭击了他的后方斡耳朵，成吉思汗迅即平息了叛乱，毫不犹豫地处死了主儿乞人的两个头领撒察别乞和泰楚。而比撒察别乞和泰楚辈数高的布里孛阔，因为是随从而未受到处罚留下来了。但成吉思汗认为，他曾拿刀砍伤自己心目中神圣不可侵犯的别勒古台，决不能饶恕他，而且他是自己堂叔辈儿的人，在主儿乞人中地位特殊，有着无可比拟的号召力，再加上他本人头脑简单、力大无比，一旦受人唆使挑起事端来，将会生发出不可收拾的乱局。所以，成吉思汗考虑再三，最后以搏克为名将其除掉。对塔塔儿人实施斩草除根之后，成吉思汗将塔塔儿部也可车连的女儿也速干收为自己的合敦，并听从也速干的举荐，将其姐姐也遂也收为合敦。之后他从也遂的表情中意识到，也遂的丈夫有可能漏网而成为潜在的危险，便立刻着人将其查出，当即除掉。篾儿乞惕部脱脱阿战死后，他的三个儿子远遁，成吉思汗感到留着他们就等于留下有朝一日卷土重来的祸根，便命令速别额台带领铁车军前去消灭。成吉思汗就是这样，始终保持清醒的头脑，不断清除混入队伍内部的异己分子，坚壁清野，消除安全隐患，时刻保持自己队伍的纯洁性。所以，成吉思汗庞大的国家机器和他所指挥的千军万马当中，从未发生部将背叛或士兵哗变之类的事情。

需要指出的是，"也可额耶"思想不是空洞的概念，而是有其物化符号或精神象征的，那就是苏力德。苏力德与成吉思汗的伟业息息相关。成吉思汗记得父亲健在时，每次打仗都要带上那枚乞颜苏力德，用来号令全军人马。成吉思汗亲自感受到苏力德的威力，是在他十岁的时候。塔儿忽台·乞邻秃黑和脱朵延·吉尔帖两兄弟裹挟走了也速该把阿秃儿的旧部百姓和牲畜，将诃额仑母亲一家孤儿寡母丢弃在营地里。一筹莫展的诃额仑母亲看见乞颜苏力德还在,一下子变得无比自信、无比勇敢,自己跨上草黄马走在前面,让铁木真高擎苏力德跟在后面,去追赶已经走远的也速该把阿秃儿的旧部百姓,结果,已经上路的很多百姓跟着诃额仑母亲回来了。这件事给少年铁木真上了一堂极好的苏力德课。一个人的力量是有限的,一个人要想把个人的力量放大,就需要借助某种载体,而苏力德就是这个载体。后来铁木真请求脱斡邻勒可汗和札木合帮他从篾儿乞惕人手里夺回孛儿帖合敦时,札木合故弄玄虚,大肆夸耀他的旗麾,反复说:"请告诉铁木真安达和脱斡邻勒可汗兄:

> 我已祭祀
> 远远瞭见的
> 威严的图克(苏力德)
> 我已擂响
> 震天的
> 黑公牛皮鼓面
> 大军鼓
> ……
>
> 我已祭祀
> 高高耸立的
> 出征的图克(苏力德)
> 我已敲响
> 沉闷的
> 犍牛皮鼓面
> 大战鼓"

那次,铁木真是第一次参与作战。他从札木合的言语中明白了,打仗需要苏力德和军鼓,所以他也制作了一枚哈喇苏力德和一面牛皮鼓面大军鼓,用于那次战斗。从此,铁木真有了属于自己的苏力德和战斗中的制胜法宝,后来,他被推举为合穆黑蒙古国的成吉思汗时,又建立了作为国家象征的察干苏力德。

苏力德,首先是个物化的具象,是由色斯姆(三叉戟或矛)、托盘、古呼勒(旒、缨)和旗杆等组成的旗纛。古呼勒须用公马的顶鬃制作,察干苏力德用白马鬃,哈喇苏力德用黑马鬃,阿拉克苏力德用花马鬃,以此区分。察干苏力德为国纛,象征团结、祥和、天下大一统;哈喇苏力德为军麾,象征力量、威猛和所向披靡;阿拉克苏力德为乞颜族徽,象征传统、香火和生生不息。

苏力德,也是个抽象的精神标志。苏力德的抽象意义极其广泛,可以代表一个人的元气、魂魄和时运,可以代表一个部族的生力、福祉和世运,可以代表一个军队的战斗力、锐气和胜利,可以代表一个国家的兴旺、繁荣和气数。

成吉思汗信仰的苏力德,就是这样一种介于物质和非物质之间、既具象又抽象的信仰对象。所以,每到生命的关键时刻,他都将苏力德奉为至上信念,乃至当作长生天的使者来祭拜。

苏力德,是长生天的使者,是天人一体的物化形态,是与天地沟通、与大自然相联系的中介,也可以说是移动着的敖包。由此可以认定,苏力德是一种信仰或信仰体系。

苏力德作为信仰,早在大蒙古国成立之前已经形成。据《蒙古秘史》记载,那时的草原上已经有了具体的苏力德(诃额仑母亲举着乞颜苏力德去召唤被泰赤兀惕人裹走的百姓),还有了抽象的苏力德精神(德薛禅对也速该说,"我做了个好梦,原来是您的乞颜部百姓的苏力德来预告的啊"),同时也有了作战之前祭祀苏力德的习俗(札木合之祭祀图克,以及"鼠儿年四月十六日,成吉思汗祭了苏力德"等)。成吉思汗之前的苏力德(或图克、突克、秃乞),同时具有部落标志和战时号令的功能,后来,成吉思汗为苏力德赋予了新的内涵及功能,分解为三个不同的苏力德——察干苏力德(白纛,即国纛)、哈喇苏力德(黑纛,即军麾)、阿拉克苏力德(花纛,即族徽)。他把苏力德与"也可额耶"思想联系起来,用苏力德来延伸和放大个体力量,使苏力德拥有了引领方向、激励斗志、凝聚力量的作用,成为实现既定奋斗目标的精神支柱。所以,"征服了毡帐百姓之后,虎儿年(1206年),于斡嫩河源头,建九旒白纛(察干苏力德)做可汗",正式将其由"也可额耶"思想的物化形态，升华为也可蒙古国的信仰标志和精神象征。

成吉思汗的信仰，抽象地讲是长生天（天父地母），具体地讲就是苏力德。世界上任何一种宗教信仰，都是从人类社会之外去寻找人之主，认为上帝或神创造人类，主宰一切，如基督教、天主教、佛教等等，但苏力德信仰则是从人本身去寻找自立、自主的力量，即人的本质力量。在成吉思汗的想象里，苏力德既是个人自由意志和个性特质的标志，又是氏族和民族共同意志和共同特质的标志。成吉思汗把个人信仰和民族信仰凝结到苏力德这个物化的具象身上，既代表长生天的意志，又代表人的本质力量，将神圣化和人格化统一起来，使其具有了不可抗拒的神奇魅力和永不消退的无限生命力，而且所有这一切完全由人来建立、拥有和掌控。

成吉思汗就是靠这样一个信仰或神秘之物苏力德，来统一、凝聚和号令他的百姓及军队的思想、意志和行动，创造了一个又一个神话。

十六

长生天与他们同狂欢、共陶醉,刚一入冬,
喜降一场瑞雪。大地白茫茫一片,就像铺了一
张硕大无比的白毡,让毡帐百姓在大自然的怀
抱中尽情享乐……

丙寅年(1206年)金秋季节。

斡难河源头的迭里温孛勒答黑山下。四十四年前,成吉思汗曾在这里诞生,
今天也可蒙古国将在这里宣告成立。

举行开国大典(成吉思汗叫作"也可额耶")的通知早已发出,人们前来参
加开国大典的时候,带着各自的斡耳朵、家眷、侍从、部属及车辆和畜群。他
们为了参加本次开国大典,从蒙古国各地聚集到这里,有的甚至走了几个月
的时间。

成吉思汗的大斡耳朵,雄伟,庄严,格外耀目。

成吉思汗的大斡耳朵,是一个金顶、镶金边、装饰金色图案的巨大的洁白毡
帐,里边的四根柱子也涂着金粉。

斡耳朵前面是一片散发着草香的绿茵,那里即将举行盛大的那达慕大会。
斡耳朵门前铺着一层白毡,沿着绿茵向前延伸,共有九十九步之长。

斡耳朵左侧前方竖立着成吉思汗于1189年建立合穆黑蒙古国的九斿白
旗——察干苏力德,斡耳朵右侧前方竖立着成吉思汗于1179年在布儿罕·合
勒敦山阳面的塔纳溪边建立的成吉思汗战神四斿黑纛——哈喇苏力德。

成吉思汗大斡耳朵左右及四周,遍布各色各样的白色毡包和蓝边军帐,一
直延伸到遥远的天边,望不到头。所有毡包和军帐相互间都有一定的距离,在
其间隙布满了车辆、辕勒绳上拴着的马匹和吃草的牛羊。在那外围,是一个接
一个的古列延,每一个古列延的外边一圈是相互连接的车辆,里边一圈是毡包,
中间是空地。

　　来到今天"也可额耶"——开国大典中心会场的人员,有成吉思汗家族成员,亲密那可儿,察儿必那颜,开国功臣,新任命的万户长、千户长。

　　举行开国大典的前一天,是成吉思汗进行祭祀祭奠活动的重要日子。

　　成吉思汗首先祭拜了父亲也速该把阿秃儿。他之所以把举行开国大典的地点选在自己的故乡迭里温孛勒答黑这个地方,首先考虑的就是为了告慰父亲的在天之灵。他要告诉父亲,当年父亲从忽图剌可汗手里接受的合穆黑蒙古国江山,如今已经扩大到蒙古草原的所有地方,那些曾与父亲友好的和敌对的各部落如今全部聚集在他们的乞颜苏力德之下。

　　正午刚过,他带领通天巫帖卜腾格里和弟弟们——合撒儿、别勒古台、合赤温、帖木格以及失吉忽秃忽、孛罗忽勒、曲出、阔阔出等,来到了安葬父亲也速该把阿秃儿的地方。通天巫帖卜腾格里是成吉思汗最尊敬的大巫师,本名阔阔出,是成吉思汗与长生天沟通的唯一信使,也是成吉思汗举行祭祀活动的主要主持人,凡是举行各类祭祀祭奠活动,都少不了他。

　　成吉思汗跪在第一排,其他人跪在第二排和第三排。

　　帖卜腾格里带着他的徒弟们,敲着他那半面羊皮鼓做法,与也速该把阿秃儿的英灵进行了沟通,然后告诉成吉思汗:"他来了,你们祭拜吧!"

　　这时,先由最小的弟弟帖木格点燃了堆在前面的一堆柴火,接着由成吉思汗领头,向父亲的英灵焚烧带来的祭品,献洒了马奶和奶酒,并用很长时间诉说了自从父亲去世到现在这三十六年中所经历的种种好事、难事和苦事。成吉思汗说:父亲走后,泰赤兀惕兄弟塔儿忽台·乞邻秃黑抢走了您留下的一切,还把我抓起来挨家挨户轮流惩戒,是锁儿罕失剌和他的两个儿子把我救出;我娶回了孛儿帖,又让篾儿乞惕人抢去了;后来父亲的安答、客列亦惕兀鲁思的脱斡邻勒可汗看在与父亲的情谊上,与我的安答札木合一起打败了篾儿乞惕人,夺回了孛儿帖;阿剌坛、忽察儿他们召开呼剌勒台会议选举我做了合穆黑蒙古国的可汗,并发誓永远忠诚于我,可是后来背弃了他们的诺言被处斩;我做了成吉思汗,札木合不高兴,纠集他管辖的十三个哈邻,发动了对我的战争,使我险些全军覆没;还有,脱斡邻勒可汗父亲听从别人的谗言,前来进攻我,幸好桑昆的脸部受伤,才退兵;乃蛮兀鲁思也想收走我们的弓箭,却被我们击败。因为有长生天在上,有天父的恩赐和地母的护佑,还有父亲留下的苏力德在,我没有被他们消灭,反而将他们一一歼灭,脱斡邻勒可汗死于非命,札木合自己求死,我满足了他的要求,塔儿忽台·乞邻秃黑、脱脱阿别乞……他们也都死了……

成吉思汗有个习惯,每到一个新的转折时期,总要全面回顾一下所走过的路,进行一次全面的总结;了结与一个人的关系时,总要对其详细叙述他们之间的所有恩恩怨怨,使得对方心服口服,无话可说;甚至对某一个人进行赏赐的时候,也要一一点出他的英雄事迹和突出贡献。现在,要建立一个全新的兀鲁思了,他对父亲似乎有说不完的话,平时他没有这个时间,此刻来到父亲的英灵前,他要把心中的话全部倒出来,说他个痛痛快快,一句不剩……

成吉思汗从父亲的安葬地回来后,就由通天大巫师帖卜腾格里陪同,上迭里温孛勒答黑山祭天去了。

早在1179年夏,铁木真在布儿汗·合勒敦山从篾儿乞惕人手中脱险时,曾发誓:

　　"从今往后

　　将此

　　布儿汗山

　　每个白天

　　都要来祭祀

　　每天早上

　　都要来祷告

　　我的

　　子子孙孙

　　都要

　　牢记相传"

光阴荏苒,如今过去了二十七年,成吉思汗始终没有忘记当初的誓言。每天早晨,当他起床走出毡包,看见用肩膀托起火红朝阳的每一座山岳,总是不由得肃然起敬,心中默默祷告:"新的一天诸事顺利。"于是就会有一股热流传遍周身,使他顿感头脑异常清爽,浑身有了使不完的劲儿,样样事情没有一样不顺利,每年三百六十五天没有一天不如意。因此他得出一个结论,那就是,他所见过的所有的山,都跟布儿汗山一样,都是长生天的使者和化身,导引他和他的军队夺取一个又一个胜利,呵护他和他的属民不受伤害和侵扰,保佑他和他的兀鲁思从无到有、从小到大、从弱到强。由于时间的推移,他所祭祀的布儿汗山扩展为他所登过的所有山岳,他所敬畏的长生天扩展为环抱他的大自然的一切,他所感恩的天父地母扩展为对其有恩的所有的人。现在,他为草原带来了安定,结束了当初那诸国纷争,战火弥漫,不能躺到铺上歇息;盗贼四起,动荡不安,无法钻入被窝睡觉;相互厮杀,血雨腥风,没有地方可以躲避的混乱不堪的局面。他认为,所有这些完全是天和地给力、苍天父亲保佑、大地母亲恩赐的结果,所以,祭奠了父亲也速该把阿秃儿之后,他就来到这座迭里温孛勒答黑山上。

他不知道这是第多少次彻夜跪拜长生天了,但这次跟以往各次不一样,这次是大蒙古国建国前夕的祭拜。

黄昏刚过,他脱了帽子捧于手上,解下腰带挂于项上,右手放在胸前,面向日出方向跪下,开始在心里默默念诵和祈祷。这次,他不是回顾这些年所走过的每一步路,而是回想自从他懂事起天父地母赐予他的种种好处,思考他做了大蒙古国可汗以后想要做的事情,祈求长生天予以恩佑、恩赐和恩惠。实际上,成吉思汗每次祭天的过程,都是一次提炼思想、谋划方略、制订规划的过程。是啊,远离烦恼的环境和繁杂的人群,头顶深邃而无限的苍穹,膝抵坚实而浑厚的大地,置身于浩渺无穷的宇宙与辽阔无边的山川之中,一个人独自静思,那是一种怎样的境界啊!整整一夜,他就这样纹丝不动地跪着。这一夜,他想到了蒙古草原;想到了从大兴安岭到阿勒台山,从贝加尔湖到阴山山脉;想到了周边的金国、合刺乞塔惕(西辽)、唐兀惕(西夏)、高丽、南宋、土伯特(吐蕃);想到了日出到日落到底有多远,天下到底有多大;想想了人最多能够活多少岁;想到了……

启明星升起来了,东方渐渐露出灰白色。成吉思汗并没有察觉,依然畅游在无限宽广的宇宙间,从天庭俯视大地上互相争斗的芸芸众生,他感到有一种无可推卸的重担压在肩上——必须消除敌对、消除战争,消除你争我夺,天上只能有一个太阳,世界上只能有一个兀鲁思,天下只能有一个可汗。他觉得肩上仿佛压着什么东西,沉沉的,真真切切,确确实实。

蓦地,他从天庭一下子回到现实中。

他不由得摸了摸肩膀。原来是露水,从晴朗天空落下的露水打湿了他的肩膀。露水沉沉的,仿佛是长生天将双手放在他的双肩上嘱托了什么。

昨夜封好的火撑子里火种渐渐泛红,很快点燃了扣在上面的干牛粪,整个穹庐立刻被熊熊燃烧的火焰照亮。这个穹庐,就是他头顶的苍穹;这个火焰,就是旭日所散发出来的万丈光芒。

"咿——吁——喔——"从成吉思汗身后十步之外的地方传来了低沉的声音。这是他的守卫们在唱呼麦。

"啊……"紧接着传来高亢的长调歌《太阳呜嗨》。

每次祭天,大家都用这首《太阳呜嗨》迎接那轮光芒四射的大火球。

成吉思汗张开双手缓缓抬起,用手掌捧起那轮巨大的火球。

新的一天开始了。不,新的世纪开始了!

成吉思汗大斡耳朵的门迎着太阳敞开着,里面靠后位置摆着一张略高于其他座位的高椅子,上面铺着用整张白马皮制作的坐垫,那就是成吉思汗的可汗宝座。成吉思汗的上首是诃额仑母亲的座位,左手依次为孛儿帖合敦和其他合敦及子女们的座位,右手是成吉思汗的弟弟们、亲密那可儿和将领们的座位。

成吉思汗的家族成员、亲密那可儿、察儿必那颜及千户长、百户长等,齐聚在可汗斡耳朵前绿茵上的白毡子两侧,等待着那神圣时刻的来临。

成吉思汗骑着他那匹心爱的白骏马出现在众人的视线中。

他结束祭天,回来了。

"也可额耶"大典正式开始。

成吉思汗径直走到铺在斡耳朵前面的白毡子尽头下了马。

早已等候在那里的众人立即围了上去,未等成吉思汗的双脚落地,就用一张专门准备的白毡子将他悬空接住,高高抬起,缓缓向大斡耳朵走去。

成吉思汗全神贯注地注视着白毡子两侧,与那些一同出生入死,同甘苦、共患难的部属们一一对视,在那极其短暂的瞬间,相互倾吐着各自心底的千言万语。

成吉思汗就这样被人们抬着,在那金碧辉煌的大斡耳朵里的可汗宝座上落了座。

于是，诃额仑母亲、孛儿帖合敦、其他合敦及子女们，成吉思汗的弟弟们、亲密那可儿和将领们也都一一入座。

负责礼仪的别乞那颜兀孙额卜根郑重地举起斟满奶酒的金杯。

站在第一排的人们"哗"地跪下来，向成吉思汗叩头行礼。接着是第二排、第三排……依次跪下来，向成吉思汗叩头行礼，如山崩，如地裂，如砍伐的松林，一直到那遥远的天涯。

"成吉思汗！"

"成吉思汗！"

"成吉思汗！"

人们欢呼着。

欢呼声一声高过一声，万壑共鸣，地动山摇。

成吉思汗显然被这一情景感动了，禁不住双眼湿润，胡须震颤，朝那波浪起伏、望不到边的人海频频挥手。

当欢呼声稍稍停顿，他大声说：

"只要走，
　就能到达；
　只要抬，
　就能擎起！"

这是他祭天时在心里提炼出来的一句话，现在情不自禁地说出来了。这也算是成吉思汗向普天之下发出的意味深长而长久有效的指令，这条指令告诉人们，"也克额耶"没有尽头，永远在路上。

"奥嗨！奥嗨！奥嗨！"人海欢声雷动。

一个空前的兀鲁思诞生了！一个千年第一人产生了！

成吉思汗的近亲、亲密那可儿、开国功臣们，分批走进斡耳朵，跪在成吉思汗面前，叩头行礼，以表忠诚于大蒙古国、忠诚于成吉思汗、忠诚于职守之心，宣誓永远秉承长生天旨意，服从成吉思汗指令，与大蒙古国苏力德同生存、共命运。

宣誓仪式结束。

塔塔统阿来到大殿,跪于成吉思汗面前,将一枚新刻的大蒙古国四方金玺献给成吉思汗。金玺上刻着六行醒目的蒙古文大字,意思是:

　　　　"长生天气力里

　　　　将此大蒙古国

　　　　四海之可汗圣旨

　　　　公诸于世

　　　　所到之处子民

　　　　崇信之敬畏之"

成吉思汗接过玉玺仔细察看了一遍,然后还给塔塔统阿,说:"玉玺交给你保管。今后,大蒙古国与他国交往的信函均盖此印!"

塔塔统阿又将一副金牌呈上。金牌为长方形,上面写着两行字,文字内容与玉玺一致。

成吉思汗又接过金牌仔细察看了一遍,依旧交给塔塔统阿,说:"金牌如我,牌至,如听我言,切勿怠慢!"

这时,别勒古台发出指令,高喊:"起乐!"

宫廷乐队奏起悠扬的乐曲,斡耳朵内外立刻荡漾在欢乐的气氛中。

就在这欢乐的氛围中,成吉思汗的近亲、亲密那可儿、开国功臣们,开始向成吉思汗献礼。礼物均经过精心准备,金盘银碗、奇珍异宝、绫罗绸缎、名马异兽,应有尽有。成吉思汗也准备了礼物,为每一个敬献者回赠。

然后是盛大的筵宴。

筵宴分好多层次。金秋季节物产本来就很丰富,再加上经过半年多的准备,集中了全国的物力,其充盈程度只能用大海之水来形容。

大斡耳朵里,成吉思汗的近亲、亲密那可儿、开国功臣们,一一向成吉思汗敬酒。他们喝的酒主要是马奶酒、阿日扎酒(回一遍锅的奶酒)和呼日扎酒(回两遍锅的奶酒)。自从前年(1204年)乃蛮人送给他们几车粮食白酒以后,他们的酒品里又有了白酒。

成吉思汗接受他们的敬意，也回敬他们，偶尔也会亲手割一块面前的袜褙或馐斯肉赐予他们。得到赐予的人，将其视为珍肴，绝不与任何人分享，独自享用。

而大斡耳朵外面就有所不一样了。相对来讲，他们没有那些繁缛礼节，基本上是一个千户一个活动区域，一个百户一个古列延，一个十户为一个小圆圈。除了探马和放哨者以外，所有人都集中在一起尽情地吃啊、喝啊、唱啊、跳啊，以解除长年累月的战火所带来的劳顿和疲乏。

"也可额耶"庆典少不了那达慕。这次那达慕的搏克、射箭、赛马比赛，规模空前，奖品档次非常高。搏克冠军的奖品是金腰带，射箭冠军的奖品是金箭筒，赛马冠军的奖品是金马鞍。

比赛整整持续了一个月，最后由成吉思汗亲自颁奖。神箭手合撒儿、搏克名将别勒古台都没有参加比赛，因为成吉思汗有命令，这次那达慕主要面向普通百姓，甚至大户人家的家奴也可以跟其他普通百姓一样参加，但就是不让百户长以上官员参加。

每次重大胜利之后举行盛大的欢宴，是草原部落古老的传统，通常都要举行几天、几十天、几个月，现在是开国大典，其隆重程度可想而知。当年忽图剌可汗登基时，尚且举行了一个月的狂欢，跳舞跳得草地上踏出了深坑，全然不顾四周还有很多敌人，随时都有可能前来进攻和骚扰。草原百姓一年四季逐水草而游牧，风里来雨里去，辛辛苦苦每一天，平常除了家里成员和放牧的畜群，与外界几乎没有联系。他们不贪财，不贪图安逸，尤其是普通人，除了生活所必需之外，不囤积财物，他们的快乐是骑马打猎，打败敌人，将其骏马缴来据为己有，将其妻女掳来做自己老婆，胜利之后夜以继日地畅饮、狂欢、比武、跳舞、唱歌，即使在战场上被打败了，也不觉得遗憾，他们视死如归，极少有人向敌人求饶。如今周边已经没有任何敌人，天下太平，高枕无忧，所以他们的筵宴不再以天来计算，而是以月来计算。

成吉思汗为了犒劳那些打拼天下的将士们，将大蒙古国开国大典的狂欢时间无限期延长，从秋天一直延续到冬天才结束。

长生天也与他们同狂欢、共陶醉，刚一入冬，喜降一场瑞雪。

　　大地白茫茫一片,就像铺了一张硕大无比的白毡,让毡帐百姓在那博大无限的大自然怀抱中尽情享受来之不易的太平日子,也让以践行长生天旨意为己任的成吉思汗和他的大蒙古国,为日出至日落不再有异国、不再有战争、不再有疆界,更为明天的开拔,实现"也可额耶"和天下大一统,把战马养得更肥一些,把弯刀磨得更锋利些,养精蓄锐,做好准备。

尾声

晃豁坛部蒙力克，是也速该把阿秃儿托孤之人，所以成吉思汗称他为蒙力克叔叔。蒙力克叔叔有七个儿子，其中第四个儿子阔阔出，就是大蒙古国通天大巫师——帖卜腾格里。

一天，晃豁坛氏七兄弟无故将合撒儿揍了一顿。

合撒儿是辅助成吉思汗打天下的主要功臣之一，岂能受阔阔出欺侮，于是，他跑到成吉思汗那里，告了帖卜腾格里一状。

自从阔阔出做了帖卜腾格里，成为传达长生天旨意的信使，连成吉思汗对他都是言听计从。所以，也可蒙古国建国这些年来，阔阔出愈来愈盛气凌人，为所欲为，有恃无恐，蛮不讲理，从不把别人放在眼里。在常人看来，帖卜腾格里与成吉思汗如同一人，对帖卜腾格里不恭，就等于是对成吉思汗不恭，因此，朝廷上下无人不惧他、不忍让他。合撒儿也不例外，对帖卜腾格里一向逆来顺受，不过今天无端地遭到他们七兄弟的毒打，心里实在是憋屈得慌。

关于帖卜腾格里阔阔出的不自量，成吉思汗也看不下去了。他本是大蒙古国的可汗，可现在却多了个比可汗还大的帖卜腾格里，不但得寸进尺，居然还欺负到成吉思汗家人的头上，这完全出乎成吉思汗的初衷。然而，帖卜腾格里是成吉思汗自己任命并向天下宣布的，如何轻易撤销？他看到合撒儿受气受成那个样子，气不打一处来，当时就想把帖卜腾格里叫来，狠狠地教训他一顿。可是作为一国之君，怎能因为一件小事，尤其是自己家里人的小事，去责怪大蒙古国的通天大巫师呢！所以他宁可让弟兄们受点委屈，也不能乱了国家的纲常。所以，听完合撒儿的告状，他没好气地说："你不是英雄无敌吗？怎么会败在他们的手下呢？"

合撒儿深感委屈，含着泪水站起来走了，并为此怄气，一连三天没有来跟成吉思汗见面。

但帖卜腾格里却不干了，"你合撒儿敢告我的状？这还了得！既然你不义，我也不仁，看看到底谁厉害！"于是在合撒儿告状后的第二天，帖卜腾格里也来见成吉思汗，说："札阿邻天（天神）有旨，说铁木真坐一回天下，合撒儿坐一回天下，如果对合撒儿不加以提防，后事难料啊！"

成吉思汗听了此话，知道是帖卜腾格里在报复，他心想，得想办法解决了。可是又一想，对于帖卜腾格里这样的人，很多人还不认识他的真面目，所以得欲擒先纵,先把事情闹大,让他表演个够才行。于是,成吉思汗装出听了帖卜腾格里的话很生气的样子,造了一通声势,令人连夜捉拿合撒儿。

诃额仑母亲的两个养子曲出和阔阔出,见成吉思汗下令捉拿合撒儿,急忙跑去告诉诃额仑母亲,说:"成吉思汗派人捉合撒儿去了!"

诃额仑母亲听了,在她的黑帐车上驾了一峰白骆驼,连夜急行,于日出时赶到了成吉思汗的住处。

此时,成吉思汗已将合撒儿拿下,捆绑了衣袖,去掉了冠带,正摆出架势要审讯,见母亲到来,他急忙躲到了一边。

诃额仑母亲怒气冲冲地下了黑帐车,走到合撒儿跟前,解开了捆绑其衣袖的绳索,又拿来冠带还给了他,然后盘腿坐到地上,掏出两个乳房置于双膝上,怒不可遏地说:"看到了吗? 这便是你们曾经吸吮过的乳房! 你这个同胞相克、手足相残的东西! 合撒儿怎么了? 当初,你铁木真每次只能吃完我一只乳房的奶,合赤温、帖木格每次合起来吃不完我一只乳房的奶,可是合撒儿每次一个人就吃完我两个乳房的奶,让我的胸膛得以舒坦。因此,

　　　　我的

　　　　铁木真

　　　　有心力

　　　　我的

　　　　合撒儿

　　　　有膂力

　　　　将那

　　　　反叛之敌

　　　　用弯弓

　　　　降服

　　　　将那

　　　　逃遁之敌

　　　　用箭矢

归附

可如今

奸灭了敌人

就见不得

我的合撒儿了？"

成吉思汗原本是做戏给众人看的，却没想到惹得母亲如此生气。不过，即使母亲生气，戏还得演下去。母亲气消之后，他说："惹母亲生气，我感到很害怕、很畏惧、很羞愧和耻辱，我这就退去！"遂退走。

事后，成吉思汗为让帖卜腾格里有个彻底暴露的过程，便继续"袒护"他，下令夺回了分给合撒儿的部分百姓，将他的百姓削减到一千四百人。

诃额仑母亲得知此事，忧愁不已，迅速衰老了。

这件事，对朝廷上下的震动很大，不仅帖卜腾格里本人觉得自己有理，风闻此事的臣僚乃至百姓，都觉得合撒儿真的犯了事，帖卜腾格里惹不起，致使曾由成吉思汗委付给合撒儿的札剌亦儿台氏人者卜客因害怕受到合撒儿连累，竟逃往巴儿忽真地区去了。

由此，很多不明真相的各部族百姓纷纷聚集到帖卜腾格里的麾下，甚至成吉思汗本人的军马大院的马夫中也有一些人归附了帖卜腾格里。一时间，投奔帖卜腾格里竟成了蒙古草原上的一大时尚，合撒儿的弟弟的属民中也有一部分人投奔到了帖卜腾格里之处。

帖木格·斡赤斤眼看着他那么多的百姓无端地离去，心里憋屈，便派莎豁儿为使者，前去帖卜腾格里处索要离去的属民。

帖卜腾格里不但不给，还说："帖木格竟然派起使者了！"遂将莎豁儿揍了一顿，夺下他的坐骑，让他背着马鞍徒步回来。

次日，帖木格·斡赤斤亲自到帖卜腾格里那里，说："昨天，我派使者莎豁儿前来，你打了他，让他徒步而回。现在，我亲自来索要我的属民！"

晃豁坛七兄弟二话不说，将帖木格·斡赤斤围起来，质问："你派使者莎豁儿来，对吗？"并摆出要动手的样子。

帖木格·斡赤斤见势不妙，忙说："派使者来，是我错了！"

"知道错了,还不跪下!"晃豁坛七兄弟说着,逼迫帖木格·斡赤斤朝着帖卜腾格里的后背下跪。

第二天一大早,未能要回属民的帖木格·斡赤斤来到成吉思汗住处,成吉思汗还躺在被窝里尚未起床,他走进去哭诉:"各部族百姓有好多人都聚集到了帖卜腾格里那里,可汗军马大院的马夫中也有很多人归附了帖卜腾格里,还有我帖木格的百姓中也有不少人跑到了帖卜腾格里处。前天,为了要回我的属民,我派使者莎豁儿去,不但被他们打了,还让他背着马鞍徒步回来。昨天,我亲自去要,晃豁坛七兄弟围攻我,还逼我朝着帖卜腾格里的后背下跪赔罪。"

没等成吉思汗说话,孛儿帖兀真合敦欠身坐起,用被子遮住胸脯,流着眼泪说:"他们晃豁坛人怎能如此狂妄?此前围攻毒打合撒儿,现在又逼迫帖木格·斡赤斤朝他的项背下跪,天理何在?

　　如今你健在
　　尚且如此
　　竟敢欺侮你的
　　桧树松树似的弟弟们

　　等到将来
　　当你的参天树般的身躯
　　一旦倒下
　　你的乱麻似的兀鲁思
　　将落入谁的手中?

　　你的擎天柱般的身躯
　　轰然倾倒
　　你的群鸟似的兀鲁思
　　将由谁来管理?

　　对于你
　　桧树松树似的弟弟们

　　他们

　　都敢欺侮成这个样子

　　将来

　　我们这几个

　　尚未长大成人的

　　小不点儿

　　还有他们的份儿吗?

　　多么可怕的

　　晃豁坛人哪!

　　他们

　　这般欺辱你的弟弟们

　　你就

　　坐视不管吗?"

孛儿帖兀真合敦说着,禁不住又是一顿泪下。

　　成吉思汗心里何尝不是如此。看来帖卜腾格里真是个头脑简单的鲁莽之辈,成吉思汗使了个小小的计谋,他便暴露无遗。现在不只是有了一个对我成吉思汗发号施令的人的问题,而是有了一个现在就与我争夺百姓,将来有可能与我争夺国家的不共戴天的敌人的大问题。

　　帖卜腾格里的野心昭然若揭,他已经不把任何人,包括成吉思汗最亲密的弟弟们都放在眼里,进而开始跟成吉思汗争夺百姓、争权夺利,竟敢用"合撒儿要坐天下"之类瞎编的谎话来挑事了。

　　现在不出手,更待何时?

　　当孛儿帖兀真合敦一把眼泪一把鼻涕地控诉的时候,成吉思汗已经想好了处置帖卜腾格里的办法,他不动声色地对帖木格·斡赤斤说:"一会儿帖卜腾格里要到这儿来,如何报仇,你自己看着办吧!"

　　听到成吉思汗如此说,帖木格·斡赤斤完全明白了该如何处置他。他霍地站起来,擦干眼泪,去外面找来三名搏克手,准备停当。

　　少顷,蒙力克父亲领着七个儿子来了,鱼贯进入成吉思汗的斡耳朵内,帖卜腾格里则未经允许,径直走到酒案右侧的位子上坐下。

帖木格·斡赤斤不等他开口说话,一把揪住他的衣领说:"昨天,你让我下跪赔罪了不是? 现在咱们比试比试力气,你看怎样!"说着,揪着他的衣领就向门外拖。

帖卜腾格里也不示弱,揪住帖木格·斡赤斤的衣领,两人扭打起来。

帖卜腾格里的帽子掉了,落在火撑子边上。蒙力克叔叔将帽子拾起来,吻了一下揣入怀中。

成吉思汗说:"要比,你们到外面去比!"

帖木格·斡赤斤拖着帖卜腾格里刚迈出门槛,等候在那里的三名搏克手一拥而上,将帖卜腾格里抓住,旋即拧断了他的脊梁,把他扔到停在斡耳朵东面的一串牛车尽头。

事毕,帖木格·斡赤斤回到成吉思汗的斡耳朵,说:"昨天,帖卜腾格里让我给他下跪,今天我要跟他比力气,他却躺在地上赖着不起来,真是好狡猾的那可儿啊!"

蒙力克父亲已经猜出外面发生的一切,老泪纵横地对成吉思汗说:

"从苍茫大地

　曾是块土堆的时候起

　从大海大江

　曾是条小溪的时候起

　我就跟随您

　一直走到了今天哪!"

听到父亲此番言语,晃豁坛六兄弟霍地站起来堵住了包门,挽起袖子往火撑子这边围过来。

成吉思汗被挤在中间,有些慌神,忙说:"躲开,我要出去!"遂走了出去。

正在外边当班的豁儿臣军、土儿合兀惕军卫士们闻声跑过来,将成吉思汗围在中间保护起来。

成吉思汗走到停在斡耳朵东面的一串牛车尽头,看了看被扭断脊梁的帖卜腾格里,见他已经咽气,遂派人从斡耳朵后面卸下来一顶镶有蓝边的毡包架在上面,将其罩住,并将毡包的陶脑(天窗)和门严严实实地封死,派人昼夜看守。

成吉思汗随即起驾,将斡耳朵从那里搬走。

到了第三夜天明时分,毡包的陶脑忽然自行打开了,有个人影从里面飘然而出,消失在天空中。看守打开包门查看,帖卜腾格里的躯体已经不见了。

成吉思汗便说:"帖卜腾格里对我的弟弟们动手动脚,还用谗言离间我们兄弟关系,所以,长生天责怪他,将他的性命与躯体一起收回去了。"

事后,成吉思汗责备蒙力克叔叔,道:"你不管束孩子们的脾性,导致他们得寸进尺,竟与我们争高低,才使帖卜腾格里丢了性命。知道你们是这般德行,早该让你们跟札木合、阿勒坛、忽察儿一样就好了!"又说,"朝令夕改,言而无信,会让人耻笑。我曾有言在先,要赦免你九次,所以,这次就不追究你的死罪了。"还说,"蒙力克叔叔若是管束有力,何人能与蒙力克叔叔的子孙相比呢!"

自帖卜腾格里死后,晃豁坛的几兄弟不再嚣张了。

此后,成吉思汗没有再任命新的帖卜腾格里,若有祭天仪式,只是请一些普通巫师到场做法,不再让他们充当成吉思汗与长生天之间的信使了。

2012 年仲夏,蒙古文稿于呼和浩特

2014 年 6 月 10 日～7 月 28 日,汉文一稿于兴隆山—锡林浩特—赤峰

2014 年 8 月 28 日～10 月 31 日,汉文二稿于呼和浩特

人物肖像画说明:

本书所引用的人物肖像画系成吉思汗陵珍藏肖像画,纳·仁钦临摹于 1954 年。——选自《成吉思汗陵历史藏画》,内蒙古文化出版社,2014 年。